DER GROSSE GU KOMPASS

SYBILLE HEROLD

300 Fragen zur Pubertät

Wichtiger Hinweis

Die Gedanken, Methoden und Anregungen in diesem Buch stellen die Meinung beziehungsweise Erfahrung der Verfasserin dar. Sie wurden von der Autorin nach bestem Wissen erstellt und mit größtmöglicher Sorgfalt geprüft. Dennoch können nur Sie selbst entscheiden, ob die hier geäußerten Vorschläge und Ansichten auf Ihre eigene Lebenssituation übertragbar und für Sie beziehungsweise Ihr Kind passend und hilfreich sind. Keinesfalls bieten diese jedoch Ersatz für eine kompetente medizinische oder therapeutische Beratung.

Weder Autorin noch Verlag können für eventuelle Nachteile oder Schäden, die aus den im Buch gegebenen praktischen Hinweisen resultieren, eine Haftung übernehmen.

Über die Autorin

Sybille Herold hat ein Studium der Psychologie und Ausbildungen als Therapeutin für Paare, Familien sowie als Verhaltenstherapeutin für Kinder und Jugendliche absolviert. Sie arbeitet seit mehr als 20 Jahren mit Kindern, Jugendlichen und Familien und berät Eltern in Erziehungsfragen – seit 2001 auch in eigener Praxis. Daneben leitet Frau Herold Elternabende und -workshops zu Erziehungsthemen, schreibt Beiträge für Elternzeitungen und arbeitet in der Weiterbildung von Lehrern, Erzieherinnen und Therapeutinnen.

Die verheiratete Mutter zweier erwachsener Kinder lebt und arbeitet in Berlin.

INHALT

Ein Wort zuvor — 5

Womit Kinder jetzt klarkommen müssen — 8
- Identitätsfindung und Selbstbewusstsein — 9
- Neue Gefühle und Gedanken — 13
- Veränderungen im Gehirn — 15
- Veränderungen im Körper — 18

Was Eltern jetzt lernen sollten — 24
- Loslassen — 25
- Raum für Individualität bieten — 35
- Selbstbewusstsein stärken, Zuversicht wecken — 37
- Ein gutes Vorbild sein — 40
- Verschiedene Weltsichten diskutieren — 42
- Tolerant sein, Geduld haben — 44

Das Familienleben gestalten — 50
- Gemeinsamkeit pflegen — 51
- Geborgenheit und Halt geben — 56
- Pflichten aufteilen — 59
- Wenn aus Kindern Frauen und Männer werden — 64
- Wenn die Familie sich trennt — 67

Immer wieder neu verhandeln: die Regeln des Zusammenlebens — 80
- Regeln und Konsequenzen — 81
- Die Regeln des Miteinanders aushandeln — 93
- Faire Auseinandersetzungen — 98
- »Zündstoff«: kleine und größere Dummheiten — 108

Zusammenleben mit anderen — 110
- Mit anderen klarkommen — 111
- Autorität und Anpassung — 115
- Sich verantwortlich fühlen und verhalten — 119
- Soziales Engagement — 121
- Freunde und Gruppen — 126
- Rangordnungen, Stänkereien und Kämpfe — 130

Im Alltagsleben selbstständig werden — 138
Alles im Griff? — 139
Den Umgang mit Geld und Werten üben — 146
Mit Stress umgehen lernen — 150
Auf das eigene Wohlbefinden achten — 153
Körperpflege und Gesundheit — 159

Die Freizeit gestalten — 164
Freie Zeit genießen und nutzen — 165
Der Umgang mit Medien — 168
Feiern und mit Freunden unterwegs sein — 174

Liebe und Sexualität — 178
Fit für Sexualität — 179
Liebe und Partnerschaft — 184
Vor sexueller Gewalt schützen — 188

Fit werden für Schule und Leistung — 190
Lernmotivation fördern — 191
Konzentrationsfähigkeit: Voraussetzung zum Lernen — 198
Wenn es Probleme in der Schule gibt — 201
Vom Umgang mit den Lehrern — 208
Auf dem Weg ins Berufsleben — 212

Wenn Eltern sich Sorgen machen — 218
Falsche Freunde, gefährliche Aktionen? — 219
Wenn es kritisch wird – Schutz vor Gewalt — 225
Zigaretten, Alkohol & Co. — 229
Alarmsignale erkennen — 234

Zum Nachschlagen — 247
Bücher und Adressen, die weiterhelfen — 247
Register — 249
Impressum — 256

EIN WORT ZUVOR

Manche Leute meinen, die eigentliche Erziehung sei mit zwölf Jahren abgeschlossen. Das stimmt auch teilweise. Es gibt nun kaum noch und in immer weiter abnehmender Anzahl wirkungsvolle »Methoden«, mit denen wir das Verhalten unserer Kinder direkt beeinflussen können. Noch weniger als bisher können wir sie mit irgendeinem Kniff garantiert dazu bringen, ein unerwünschtes Verhalten einfach abzustellen oder sich umgekehrt prompt so zu verhalten, wie wir es gern hätten.

Der erwünschte Einfluss, den Sie mit sinnvollen Strafen und Konsequenzen auf das Verhalten Ihrer Kinder ausüben können, nimmt stetig ab. Auf der anderen Seite nimmt der unerwünschte Einfluss dieser Maßnahmen nun eher zu: Strafen wecken Trotz – und das Bestreben, sich den Eltern und ihrem Einfluss zu entziehen. Sie belasten die Eltern-Kind-Beziehung und lassen damit unsere Einflussmöglichkeiten nur noch weiter sinken. Das heißt jedoch nicht, dass wir gar nichts mehr tun können!

Zunächst einmal verfügen wir nach wie vor über unsere wirksamste Erziehungsmethode: unser eigenes gutes Vorbild. Wenn auch nicht immer in dem Sinne, dass die Kinder uns alles Gute nachmachen. Sie blicken mit sehr kritischen Augen auf uns und setzen sich bewusst damit auseinander, wie sie es nun halten wollen. Zum Beispiel mit der Ehrlichkeit, die wir immer gepredigt haben. Die wir aber offensichtlich selbst nicht immer einhalten, etwa wenn wir uns am Telefon verleugnen lassen oder bei der Steuererklärung schummeln. Sie probieren aus, ob es wirklich so sinnvoll ist, so viel Zeit mit Aufräumen zu vergeuden, wie die Erwachsenen immer predigen. Oder ob man immer pünktlich sein muss oder nur bei bestimmten Personen und Anlässen.

Die zweite Haupteinflussmöglichkeit für uns als Eltern wird in diesem Alter unsere Beratung – wenn sie von unseren Kindern ausdrücklich gewünscht wird. Dazu ist eine gute Beziehung zu unseren Sprösslingen die Grundvoraussetzung. Wie das gelingen kann, dazu erhalten Sie in diesem Buch zahlreiche Anregungen.

Als Drittes bleibt uns, einen Lernraum für unsere Kinder zu schaffen. Wir müssen ihnen weiterhin Grenzen setzen. Wir müssen uns klar positionieren. Wir müssen immer wieder verhandeln, motivieren, streiten. Und wir müssen es aushalten können, wenn Pubertierende immer wieder gegen unsere Grenzen anrennen. Wenn sie alle Spielräume ausloten. Und wenn sie uns dabei nicht immer fair behandeln.

Ein paar Hinweise zum Lesen:

Ich werde in diesem Buch häufig von Kindern sprechen. Natürlich zeigen sich Pubertierende eher selten als kindliche Wesen. Die gewählte Formulierung beschreibt vielmehr ihre Rolle als unsere Töchter und Söhne, die wir als Eltern durch ihre ersten Lebensjahre begleitet haben und die wir nun – hoffentlich gut vorbereitet – Schritt für Schritt in ihr eigenes Leben entlassen.

Beachten Sie beim Lesen, dass manchmal Welten zwischen einer Zwölfjährigen und einer Sechzehnjährigen, aber auch zwischen einem Mädchen und einem Jungen gleichen Alters liegen können. Außerdem hat jedes Kind, jeder Jugendliche sein ganz eigenes, individuelles Entwicklungstempo. Orientieren Sie sich deshalb eher am derzeitigen Entwicklungsstand Ihres Kindes als an den hier und da angegebenen Alterszahlen.

Wegen der besseren Lesbarkeit habe ich mich für die Verkürzung zu Lehrern, Ärzten, Psychotherapeuten und anderen entschieden, meine dabei selbstverständlich aber auch alle weiblichen Vertreterinnen dieser Berufsgruppen.

Ein Wort zuvor

Damit Sie sich mithilfe dieses Erziehungskompasses besser orientieren und die Ihnen unter den Nägeln brennenden Themen schnell finden können, ist das Buch in zehn Hauptkapitel zu großen Lernaufgaben und Lebensbereichen untergliedert und in weitere Abschnitte unterteilt. Selbstverständlich hilft Ihnen ein ausführliches Register am Ende des Buches bei der Navigation.

Turbulente Zeiten gemeinsam meistern

Das Leben mit Kindern ist nicht immer einfach. Aber es kann unheimlich viel Spaß machen. Es macht unser Leben reicher und lässt uns an den Herausforderungen wachsen. Vergessen Sie niemals die Freude an- und miteinander. Machen Sie sich immer wieder das bisher Erreichte bewusst – und seien Sie stolz darauf. Vergessen Sie auch nie, dass Ihr Kind Ihre Liebe und Zuwendung braucht, besonders in diesen turbulenten Zeiten. Nehmen Sie auch die kleinen Signale Ihres Kindes wahr, mit denen es Ihnen sagt, dass es Sie braucht und liebt. Dann gelingt der gemeinsame Weg garantiert.

Sybille Herold

Womit Kinder jetzt klarkommen müssen

Damit Sie Ihrem Kind in den kommenden Jahren ein guter Begleiter sein können, sollten Sie sich einen Überblick darüber verschaffen, welche Entwicklungsaufgaben jetzt anstehen. Das ist zunächst einmal die weitere Herausbildung von Persönlichkeit und Individualität. Ihr Kind entwickelt jetzt ein immer klareres Bild von sich selbst: Wer bin ich? Wer will ich sein? Ihr Kind hat bereits in den vergangenen Jahren ein Bild von der Welt entwickelt. In der Zeit der Pubertät wird Generalinventur gemacht: Während diese Vorgänge bisher eher unbewusst abliefen, werden sie nun zunehmend durch bewusstes Nachdenken über sich selbst, seine Mitmenschen und die Welt ersetzt. Dabei kommt es wie schon im Kleinkindalter noch einmal zu einer Phase von kindlichem Egozentrismus. Jugendliche erleben sich jetzt als Mittelpunkt der Welt und richten ihre Aufmerksamkeit bevorzugt auf die eigene Person.

Auch wenn das Nachdenken über die Welt nie aufhört – nie wieder wird es so intensiv ablaufen wie in der Pubertät. Was ist wichtig im Leben? Worin finde ich den Sinn meines Lebens? Nach welchen Maximen möchte ich handeln? Das sind nur einige der anstehenden Fragen.

Nicht nur Denken, Fühlen und Verhalten verändern sich in der Pubertät entscheidend, sondern auch der Körper, und das nicht nur äußerlich: In den letzten Jahren haben Forscher viel über Veränderungen in den Gehirnen Pubertierender herausgefunden. Diese erklären so manche Zickigkeit und Marotte und helfen Eltern, verständnisvoll und geduldig zu bleiben. Darüber hinaus weisen sie auf Potenziale für die weitere Entwicklung hin.

All diese Veränderungen können unter Umständen Ängste und Minderwertigkeitsgefühle auslösen. Aber auch selbstbewusst und stark machen. Helfen Sie Ihrem Kind dabei!

IDENTITÄTSFINDUNG UND SELBSTBEWUSSTSEIN

 Was versteht man eigentlich unter der Identität eines Menschen?

Unsere Identität oder unser Selbstbild beschreibt, wie wir uns selbst definieren. Sie umfasst die ganz einmalige Kombination unserer innerlichen und äußerlichen Merkmale und Eigenschaften, durch die wir uns von allen anderen Menschen unterscheiden. Sie beinhaltet außerdem, wie unsere Mitmenschen uns vermutlich sehen. Hinzu kommen Einschätzungen wie: Wie stufen wir unsere intellektuelle Leistungsfähigkeit im Vergleich mit der unserer Mitmenschen ein? Wie sehen wir unseren Körper? Worin sehen wir unsere Stärken? Was halten wir für unsere Schwächen? Was macht unsere Einmaligkeit aus? Wie sehen wir uns in verschiedenen Rollen und Lebensräumen: als Schüler, als Freundin, Tochter, Mutter, als Ehemann, Arbeitnehmer, Vereinskumpel? Während man früher von einer eher festen Charakterstruktur ausging, haben Wissenschaftler inzwischen herausgefunden, dass wir uns in verschiedenen Lebensbereichen sehr unterschiedlich verhalten. Wir können innerhalb der Familie eher passiv sein, im Arbeitsleben dagegen sehr aktiv. Während wir dort unter Umständen recht selbstbewusst auftreten, verhalten wir uns in der Freizeit manchmal vielleicht eher gehemmt. In einem Bereich sind wir möglicherweise sehr kontrolliert, in einem anderen eher impulsiv. Unsere Identität ist im Laufe des Lebens Veränderungen unterworfen: Wir reagieren auf neue Aufgaben und Entwicklungen und passen uns den Erfordernissen an. Diese Prozesse verlaufen sowohl unbewusst als auch bewusst und zielgerichtet.

Zur Identität gehört auch, was uns wichtig ist im Leben und welches Bild wir anderen von uns vermitteln möchten. Was wir über das Leben und die Zukunft denken. Ob wir eher optimistisch oder pessimistisch sind.

Wie entwickelt sich die Identität in der Pubertät?

Die Identitätsfindung setzt komplexe Lernprozesse voraus, die in der Pubertät eine Hoch-Zeit durchlaufen. Identität entsteht zum einen durch die unmittelbaren Rückmeldungen unserer Mitmenschen über uns und unser Verhalten. Hinzu kommt unsere eigene Einschätzung sowie der ständige Abgleich der Erwartungen an uns selbst mit unseren realen Leistungen, dem tatsächlichen Verhalten und seiner Wirkung.

Bin ich ein »Loser« oder ein »Winner«? Stehe ich bei meinen Freunden, in meiner Klasse im Mittelpunkt oder eher am Rande? Bin ich cool? Gelingt es mir, andere zum Lachen zu bringen? Warum bin ich beliebt? Warum bin ich den anderen anscheinend eher egal? Ich bin zwar nicht gut im Basketball, kann aber gut zuhören – interessiert das überhaupt jemanden? Ist Aussehen alles, oder zählen auch Schlagfertigkeit, Klugheit und Humor? Wofür bekomme ich Anerkennung, wo liegen meine Stärken? Soll ich an meinen Schwächen arbeiten, oder hat das gar keinen Sinn? Verliere ich meine Freunde, wenn ich nicht jeden Quatsch mitmachen mag? Was passt zu mir, und was will ich auf keinen Fall?

Während solche Prozesse bisher völlig unbewusst abgelaufen sind, beginnen Pubertierende, sich zunehmend bewusst damit auseinanderzusetzen und sich selbst die großen Fragen zu stellen: Wer bin ich eigentlich? Wer und wie will ich sein? Sie gestalten die eigene Identitätsentwicklung mit, indem sie immer wieder verschiedene Möglichkeiten des Verhaltens ausprobieren und prüfen, was zu ihnen passt. Dazu benötigen sie unmittelbare, faire und einfühlsame Rückmeldungen zu dem, was sie tun und sagen. Nur so können sie abschätzen: Stimmt das Bild, das ich von mir selbst habe, in etwa damit überein, wie ich auf andere wirke?

Womit Kinder jetzt klarkommen müssen

❓ Was versteht man unter der Entwicklung einer Geschlechtsidentität?

Geschlechtsidentität bezieht sich darauf, wie man die gesellschaftliche Rolle als Frau oder Mann ausfüllen will: Was betrachte ich als typisch Frau oder Mann? Wie will ich mich als Frau/Mann präsentieren? Als Mutter oder Karrierefrau? Als Macho oder Softie? Was gehört dazu, um als Frau/Mann Anerkennung beim eigenen und beim anderen Geschlecht zu finden? Diesem Modellbild entsprechend müssen Verhaltensweisen erlernt und automatisiert werden – einerseits spontan durch Abschauen von anderen Männern oder Frauen, von Eltern, Lehrern, Sporttrainern bis zu Idolen. Für die Pubertät ist jedoch typisch, dass dazu immer stärker das bewusste Nachdenken kommt.

❓ Was sind Identitätskrisen in der Pubertät?

Die meisten Jugendlichen kennen Phasen, in denen sie nicht mehr zu wissen scheinen, wer sie sind, wie sie sein und leben wollen. Diese Phasen sind unterschiedlich stark ausgeprägt. Sie können jedoch durchaus das Ausmaß einer Krise annehmen, mit deprimierenden Gefühlen bis hin zu Selbstmordfantasien. Diese Phasen sind für die Mitmenschen und vor allem auch für den Betroffenen sehr anstrengend. Alles scheint ins Wanken zu kommen. Kinder brauchen jetzt Erwachsene, die sich von den Stürmen nicht mitreißen lassen und die Stellung halten.

> **Nicht nur in der Pubertät ...**
> Mit Anfang zwanzig haben viele junge Menschen nochmals eine Selbstfindungsphase – vielleicht war die Idee doch nicht so schlecht, die Volljährigkeit bei 21 Jahren anzusetzen? Auch die sogenannte Midlife-Crisis in der Mitte des Lebens kennen viele Erwachsene.

Wie entwickelt sich das Selbstbewusstsein in der Pubertät?

Das Selbstbewusstsein, das Ihr Kind in den letzten Jahren – hoffentlich – erworben hat, wird in der Pubertät zunächst einmal ziemlich verunsichert. Plötzlich werden kleinere und größere Schwächen bedeutungsvoller. Bisherige Stärken scheinen an Bedeutung zu verlieren. Eine Fülle von Entwicklungsaufgaben ist zu durchlaufen, was zwangsläufig mit Misserfolgen, Verwirrungen und Selbstzweifeln verbunden ist. Körper, Denken, Fühlen und Handeln verändern sich zum Teil radikal, was Unsicherheit, ja sogar Ängste hervorrufen kann. Erst nach einer Zeit der Neubewertung und Rückbesinnung auf Ressourcen taucht – wenn alles gut geht – aus dem undurchsichtigen Nebel ein gestärktes und gleichzeitig realistisches Selbstvertrauen auf, die Basis für ein gesundes und glückliches Erwachsenenleben.

 Sind unsere Jugendlichen nicht eher oft zu selbstbewusst?

Wenn Sie Selbstbewusstsein an der großen Klappe und am forschen Auftreten messen wollen, könnten Sie schon zu dieser Einschätzung kommen. Lassen Sie sich nicht täuschen! Es ist wie bei uns Erwachsenen: Der tolle Kollege, der jeden Hauch eines eigenen Fehlers wegdiskutiert und immer über den Dingen zu stehen scheint, fühlt sich oft innerlich ganz klein. Er hat sich nur eine aalglatte Schutzmaske aufgesetzt, damit ja niemand merkt, mit wie vielen Fehlern behaftet er eigentlich ist – weil er fürchtet, dann weniger geachtet zu werden. Verwechseln Sie Selbstbewusstsein auch nicht mit ungesundem Egoismus oder noch nicht erlerntem angemessenem Sozialverhalten, die hinter dem Gehabe so manchen Rambos oder so mancher Oberzicke stehen.

MIT DEN EIGENEN GEFÜHLEN UND GEDANKEN KLARKOMMEN

 Welche Lernaufgaben bringt die Pubertät für den Gefühlsbereich mit sich?

Wer auch immer den menschlichen Bauplan erdachte, hat uns einen Verstand zum Denken gegeben, Hände und Füße zum Handeln und Weiterkommen und so etwas Kompliziertes wie Gefühle. Die angenehmen Gefühle machen das Leben lebenswert. Die unangenehmen können einem den ganzen Spaß vermasseln und sogar krank machen, wenn man nicht eine gewisse »Gefühlshygiene« erlernt. Der Grundstock dafür wurde in den Jahren vor der Pubertät gelegt. Jetzt kommen mit der voranschreitenden geistigen Entwicklung zunehmend mehr bewusste Möglichkeiten hinzu, diese Gefühle wahrzunehmen, ernst zu nehmen und damit verantwortlich umzugehen. Wenn man beispielsweise das erste Verliebtsein in vollen Zügen genießen will, muss man auch mit der damit verbundenen Angst vor einer Kränkung oder dem Verlassenwerden umgehen lernen. Wer sich trotz guter Vorsätze danebenbenimmt, muss ebenfalls lernen, sich damit auseinanderzusetzen. Wenn wir von der Gesellschaft enttäuscht sind, sollten wir trotzdem lernen, die uns verbleibenden Chancen zu nutzen. Wichtig ist, dass wir uns dann nicht aufgeben und uns immer wieder um eine Veränderung bemühen.

> **Leben lernen**
> Pubertierende müssen lernen, mit sich selbst liebe- und verständnisvoll und mit dem eigenen Körper fürsorglich umzugehen, Ärger nicht ungebremst an anderen auszulassen, ihn aber auch nicht in sich hineinzufressen, sich mit Kompromissen zufrieden geben zu können, nicht aufzugeben und an sich selbst zu glauben.

»Himmelhoch jauchzend, zu Tode betrübt.« Gibt es das heute auch noch?

Ja, leider. Die Ursache liegt zum einen im angeschlagenen Selbstbewusstsein der Kinder. Dadurch wiegen Misserfolge und Missgeschicke viel schwerer als bei einem gestandenen Erwachsenen. Hinzu kommt die Belastung durch die körperlichen Veränderungen. Oft spielen auch die Hormone verrückt. Die Gesamtbilanz der Stimmung ist durcheinandergeraten. Jugendliche brauchen als Gegenmittel viel Verständnis und Geduld sowie eine große Kiste Trost. Sie brauchen aber auch feste Strukturen und ein Gegenüber, das ihnen Grenzen zeigt.

 Was verändert sich jetzt am Weltbild?

Das Wissen um die Dinge der Welt nimmt in der Pubertät kontinuierlich zu. Nun wird bewertet und aussortiert. Wie sind die Menschen? Warum sind sie so? Warum gibt es immer wieder Krieg? Wie wichtig ist es, etwas für unsere Umwelt zu tun? Wie viele Ausländer tun Deutschland gut? Wie steht es mit Gott? Welche Gestaltungsmöglichkeiten habe ich als Einzelner? Soll ich mich sozial engagieren? Schier unendlich ist der Themenkatalog. Ihr Kind braucht jetzt Ihre Zeit und Muße, sich auf kleine und größere Diskussionen darüber einzulassen.

 Welche Rolle spielen Idole und Ideale?

Während die Erziehungsziele für jüngere Kinder noch weitgehend von den Eltern bestimmt werden, suchen sich Jugendliche zusätzlich Idole, an denen sie selbst ihre Entwicklung ausrichten. Das war auch in vorangegangenen Generationen so, nur sehen Ideale und Idole heute anders aus. Sie werden eher außerhalb der Familie oder des näheren Umfeldes gesucht. Oft sind sie schwerer zu erreichen,

weil Fiktion und Realität immer mehr verschwimmen: Leicht vergessen Jugendliche, dass Shakira sicher auch Pickel oder sogar Cellulite hat und dass das Image von Bushido nicht in allem der Realität entspricht.
Während sich Mädchen oft eher an Äußerlichkeiten orientieren, blicken Jungen mehr auf Erfolg und Einkommen ihrer Stars. Dem nachzueifern ist ja gar nicht verkehrt. Kinder können sich dabei Ausdauer, Ehrgeiz und den Umgang mit Niederlagen abschauen. Keinem Star wurde schließlich der Erfolg in die Wiege gelegt!
Sprechen Sie darüber. Auch über das Verhalten der Stars. Sind die traumhaften Einnahmen einiger Künstler und Sportler eigentlich wirklich verdient? Darf man dafür sein Gesicht selbst zusammenbauen wie Michael Jackson? Darf man Leben und Gesundheit von Mitfahrern relativ skrupellos gefährden wie manche Formel-1-Fahrer? Ist es moralisch in Ordnung, den Verdienst dann im Ausland zu versteuern, oder eben nicht? Ist erlaubte Körperverletzung für viel Geld wie beim Boxen wirklich der Hit? In solchen Gesprächen werden aus Idolen Ideale und Ziele, deren Verwirklichung man anstreben kann. Und die braucht jeder im Leben.

VERÄNDERUNGEN IM GEHIRN

Welche Veränderungen im Gehirn gehen während der Pubertät vor sich?

Die Wissenschaftler gingen bisher davon aus, dass die Gehirnentwicklung im Kleinkindalter am fulminantesten verläuft und etwa mit dem zwölften Lebensjahr abgeschlossen ist. Darstellungen des Gehirns sowie seiner Funktionen mithilfe neuer bildgebender Verfahren haben in den letzten Jahren diese Annahme widerlegt: In der Zeit der Pubertät wächst die Großhirnrinde noch einmal und fast so stark wie in der Kleinkindzeit! Vermutlich entsteht dort eine Fülle von neuen Verschaltungen und Knotenpunkten. Die gesamte »Festplatte« wird sozusagen einem Check unterzogen. Öfter benutzte Verschaltungen bleiben bestehen, kaum genutzte werden gelöscht. Zuerst abgeschlossen sind die Veränderungen in den Gehirnregionen, die für Bewegung und Wahrnehmung zuständig sind. Es folgen die Regionen der Sprache und räumlichen Orientierung.

Es gibt darüber hinaus Hinweise, dass Menschen in diesem Alter bei der Deutung von Gefühlen und Intentionen des Gegenübers oft auf kindliche und instinktive Prozesse zurückgreifen müssen.

Die besondere Suche der Jugendlichen nach einem »Kick« könnte auch hirnphysiologische Ursachen haben: Die Gehirnregion, welche unser Streben nach Belohnungen regelt, zeigt sich in dieser Zeit als besonders unreif. Insgesamt arbeitet das Gehirn etwa nur mit vier Fünfteln der später möglichen Geschwindigkeit. Viele Verschaltungen scheinen in der Pubertät einfach noch zu umständlich und ineffektiv zu sein. Auf der anderen Seite zeigt sich, dass die beschriebenen umfassenden Umbauarbeiten neue Entwicklungen ermöglichen.

Wirken sich die Veränderungen im Gehirn auf das Denken aus?

Ja, das tun sie. Kinder entdecken in der Pubertät neue Wege im Denken:

- ➤ das Betrachten von Möglichkeiten, nicht mehr nur von Wirklichkeiten (also von Zielen und Plänen statt nur von dem, was gerade passiert).
- ➤ eine neue Qualität im abstrakten Denken. So wird jetzt zum Beispiel der Sinn von Sprichwörtern besser verstanden.
- ➤ das Nachdenken über sich selbst und sein Verhalten, seine Gefühle und seinen Verstand.

➤ das Denken in verschiedenen Dimensionen. Dazu gehört zum Beispiel die Einsicht, dass mein Gegenüber eine bestimmte Situation ganz anders erlebt haben kann als ich.

Alles, was unsere Kinder jetzt tun und erfahren, spurt feste Bahnen im Gehirn. Diese werden bestimmen, wie sich die Kinder später besonders häufig verhalten. Gehen die Eltern zum Beispiel verständnisvoll mit den Fehlern der Kinder um, werden diese später ebenso geduldig und sich selbst ermutigend an den eigenen Schwächen arbeiten. Lernen die Kinder, ihr Leben zielgerichtet zu gestalten, werden sie als Erwachsene weniger dazu neigen, sich einfach nur treiben zu lassen.

Baustelle Gehirn

Hinter der Stirn sitzt der sogenannte Präfrontalkortex, ein Teil der Großhirnrinde. Hier dauern die Wartungs- und Umbauarbeiten im Zuge der Pubertät am längsten an, vermutlich sind sie erst nach dem 20. Lebensjahr abgeschlossen.

Der Präfrontalkortex empfängt von den Sinnen wahrgenommene Signale, gleicht sie mit Gedächtnisinhalten und emotionalen Bewertungen ab und veranlasst uns auf dieser Basis zu Handlungen. Er ist also für die Verhaltenssteuerung von fundamentaler Bedeutung. Wir planen damit, wir entscheiden, was wichtig und unwichtig ist, wägen die Konsequenzen unseres Handelns ab und entscheiden uns das eine oder andere Mal, dass wir nicht alles sofort sagen, tun oder haben müssen.

Die Umbauarbeiten in diesem Teil des Gehirns bedeuten, dass in der Zeit der Pubertät in Bezug auf das Handeln besonderes Chaos herrscht. Erklärt das nicht schon viele typische Verhaltensweisen Pubertierender?

VERÄNDERUNGEN IM KÖRPER

 Was passiert jetzt im Körper?

In der Pubertät kommt es im Körper zu starken hormonellen Veränderungen. Bei den Mädchen rhythmisch, bei den Jungen eher stoßweise. Äußerlich ändert sich fast alles: Manch eine wächst zunächst einmal in die Breite, um sich später zu strecken – der sogenannte Babyspeck ist der Grund, warum sich jedes zweite Mädchen zwischen 13 und 14 Jahren zu dick findet. Mancher Junge legt in kürzester Zeit zwei Konfektionsgrößen in der Länge zu. Die Proportionen zwischen Körper und Gliedmaßen ändern sich. Die sekundären Geschlechtsmerkmale wie Busen oder Bartwuchs prägen sich aus.

 Was passiert bei den Mädchen?

Das Ganze beginnt bei den Mädchen mit 10 bis 12 Jahren. Der Hof der Brustwarze wird dunkler, und der Drüsenkörper schwillt an. Die Schamhaare sprießen. Im Körperinneren nimmt die Gebärmutter an Größe zu. Gesteuert werden diese Vorgänge letztendlich durch das Gehirn, das in die Hormonproduktion eingreift. Die Wachstumshormone regen die Eierstöcke zum Wachstum an, die dann wiederum Östrogene (weibliche Geschlechtshormone) produzieren. Diese verändern Brüste, Gebärmutter und Scheide. Hüften und Busen der Mädchen runden sich. Auch männliche Hormone spielen eine Rolle: Sie führen zum Wachstum von Achsel- und Schamhaaren. Ein Jahr später steht ein Wachstumsschub an. Die Mädchen benötigen dafür viel Energie. Dazu legt der Körper Energiedepots in Form von Körperfett an.
Etwa zwei Jahre später kommt es zur ersten Regelblutung. Diese nennt man Menarche. Der Zyklus kann in der ersten Zeit aufgrund hormoneller Schwankungen noch recht unregelmäßig sein. Längere Pausen sind möglich.

Womit Kinder jetzt klarkommen müssen

❓ *Und was passiert bei den Jungen?*

Bei Jungen beginnt die Pubertät mit 12 bis 15 Jahren. Es kommt zunächst zu einem Wachstumsschub. Die Hoden werden größer und geben viel Testosteron (männliches Geschlechtshormon) ab. Der Hodensack wird dunkler. Penis und Schamhaare wachsen. Vorübergehend kann die Brust leicht anschwellen – das ist meist harmlos und wächst sich von allein aus. Der erste Samenerguss erfolgt etwa nach zwei Jahren, oft im Schlaf. Der Bartwuchs setzt ein. Der Kehlkopf vergrößert sich; damit beginnt der Stimmbruch, der zwei Jahre andauern kann. Auch bei Jungen kann es vor Phasen verstärkten Längenwachstums zur Anlagerung von Fett als Energiedepot kommen. Später verändern sich die Proportionen: Die Schultern werden im Verhältnis zum Becken breiter. Die Muskeln wachsen, wenn sie entsprechend beansprucht werden.

❓ *Wie empfinden Kinder die Entwicklung der Geschlechtsmerkmale?*

Die geschlechtsspezifische körperliche Entwicklung beginnt immer zeitiger. So setzt bei Mädchen die erste Regelblutung immer früher ein; Ärzte schreiben dies besseren gesundheitlichen Bedingungen und Ernährungsmöglichkeiten zu. Die Mädchen sind jedoch zur Zeit der Menarche geistig und emotional noch nicht dementsprechend weit entwickelt. Mit der Entwicklung der äußerlich sichtbaren Geschlechtsmerkmale beginnt die Sorge um »zu groß« oder »zu klein«. Manche Mädchen sind total stolz, den ersten BH in Kirschgröße kaufen zu können. Anderen ist es peinlich, den ersten BH aussuchen zu müssen. Manch ein Junge bekommt Schwierigkeiten beim unvermeidlichen Größenvergleich auf dem Schulklo. Dann wachsen plötzlich auch noch überall Haare. Oder eben noch nicht. Die Sorge um das »Ich habe noch nicht« beginnt.

Was ist für die Jugendlichen jetzt besonders belastend?

Vielleicht wissen Sie, wie schmerzlich es ist, im Spiegel Röllchen am Bauch und Dellen an den Schenkeln zu entdecken – oder das erste graue Haar, die ersten echten Falten. Bei Jugendlichen gehen Erwachsene jedoch oft davon aus, dass sie die einschneidenden Veränderungen des eigenen Körpers locker hinnehmen. Wie soll das gehen, wo die Jugendlichen doch ein viel labileres Selbstbewusstsein haben als wir Erwachsenen? Sie sind durch das neue Erscheinungsbild viel schneller verunsichert. Sie wissen schließlich auch nicht, wie das Endergebnis aussehen wird. Dabei spielen Äußerlichkeiten in unserer Gesellschaft eine große Rolle. Nicht nur in der Partnerwahl. Hübsche Menschen haben es oft leichter im Leben. Belastend ist darüber hinaus die sehr unterschiedlich stark ausgeprägte Akne. Um Pickel kommt wohl niemand herum – manche Mädchen scheinen unter dem einen dicken auf der Nase nicht weniger zu leiden als manch ein Junge unter seinem Streuselkuchengesicht. Pickel am Rücken können es schwer machen, sich weiter unbefangen zu kleiden oder sich im Schwimmbad auszuziehen.

TIPP

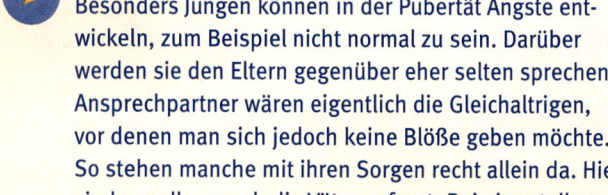 Besonders Jungen können in der Pubertät Ängste entwickeln, zum Beispiel nicht normal zu sein. Darüber werden sie den Eltern gegenüber eher selten sprechen. Ansprechpartner wären eigentlich die Gleichaltrigen, vor denen man sich jedoch keine Blöße geben möchte. So stehen manche mit ihren Sorgen recht allein da. Hier sind vor allem auch die Väter gefragt: Bei einer tollen Unternehmung »unter Männern« ergibt sich vielleicht eher ein hilfreiches Gespräch.

Womit Kinder jetzt klarkommen müssen

? Wodurch entstehen die typischen Hautunreinheiten?

Ursache für die Hautunreinheiten wie Pickel und Mitesser sind einerseits die hormonellen Veränderungen in der Pubertät. Dagegen kann man nichts machen – aber die Unreinheiten klingen bei richtiger Pflege irgendwann von selbst wieder ab.

Andererseits verzögern Fehler in der Körperhygiene und der Hautpflege das Abheilen an den betroffenen Hautstellen. Sowohl ein Zuviel als auch ein Zuwenig von beidem kann falsch sein. Chronische Wasserscheu macht nicht nur schlechte Gerüche, sondern bildet den Nährboden für Hautunreinheiten auf der Basis der gesteigerten Talg- und Fettproduktion, besonders an der Stirn und der Nase. Ständiges Duschen, Baden und Waschen trocknet dagegen die Haut aus und beeinträchtigt ihre Fähigkeit, sich selbst zu regenerieren. Massen von Schminke, Billigkosmetik, starke Deodorants sowie falsche Reinigungsmittel, welche die Haut nur reizen, sind die Auslöser für die nächsten Hautprobleme. Das ständige Herumkratzen und -drücken, meist auch noch mit nicht ganz sauberen Händen, schadet ebenfalls nur.

Die Haut als Spiegel der Seele

Manchmal habe ich den Eindruck, als hätten diejenigen Jugendlichen, die sich allgemein nicht so wohl in ihrer Haut fühlen, die meisten Pickel. Wer dagegen psychisch auch in der Pubertät eher stabil ist, hat nicht selten auch weniger Hautprobleme. Es ist unklar, was zuerst da war: die Pickel oder die psychischen Schwierigkeiten. Auf jeden Fall hat die Psyche auf die Haut einen ebenso großen Einfluss wie auf viele andere Körperorgane. Alles was die Psyche stabilisiert, tut somit auch der Haut gut.

Können durch die Umstellungen auch besondere körperliche Beschwerden auftreten?

Das kann durchaus vorkommen:
- Wenn der Kreislauf nicht im gleichen Tempo mit der Körperlänge wächst, kann es zu Schwindelanfällen kommen, die sehr unangenehm sein können.
- Wenn sich bei Mädchen die Regel anfangs nicht regelmäßig verhält, kommt es zu Verunsicherungen, peinlichen Situationen und manchmal auch zu mehr Unwohlsein, Bauchkrämpfen und Spannungsschmerzen.
- Die Nöte und Sorgen Pubertierender führen oft zu Kopf- oder Bauchschmerzen (siehe Seite 157 f.).

 Warum ecken Jugendliche im wahrsten Sinne des Wortes öfter an?

Stellen Sie sich vor, Ihre Arme und Beine seien in kurzer Zeit plötzlich jeweils um zehn Zentimeter gewachsen. Sie müssten dann Ihre gesamten automatisierten Bewegungsabläufe anpassen! Missgeschicke wie umkippende Gläser oder das Danebengießen beim Einschenken von Getränken sind in der Pubertät einfach vorprogrammiert. So manche Tür knallt nicht mit Absicht, sondern durch falsch kalkulierten Schwung. Manch eine Tischecke wird im Laufen mitgenommen. Diese Veränderungen können im Sport ein zusätzliches Handicap darstellen. Bei Rangeleien und spielerischen Kämpfen kann es zu Verletzungen anderer kommen, weil die Jugendlichen ihre eigene Körperkraft noch nicht adäquat einschätzen und deshalb auch noch nicht optimal dosieren können.
Seien Sie taktvoll. Sparen Sie sich witzig gemeinte Kommentare. Kalkulieren Sie diesen Faktor bei knallenden Türen, blauen Flecken bei den Geschwistern und Mitschülern und kaputten Stiften immer mit ein. Bleiben Sie gelassen, das wächst sich von allein aus.

Hat die Antriebslosigkeit vieler Jugendlicher mit den körperlichen Umstellungen zu tun?

Gehirn und Körper benötigen für die zahlreichen Baustellen und deren Koordinierung in der Pubertät sehr viel Energie. Wenn Sie sich noch einmal vergegenwärtigen, welche Fülle an Entwicklungsaufgaben für die Jugendlichen jetzt ansteht, verwundert die Antriebslosigkeit nicht mehr wirklich.

Nun gibt es jedoch durchaus Jugendliche, die auch in der Pubertät voller Tatendrang und außerordentlich aktiv sind. Diese halten manchmal die allgemeinen Regeln einer gesunden Lebensweise besser ein als ihre Altersgenossen: Sie bewegen sich mehr und gezielter, essen gesünder, schlafen regelmäßiger und verzichten eher auf Alkohol und Zigaretten. Sie fühlen sich meist in der Familie gut aufgehoben und sicher durch ihre Entwicklung begleitet. Auftretende Konflikte lösen sie selbstbewusster. So fühlen sie sich einfach wohler in ihrer Haut – und bekommen durch ihre Aktivitäten neue Energie, Erfolgserlebnisse und Selbstvertrauen.

Zum anderen unterscheiden sich alle Menschen aber auch einfach darin, über wie viel Energie sie verfügen und wie belastbar sie sind. Die körperliche und psychische Leistungsfähigkeit ist von Mensch zu Mensch unterschiedlich und kann zwar trainiert, aber nicht unendlich ausgeweitet werden. Manche andere Jugendliche rutschen eher in ein schwarzes Loch. Je mehr sie nur »abhängen«, desto weniger Schönes hat das Leben aus ihrer Sicht zu bieten. Es erscheint immer weniger verlockend, etwas zu wagen. Man könnte ja scheitern. Es könnte nicht so schön werden, wie man es sich eigentlich erhofft hat. Und dann weiß man mit dem ganzen Frust vielleicht wieder nicht, wohin. Wie Sie Ihrem Kind helfen können, lesen Sie ab Seite 37.

WAS ELTERN JETZT LERNEN SOLLTEN

Nicht nur für Ihr Kind bedeutet die Pubertät eine Zeit der Neuorientierung, sondern auch für Sie als Eltern. Der junge Mensch, den Sie so gut zu kennen glaubten, verwandelt sich plötzlich scheinbar in ein fremdes Wesen. War Ihr Kind bisher eher zugewandt und freundlich gestimmt und hielt sich normalerweise an die Familienregeln, ist es nun möglicherweise launisch und rebelliert. Treibt sich Abend für Abend auf Partys herum oder vergräbt sich in seinem Zimmer. Es probiert mehr und mehr aus, seine eigenen Wege zu gehen – was Eltern oft mit Sorge beobachten.

Sie müssen nun eine sehr anspruchsvolle Erziehungsaufgabe bewältigen: Ihr Kind dabei unterstützen, fit fürs selbstständige Leben zu werden – ohne ihm dabei die eigenen Vorstellungen überstülpen zu wollen. Halt zu geben, ohne einzuengen. Weiter ein gutes Vorbild in allen Dingen des Lebens zu sein. Am besten gelingt Ihnen das, wenn Sie in den vergangenen Jahren Ihr eigenes Leben nicht vergessen haben. Läuft es bei Ihnen zu Hause dagegen eher nach dem Motto »Hotel Mama«, dann sollten Sie sich wieder Freiräume verschaffen, vergessene Hobbys wiederentdecken, Ihre Paarbeziehung und Ihre Freundschaften pflegen.

Versuchen Sie, einen neuen, partnerschaftlichen Kontakt zu Ihrem Kind herzustellen. Das ist auch für Sie eine Bereicherung: Ist es nicht toll, mit Ihrem Sprössling nun immer interessantere Gespräche über »Gott und die Welt« zu führen? Tagsüber eigene Wege zu gehen und sich abends von den Erlebnissen des Tages zu erzählen?

Um Ihrem Kind genug Selbstvertrauen für sein Leben mitzugeben, brauchen Sie viel Mut, Geduld und Toleranz – und die Bereitschaft, sich auch selbst als Eltern weiterzuentwickeln. Es lohnt sich!

LOSLASSEN

 Wie gelingt uns Eltern das Loslassen?

In der Pubertät wird alles in Frage gestellt, was Ihr Kind bereits gelernt hatte. Dadurch taucht plötzlich Verhalten auf, das wir überwunden glaubten. Anderes verschwindet, und wir fragen uns, wofür wir uns die ganzen Jahre angestrengt haben. Wie Phönix aus der Asche wird der Pubertät irgendwann ein fertiges Menschlein entsteigen, dem wir gelassen auf seinem Weg ins Leben hinterherblicken. Pubertät ist aber zunächst eine Zeit der Zweifel an unserer bisherigen Erziehungsarbeit und -kompetenz und daran, ob unser Sprössling fit für das Leben ist.

TIPP

Nehmen Sie ein Blatt Papier und packen Ihren Erziehungsrucksack: Zeichnen Sie den Rucksack, den Sie im Laufe der Jahre symbolisch für Ihr Kind gepackt haben, und schreiben alles hinein, was Sie ihm bisher fürs Leben mitgegeben haben: Ehrlichkeit, Gerechtigkeitssinn, Ehrgeiz, bestimmte Werte, eine gute Beziehung zum Bruder/zur Schwester, Lebenslust, gute Manieren ... Wenn all das auch zeitweise unter pubertären Verhaltensweisen verschüttet scheint – später kann Ihr Kind den Rucksack wieder öffnen und die Schätze darin für sich nutzen. Schauen Sie in diesen Rucksack, wenn Sie gerade verzweifeln wollten. Und lassen Sie los. Stehen Sie in einiger Entfernung mit einem Sicherheitsnetz bereit, damit der Fall nicht zu tief und schmerzlich wird. Ihr Kind braucht die Gewissheit, auch zu Ihnen kommen zu können, wenn es Mist gebaut hat. Dass Sie es nicht fallen lassen, sondern ihm helfen, die Dinge ins Reine zu bringen. Prüfen Sie außerdem, was unbedingt noch in den Rucksack hinein muss. Dazu finden Sie sicher einige Anregungen in diesem Buch!

Als Eltern sind wir in letzter Zeit ganz schön abgemeldet. Jede freie Minute gehört den Freunden. Ist das normal?

Sie sollten sich eher Sorgen machen, wenn das nicht irgendwann in der Pubertät so ist. Unsere Kinder gehen nun den dritten Schritt aus der Familie heraus. Den ersten taten sie mit dem ersten Kindergartentag. Den zweiten mit der Einschulung. Nun ist nochmals intensives soziales Lernen angesagt. Jugendliche vergleichen unterschiedliche Arten von Familiensystemen, von Wertesystemen und Lebensstilen. Als Eltern werden Sie nun mit der großen Kritikerbrille gesehen. Ihre Kinder kennen Sie zur Genüge und wissen, was Sie zu dem einen oder anderen zu sagen haben und was Sie von ihnen wollen. Und das ist meist nicht das, was die Jugendlichen selbst möchten. Gleichaltrige kennen diese Situation. Sie verstehen die eigenen Sorgen und Nöte offenbar besser und scheinen eher umsetzbare Ratschläge geben zu können. Außerdem ist es irgendwann echt uncool, mit den Eltern abzuhängen. Voll peinlich. – Keine Sorge, es kommen wieder bessere Zeiten!

 *Sollten wir uns jetzt wieder mehr auf uns und unsere Beziehung konzentrieren? Wie gehen wir das an?*

Ihr Kind braucht Sie jetzt nicht mehr so stark und anders als in den letzten Jahren. Dadurch entsteht Freiraum, den Sie füllen können und sollten. Das Loslassen fällt leichter, wenn die Kinder nicht Ihr Hauptlebensinhalt sind. Ihre Beziehung wurde bisher oder zumindest zwischenzeitlich stark durch das gemeinsame Projekt Erziehung geprägt. Dieses nähert sich nun dem Abschluss. Sie benötigen ein neues Projekt, um nicht in ein Loch zu stürzen. Kümmern Sie sich verstärkt um die eigenen Eltern,

Was Eltern jetzt lernen sollten

die das zunehmend mehr brauchen werden. Engagieren Sie sich ehrenamtlich. Entdecken Sie alte und neue Hobbys für sich. Probieren Sie gemeinsam mit Ihrem Partner aus, was zusammen noch oder wieder Spaß macht. Tun Sie all die Dinge, die in den letzten Jahren möglicherweise zu kurz gekommen sind. Vielleicht beginnen Sie auch mehr für Ihre Gesundheit zu tun.

Damit Ihre Kinder sich auf den Weg ins Leben machen können, müssen sie das Gefühl haben, nicht zwei traurige Menschen, die eventuell noch vor den Trümmern ihrer Beziehung stehen, zurückzulassen. Sie sind Ihren Kindern weiterhin ein Vorbild darin, das Leben aktiv zu gestalten und schwierige Situationen zu meistern.

Wozu bin ich jetzt noch wichtig? Als Hotel Mama? Als Fahrdienst? Oder Sponsor?

Es wird weniger sein als bisher. Und es wird anders sein. Nutzen Sie die entstehenden Freiheiten für sich, Ihre Beziehung, die schönen Dinge des Lebens. Dies ist übrigens eine Frage, die sich alle Eltern irgendwann stellen.

Es gibt auch jetzt noch viele Aufgabenbereiche, in denen Eltern für ihre Kinder sehr wichtig sind:

- Als Berater, der aufgrund seines Erfahrungsschatzes auf Nachfrage Tipps gibt.
- Als Lernmodell für Beziehung, für Lebensbewältigung, für den Umgang mit Gefühlen.
- Als Eventmanager, der familiäre Feierlichkeiten immer noch zu einem Höhepunkt werden lässt.
- Als Tröster und Beistand in der Not und zum Ausweinen beim ersten Liebeskummer.
- Als Krankendienst, denn auch Jugendliche lassen sich noch gern umsorgen.
- Als Sorgeberechtigter, der darauf achtet, dass im Alltag nicht zu viel schiefläuft.

Wie werde ich »Nebenjobs« wie Zimmermädchen, Nachhilfelehrer oder Chauffeur wieder los?

Kündigen Sie! Bei einem jüngeren Kind mit Kündigungsfrist: Ihr Kind übernimmt zum Beispiel das Aufräumen in der Woche. Am Samstag wird gemeinsam klar Schiff gemacht. Ihr Kind versucht erst mal, die Hausaufgaben allein zu lösen. Sie kommen nur auf Zuruf dazu und ziehen sich nach einem Denkanschub wieder zurück. Sie geben Tipps für Notfälle: Was soll Ihr Kind tun, wenn die Monatsfahrkarte weg ist, der Bus ausfällt, es falsch ausgestiegen ist … Bei einem älteren Kind können Sie Ihre Kündigung unmittelbar erklären. Sie können jedoch auch einfach immer öfter keine Zeit mehr haben.

TIPP

 Erklären Sie Ihrem Kind, dass Sie es für reif genug halten, etwas allein in die Hand zu nehmen. Das stärkt sein Selbstbewusstsein. Gleichzeitig murrt die faule Seite in ihm – Sie werden keine Begeisterungsstürme auslösen! Eine beliebte Strategie ist, sich einfach dumm anzustellen, damit Mama/Papa es doch richtet. Bleiben Sie hart. Ihr Kind wird nur Verantwortung übernehmen, wenn es weiß, dass Sie nicht mehr sofort in die Bresche springen.

Wie können wir die Selbstständigkeit unseres Kindes in der Pubertät fördern?

Steigern Sie die Anforderungen kontinuierlich je nach Ihren Lebensumständen und je nachdem, was Ihr Kind bereits kann. Das ist eine bessere Richtlinie als Altersangaben. Ihr Kind kann etwa bestimmte Wege allein zurücklegen – mit Rücksicht darauf, ob Sie in einer Großstadt oder im Dorf wohnen. Es kann sein Taschengeld selbst verwalten. Es kann sich zunehmend um anspruchsvollere Hausarbeiten wie Kochen oder Waschen kümmern. Lernen Sie abzuschätzen, was Sie ihm zutrauen können. Kalkulieren Sie vorher die Risiken bei Fehlern. Führen Sie geeignete Trainingsmaßnahmen ein. Dann kommt das Schwerste: Loslassen. Und sich Stück für Stück aus immer mehr Bereichen zurückziehen.

Wieso ist ein Raum um Fehler zu machen so wichtig?

Eine Volksweisheit sagt: »Nur aus Fehlern wird man klug. Drum ist einer nicht genug.« Wer schon alles kann und weiß, lernt tatsächlich nichts mehr dazu. Wie langweilig! Fehler sollten nichts Verbotenes, nichts Schlechtes sein. Sie sind vielmehr wichtige Gelegenheiten zum Lernen. Kinder sollen sich nicht als Versager oder Schwerverbrecher fühlen müssen, wenn sie eine Regel verletzt haben oder wenn ihnen etwas misslungen ist. Das wäre Gift für ihr Selbstvertrauen und Selbstbewusstsein. Sie sollten sich stattdessen voller Zuversicht sagen: »Beim nächsten Mal mache ich es besser. Wie kriege ich das hin?« Schenken Sie Ihrem Kind den Optimismus, aus Fehlern lernen zu können.

HINWEIS

Werden Fehler geächtet oder bestraft, steigt regelmäßig die Neigung zum Verheimlichen von Noten oder Vertuschen von Missgeschicken. Ihr Kind bleibt auf seinem schlechten Gewissen sitzen, das sich wegen der Heimlichkeiten noch verschlimmert. Sie als Eltern verlieren den Überblick und können nicht helfen. Und Sie sind gekränkt, wenn die ganze Sache irgendwann auffliegt. Geben Sie Ihrem Kind die Möglichkeit, Ihnen zu vertrauen, indem Sie Fehler als etwas Normales ansehen.

Schon unsere Eltern wollten uns mit ihrer Lebenserfahrung vor Fehlern bewahren. Wie gelingt uns mehr Gelassenheit?

Alle Kinder müssen ihre eigenen Erfahrungen und Fehler machen, auch wenn diese manchmal schmerzvoll sind. Oder lernte Ihr Kind das Laufen auf unebener Strecke, indem Sie vorher alle Steinchen und Stöckchen beiseite räumten? Wurde sein Immunsystem fit, indem Sie alle Keime und allen Schmutz von ihm fernhielten? An Problemen, Konflikten und Stolpersteinen können Kinder nur erstarken. Natürlich müssen wir dann manchmal pusten, trösten oder einen Halswickel machen. Und selbstverständlich werden wir den Laufanfänger nicht gleich den verwurzelten Waldweg entlang schicken und das Kind nicht in der Grippezeit ins volle Wartezimmer setzen, damit es grippeimmun wird. Wir werden versuchen, ernsthafte Risiken auszuschalten. Das ist bei der Grippe und den Wurzeln im Wald einfach. Gefahren in der Pubertät sind schwerer abzuschätzen und auszuschalten. Die meisten Kinder beziehungsweise Jugendlichen können jedoch mehr verkraften, als ihre Eltern ihnen zutrauen. Und wachsen an Selbstbewusstsein, wenn sie eine schwierige Zeit überwunden haben.

 Wovor sollten wir unsere Kinder bewahren?

Um das zu entscheiden, müssen Eltern ständig die Risiken für den Fall kalkulieren, dass etwas schiefläuft. Wer zum Beispiel nicht für die Schule lernt, muss unter Umständen eine Klasse wiederholen, um seine Lektion fürs Leben zu begreifen. Mit allen damit verbundenen Nachteilen: Abschied von den Klassenkameraden, ein Jahr länger Schule, das Image als Sitzenbleiber. Wer sich dagegen anstrengt, aber nicht wirklich Land sieht, den sollten Eltern sich nicht über Jahre durchquälen lassen. Wenn auch

Was Eltern jetzt lernen sollten

Hilfen nichts am Dilemma ändern, sollten Sie eventuell über eine andere Schulform nachdenken.
Ein anderes Beispiel: Ihr Kind kommt ständig zu spät. Bei Freunden oder auch bei Lehrern mag das noch wenig Konsequenzen haben. Geht es aber etwa darum, die Lehrstelle nicht zu verlieren, wird es schon kritischer. Deshalb sollten Sie vorbeugen und Ihrem Kind schon im gemeinsamen Alltag seine Unpünktlichkeit nicht durchgehen lassen. Möglicherweise muss Ihr Kind aber tatsächlich erst einmal auf die Nase fallen, um von sich aus auf sein Zeitmanagement zu achten. Wäre eine negative Konsequenz unverhältnismäßig hoch, wenn Sie Ihrem Kind nicht helfen, pünktlich zu sein – etwa bei der Abiprüfung oder beim Bewerbungsgespräch –, dann ist Ihre Hilfe in Absprache mit Ihrem Kind erlaubt und wichtig.
Der Freund Ihrer Tochter gefällt Ihnen gar nicht? Mal davon abgesehen, dass man Liebe nicht verbieten kann: Ihre Tochter muss selbst merken, dass sie ausgenutzt wird oder dass ihr Freund nicht ehrlich ist – auch wenn es wehtut. Sie können und sollen in kleinen Portionen Ihre Bedenken äußern, aber die Entscheidung sollte bei Ihrer Tochter liegen. Etwas anderes ist es, wenn Ihre 14-Jährige an einen 27-Jährigen geraten ist, der sie für seine Interessen offensichtlich missbraucht. Dann hat sie keine wirkliche Chance und muss von Ihnen geschützt werden.

Und welche Erfahrungen sollte jeder selbst machen?

Natürlich haben wir als Eltern die Risiken und Nebenwirkungen ihrer Verhaltensweisen mit unseren Kindern besprochen und sie entsprechend informiert beziehungsweise gewarnt. Dann müssen sie mit den Folgen ihrer Entscheidungen leben. Haben sie ihre Lektion gelernt, wird die Erfahrung bei weiteren Entscheidungen viel eher beherzigt, als wenn sie sich nur uns zuliebe so verhalten hätten.

Was der Volksmund rät

Schlaue Sprüche sind nicht immer schlau – manchmal steckt aber einiges an Wahrheit darin. Schauen Sie doch mal, welche Sprichwörter es zum Thema Ursache und Wirkung gibt. Vielleicht entdecken Sie ja den einen oder anderen Hinweis, der Ihnen und Ihrem Kind in einer konkreten Situation weiterhilft.

- Den Kopf in den Sand stecken löst keine Probleme. – Sich ums Lernen nicht zu kümmern hat noch nie den Notendurchschnitt verbessert.
- Wer etwas leistet, kann sich etwas leisten. – Mit einem kleinen Job sind die Möglichkeiten, sich etwas zu leisten, deutlich größer.
- Aus Schaden wird man klug. – Wer sein Fahrrad nicht anschließt, läuft demnächst.
- Wie man in den Wald hineinruft, so schallt es heraus. – Wenn ich von meinen Eltern etwas möchte, sollte ich sie in nettem Ton ansprechen.
- Der frühe Vogel fängt den Wurm. – Wer früher aufsteht, hat mehr vom Tag.
- Mitgegangen, mitgefangen, mitgehangen. – Bei Straftaten in der Gruppe dabei sein, ohne selbst aktiv zu werden, schützt nicht vor Strafe.
- Den wahren Freund erkennt man in der Not. – Wer von den zwanzig Freunden Ihres Kindes besteht eine solche Prüfung?
- Man sollte sich Freunde nicht erst dann suchen, wenn man sie braucht. – Freundschaften sollten immer ein einigermaßen ausgeglichenes Geben und Nehmen sein, und auf wen sich andere nicht verlassen können, der ist schnell selbst verlassen.
- Dummheit schützt vor Strafe nicht. – »Schwarzfahrer« zahlen auch dann das Bußgeld, wenn sie aus Unwissenheit oder Schusseligkeit das falsche Ticket hatten.

Was Eltern jetzt lernen sollten

? *Meine Tochter hat sich gar nicht so entwickelt, wie ich mir das einmal vorgestellt habe. Gibt es noch Hoffnung?*

Es ist für Eltern immer eine schwierige Situation – die auch die Beziehung zu den Kindern stark belastet –, wenn sie feststellen, dass viele der Träume und Wünsche für ihr Kind geplatzt sind wie Seifenblasen. Das tut weh. Da wollte man das Beste für sein Kind, und nun das! Vielleicht war das vermeintlich Beste aber nicht wirklich das, was dieses Kind erreichen will und kann? Jedes Kind hat ein Recht darauf, seinen eigenen Weg ins Leben zu finden und sein Leben so zu gestalten, wie es selbst das will. Auch wenn uns das gar nicht passt. Was Ihr Kind dann dennoch braucht, sind Eltern, die mit Toleranz diesen Weg begleiten, die beraten, aber nicht diktieren wollen. Die vermitteln: Trotz allem haben wir dich lieb.

In den Stürmen der Pubertät sieht manches schlimmer aus, als es ist. Manchmal probieren unsere Kinder Lebensformen aus, die bewusst den Gegenentwurf zu dem darstellen, was wir selbst leben. Und merken dann früher oder später, dass doch nicht alles falsch ist, was wir so machen. Sie gestalten nach und nach ihren eigenen Mix, ihren eigenen Lebensstil.

Überlegen Sie doch einmal, was Ihnen bisher in der Erziehung besonders wichtig war. Wo haben Sie sich einfach im Ziel vertan und müssen nun Abstriche machen? Welche Eigenschaften hatte Ihr Kind bereits erworben, auch wenn sie derzeit verschüttet zu sein scheinen? Es ist sicher nicht alles schiefgelaufen. Welche Stärken bringt Ihr Kind für sein Leben mit? Lassen Sie trotz allen Schmerzes den Draht zu ihm nicht abreißen. Bedrängen Sie es nicht mit Ihrer Enttäuschung, Ihren Ängsten und Ihrem »Man-müsste-könnte-sollte«. Loben Sie alles, was in die – vermeintlich – richtige Richtung läuft. Und geben Sie Ihrem Kind Zeit, seinen eigenen Weg zu finden.

> **?** *Müssen wir wirklich akzeptieren, dass wir das Verhalten unserer Jugendlichen nicht mehr direkt beeinflussen können?*

Sehen Sie es mal von der anderen Seite: Wenn Ihr Jugendlicher immer nur brav das tun würde, was Sie sagen, wäre er dann fit für das Leben? Ihr Kind muss kritikfähig werden, prüfen können, ob ihm etwas wirklich guttut, und sich notfalls auch abgrenzen und Nein sagen. Dabei muss es aushalten lernen, dass die Autoritäten nicht immer mit dem einverstanden sind, wofür es sich entscheidet. Auch das üben Kinder (oft zum Leidwesen der Eltern) zuerst im sicheren familiären Hafen.

Alle unserer Aufforderungen, Vorschläge und Anweisungen gehen jetzt durch einen Filter: Muss ich das tun? Muss ich es sofort tun? Was passiert, wenn ich es nicht tue? Wie unangenehm sind die vermutlichen Folgen für mich? Wie hoch ist das Risiko, erwischt zu werden? – So wie wir es aus unserem Alltag kennen: im Straßenverkehr, bei Anordnungen des Arztes oder Chefs, bei der Steuererklärung. Das lernt Ihr Kind jetzt. Manches erst durch Ausprobieren. Sehen Sie das als Chance für Ihr Kind, weniger als Einschränkung Ihrer Handlungsspielräume. Erziehung läuft damit auf einer höheren Stufe, über unser Vorbild, unsere Beratung.

Das zunächst mehr oder weniger blinde Vertrauen in die Richtigkeit dessen, was Mama und Papa von einem wollen, muss jetzt ersetzt werden durch eigene Entscheidungen, die auf tieferer Einsicht basieren. Anderenfalls besteht das Risiko, dass Ihr Kind unselbstständig bleibt und sich nicht bewusst für das eine oder andere Verhalten entscheiden kann – die Gefahr ist dann groß, dass es sich andere Autoritäten sucht und in Abhängigkeiten zu diesen gerät. Nicht immer sind diese Autoritäten gute Vorbilder, etwa Liebespartner oder auch Sektengurus und Gruppen.

RAUM FÜR INDIVIDUALITÄT BIETEN

 Wie biete ich meinem Kind Raum für die Suche nach Individualität?

Nehmen Sie bitte drei Portionen Gelassenheit, zwei Portionen Geduld und eine Portion Takt. Die Gelassenheit brauchen Sie, da Ihr Kind gezielt Dinge ausprobieren wird, die aus Ihrem familiären Rahmen fallen und Ihnen gegen den Strich gehen. Den Sprach- und Kleidungsstil der Familie kennt es schon, ebenso Geschmack und Lebensstil. Um entscheiden zu können, was zu ihm passt, muss Ihr Kind nun auch Gegensätzliches probieren. Außerdem macht es Spaß, die Toleranz der Eltern zu testen. Zu erproben, was man durchsetzen kann und was nicht. Womit haben Sie als pubertierender Mensch Ihren Eltern graue Haare oder Sorgenfalten beschert?

Sie brauchen Geduld. Vieles, was Sie als jugendliche Geschmacksverirrung empfinden, legt sich wieder – was bleibt, fällt in den Bereich persönliche Freiheit. Und Sie benötigen Takt. Denn Sie dürfen durchaus Ihren Geschmack kundtun und auch darauf aufmerksam machen, wie die eine oder andere Extravaganz auf Sie oder die Mitmenschen wirkt. Sie dürfen Wünsche äußern: beim nächsten Einkauf mit Ihnen eine Hose zu tragen, die nicht in den Kniekehlen hängt. Beim Besuch bei Oma den Nasenring zu Hause zu lassen. Einschreiten sollten Sie, wenn eine erhebliche gesundheitliche Gefährdung besteht. Und Sie müssen Experimente dieser Art nicht sponsern. Die sind das Privatvergnügen Ihres Kindes!

TIPP

Manche Extravaganzen werden Ihnen mehr gegen den Strich gehen als andere. Immer gilt: Je weniger Sie kämpfen, desto kürzer werden die Testphasen ausfallen, weil der Kitzel des Machtkampfs entfällt.

❓ *Wie viel Individualität ist gesund?*

Zur Identität (siehe Seite 9 ff.) gehört auch die Frage, wie sehr ich mich von anderen unterscheiden beziehungsweise wie weit ich mich ihnen anpassen möchte. Natürlich lebt die Menschheit von der Unterschiedlichkeit der Individuen. Jedoch haben es die bunten Vögel nicht unbedingt leicht. In der Pubertät können die Jugendlichen ausprobieren, wie schrill ihr Outfit sein kann, wie viel Aufmerksamkeit sie damit erreichen möchten und ertragen können. Das gilt für bizarres Verhalten gleichermaßen. Bleiben Sie gelassen! Je mehr Wirbel Sie um blaue Haare, Schminkorgien oder Hosen in XXL machen, desto interessanter wird das für Ihr Kind. Machen Sie sich zum Berater und sprechen Sie darüber, was ein bestimmtes Outfit für Sie bedeutet, worin Sie mögliche negative Folgen sehen (Lehrer fühlt sich provoziert, man wird nicht ins Restaurant eingelassen, die Oma hat schlaflose Nächte …).

❓ *Wie viel Anpassung ist nötig?*

Je geringer das Selbstbewusstsein, desto stärker ist meist der Drang zur Anpassung. Dann müssen bestimmte Kleidungsstücke her, die auf eine ganz spezielle Art getragen werden, um ja nicht aufzufallen. Ähnliches gilt für das Äußern einer eigenen Meinung. Jeder Mensch muss für sich ein gutes Maß von Individualität und Anpassung finden und leben: Wer sich zu sehr von seiner Gruppe, seiner Schicht, seiner Kultur, seiner Familie abhebt, läuft Gefahr, ausgegrenzt oder ausgeschlossen zu werden. Wer sich zu sehr anpasst, fühlt sich nur noch wie ein 08/15-Mensch, muss sich manchmal völlig verbiegen, kann kaum ein eigenes Profil entwickeln. Die Gratwanderung zwischen den beiden Polen ist ein lebenslanger Prozess. Helfen Sie Ihrem Kind, seinen eigenen Weg dabei zu finden!

Was Eltern jetzt lernen sollten

 *Ein Zimmer in Knallrot, das hätte meine Tochter gern. Zählt das zu ihren persönlichen Freiheiten?*

Dies ist ein gutes Beispiel für die Suche der Kinder nach Individualität, an dem wir uns ansehen können, welche Unterstützung wir leisten könnten. Folgende Überlegungen sollten Sie dabei anstellen: Erstens ist es das Zimmer Ihrer Tochter, und sie muss sich darin wohl fühlen. Zweitens aber macht Rot aggressiv. Es wird Ihrer Tochter nicht lange gefallen, und es lässt sich nicht so leicht überpinseln. Sagen Sie ihr das in Ihrer Beraterfunktion. Bleibt Ihre Tochter bei ihrem Wunsch, vereinbaren Sie, dass sie die Kosten für eine vorzeitige Renovierung tragen muss. Und dass sie diese selbst (mit Hilfe) in die Hand zu nehmen hat. Vielleicht finden Sie jetzt gemeinsam einen Kompromiss: nur eine rote Wand, ein gedämpftes Rot, rote Vorhänge …

SELBSTBEWUSSTSEIN STÄRKEN, ZUVERSICHT WECKEN

 Wie vermittle ich meinem Kind Selbstbewusstsein?

Trennen Sie in Ihren Rückmeldungen immer Verhalten (das Sie vielleicht kritisieren müssen) und Person (die Sie trotz allem lieben). Denken Sie an den Spruch »Kinder brauchen immer dann am meisten Liebe, wenn sie diese am wenigsten verdienen«!
Ein selbstbewusstes Kind hat immer wieder erlebt:
- Die anderen mögen mich so, wie ich bin.
- Wenn ich mich falsch verhalten habe, kann ich mein Verhalten verändern.
- Wenn ich mich anstrenge, erreiche ich mehr.
- Fehler sind normal, aus denen kann ich nur lernen.

- Probleme kann ich lösen, Hindernisse überwinden, schwierige Zeiten kann ich aushalten.
- Ich kann selbst einiges dazu tun, damit es mir gut geht.

Was hilft gegen Schüchternheit?

Loben Sie viel, aber nicht zu offensichtlich, um Ihr Kind nicht darauf aufmerksam zu machen, dass es ja eigentlich schüchtern ist. Kleine Gesten, ein »Super!« reichen aus. Nehmen Sie Ihrem Kind nicht zu viel ab. Wenn es Konzertkarten will, muss es sich selbst darum kümmern. Termine beim Arzt kann es sich selbst besorgen, bei einfachen Erkrankungen müssen Sie es nicht begleiten. Beim Einkauf dürfen Sie beraten, abwickeln kann Ihr Kind diesen selbst. Helfen Sie dort, wo Ihr Kind sonst schlechte Karten hätte: auf einem Amt, bei einer Reklamation. Nehmen Sie Ihr Kind mit, damit es von Ihnen abschauen kann, wie Sie diese Dinge regeln. Erzählen Sie ihm von Ihrem langen Weg zum nötigen Selbstvertrauen.

Wie lernen Kinder, mit kleinen oder größeren Frustrationen umzugehen?

Frustrationen gehören zum Leben. Wir sollten sie unseren Kindern nicht ersparen, um sie zu schonen. Die Kinder müssen im Gegenteil lernen, sich durch Pleiten, Pech und Pannen nicht entmutigen zu lassen, schlechte Zeiten zu überstehen und unangenehme Gefühle auszuhalten. Reden Sie Kummer und Ärger also nicht schön oder klein. Sagen Sie, dass es völlig normal ist, sich zu ärgern oder sich Sorgen zu machen. Sprechen Sie darüber, wie Sie selbst mit Frust umgehen, was Ihnen dabei hilft. Erzählen Sie, wie Ärger und Traurigkeit uns helfen, unser Leben zu verändern und zu gestalten. Geben Sie Ihrem Kind auch die Zuversicht, dass jeder Ärger und Kummer irgendwann nachlässt. Haben Sie nicht zu schnell perfekte Lösungs-

Was Eltern jetzt lernen sollten

vorschläge parat. Sonst kommen zu dem negativen Grundgefühl noch Minderwertigkeitsgefühle hinzu, weil Ihr Kind nicht selbst darauf gekommen ist.

Trösten Sie, aber übertreiben Sie es nicht. Wenn Mama sich bei Kummer garantiert immer ganz viel Zeit nimmt, pflegen manche Kinder ihren Kummer, um Aufmerksamkeit zu bekommen. Es ist völlig in Ordnung, wenn Mama auch mal sagt, dass sie keine Lust hat, zum 100. Mal die Zickereien der Freundinnen durchzudiskutieren, und lieber mit der Tochter eine Partie Federball spielen will. Das bringt diese sicher auf andere Gedanken.

Neulich meinte mein Sohn, sein Leben sei zu 95 Prozent durch Zufälle bestimmt. Ist das nur eine bequeme Ausrede?

Es hört sich zumindest ein wenig nach Hilflosigkeit an. Fragen Sie doch einmal unterschiedliche Leute nach dem Anteil von Zufall, Schicksal, Gott und Selbstbestimmung in ihrem Leben. Sie werden sehr unterschiedliche Meinungen hören. Was denken Sie selbst?

Ihr Sohn muss sich eine eigene Meinung bilden. Er sollte sich nicht nur ausgeliefert und hilflos fühlen. Selbstvertrauen schließt das Gefühl von Handlungskompetenz und das Vertrauen ein, zumindest mitreden zu können. Ich kann zum Beispiel nur begrenzt beeinflussen – etwa durch gesunde Ernährung und Lebensweise sowie aktiven Umweltschutz – , ob ich einmal an Krebs erkranken werde. Aber ob ich eine tatsächlich entstandene Krankheit besiege oder wie ich mein Leben damit gestalte, das kann ich mitbestimmen. Ob es in den Ferien nur Regentage gibt, kann ich nicht beeinflussen. Ich kann mich und die Ungerechtigkeit des Wetters und der Welt an sich bedauern. Oder mir Regenkleidung besorgen und das Beste daraus machen – zum Beispiel alle Bücher lesen, die ich schon immer lesen wollte, oder mit Freunden gemütlich zusammensitzen!

Ein gutes Vorbild sein

 Sollten Eltern authentisch und ehrlich sein, auch wenn sie keine Lösungen und Antworten parat haben?

Wollen Sie ein lebendes Denkmal sein, zu dem andere andächtig aufschauen – oder ein lebendiger Mensch mit Fehlern und Schwächen, mit dem Ihr Kind auf Augenhöhe steht, an dem es sich messen und sich orientieren kann? Es muss furchtbar sein, sich als Kind oft selbst so fehlerbehaftet und unvollkommen zu fühlen und dann ein scheinbar perfektes Gegenüber zu haben – immer verständnisvoll, stets die Lösung des Problems parat. Das natürlich auch Schwächen sofort eingestehen kann und jeder Herausforderung gewachsen ist. Eigentlich kann das Kind sich in dieser Situation nur minderwertig fühlen. Wer nie ausrastet, nie die Kontrolle über sich verliert oder zumindest immer eine gute Begründung dafür hat, nie gekränkt ist, immer auf andere zugeht, mit allen gut klarkommt, stets gut drauf ist oder zumindest so wirkt – der macht seinen Mitmenschen oft Angst und kann recht einsam sein.

Lassen Sie Ihr Kind erfahren, dass das Leben nicht glatt verläuft. Dass Sie Fehler machen, manchmal nicht weiter wissen, ratlos sind. Dass Sie bestimmte Fehler sogar öfter machen. Und trotzdem nicht so schnell aufgeben, sondern kämpfen – mit sich selbst und anderen. Wirkliche Liebe zeigt sich auch darin, den anderen mit seinen Schwächen und Fehlern zu mögen, so wie er nun mal ist!

 Wo ist mein Vorbild besonders wichtig?

Kennen Sie den: »Wundere dich nicht, wenn deine Kinder dir nicht zuhören. Sie machen dir eh alles nach.«? Das gilt besonders in der Pubertät, wenn sie genau auf die Übereinstimmung unserer Worte und Taten achten.

Was Eltern jetzt lernen sollten

- »Man muss sich entschuldigen.« – Können Sie es?
- »Man muss nicht alles haben wollen.« – Wie viele Ihrer Einkäufe sind nicht sinnvoll oder nötig?
- »Auf Äußerlichkeiten kommt es nicht an.« – Und Papas neuer, penibel gepflegter Wagen?
- »Ehrlich währt am längsten.« – Sie waren doch neulich gar nicht beim Arzt, als Ihr Chef Sie am Telefon sprechen wollte!?

Am Modell lernen Kinder, wie sie es auch machen wollen – oder wie auf gar keinen Fall! Über Ihr Vorbild lernen sie, wie wichtig der Job ist. Wie man eine Beziehung führt. Wie man mit den Eltern umgeht. Wie wichtig Freundschaften sind und wie man sie pflegt. Sie lernen den Umgang mit der eigenen Gesundheit, mit Ehrlichkeit, Ängstlichkeit oder (Über-)Mut. Die Balance von Anspannung und Entspannung. Sinnvolle Freizeitgestaltung. Kultur schätzen. Toleranz. Engagement für andere. Streitkultur. Und vieles andere.

Der Einfluss sogenannter Miterzieher wie Medien oder Clique wird immer größer. Welche Chance haben Eltern da noch?

Der Einfluss der Eltern wird mit zunehmendem Alter der Kinder geringer. Sie stellen jedoch immer noch das intensivste Lernmodell dar. Alles, woran Sie bisher »gearbeitet« haben, alle Eigenschaften, die Sie gefördert haben, die Einstellungen, Verhaltenskompetenzen, Werte und Gefühle, die Sie Ihrem Kind vermitteln konnten, sind auf keinen Fall verloren. Sie werden nur einer Inventur unterzogen. Manches wird zeitweilig beiseite gelegt, später aber wieder hervorgeholt. Je einfühlsamer, kompetenter und fairer Ihr Kind Sie jetzt erlebt, desto eher wird es Sie als Vorbild und Berater (siehe Seite 27) wählen und schätzen. Es wird nicht immer so entscheiden, wie Sie es an seiner Stelle tun würden. Aber das ist doch auch gut so.

VERSCHIEDENE WELTSICHTEN DISKUTIEREN

 Wie kann ich mit meinem Kind über seine und meine Weltsicht diskutieren?

Das Wissen um die Dinge der Welt nimmt in der Pubertät beständig zu. Nun wird bewertet und aussortiert (siehe Seite 17). Ihr Kind braucht Ihre Zeit und Muße, sich auf Diskussionen einzulassen. Seien Sie dabei offen für andere Standpunkte. Treten Sie nicht als lebenserfahrener Besserwisser auf, der die exzentrische oder provokante Meinung des Jugendlichen belächelt. Fragen Sie immer wieder nach, damit helfen Sie ihm, sich eine eigene Meinung zu bilden. Sie könnten Ihr Kind vermutlich mit Argumenten schlagen, aber erschlagen Sie es nicht damit. Sonst wird es aufhören, mit Ihnen zu debattieren, und Ihnen entgeht eine Chance, sich vielleicht selbst von überholten Ansichten zu verabschieden.

 Wie lernen unsere Kinder, ihren eigenen Standpunkt zu finden?

Sie müssen es üben, üben, üben. Zu diskutieren, zu argumentieren, zu überzeugen. Das geht am einfachsten in der Familie, weil hier in der Regel der sicherste Ort ist, an dem Niederlagen am ungefährlichsten sind. Diskussionen über Gott und die Welt können unheimlich Spaß machen. Auch die Erwachsenen können dabei sehr viel lernen – wenn sie nicht davon ausgehen, aufgrund ihres größeren Wissens und der Lebenserfahrung generell die besser fundierte Meinung zu haben. Manchmal erkennen Eltern sehr wohl die Möglichkeit an, von den erfrischenden Ideen Heranwachsender profitieren zu können. Im Gespräch vermitteln sie das jedoch wenig. Sie sagen schnell mal »Das ist doch völliger Quatsch« – »Da hab ich einfach mehr Durchblick«. Oder sie zeigen mimisch ihr Amüsiertsein über das eine oder andere Argument. Das passiert beson-

Was Eltern jetzt lernen sollten

ders oft, weil die Jugendlichen meist viel provokativer formulieren, als sie es eigentlich meinen. Die Reaktion der Erwachsenen schreckt Kinder jedoch ab. Sie fühlen sich den Erwachsenen naturgemäß ohnehin in solchen Diskussionen unterlegen.

TIPP

Wer Kinder zum Nachdenken anregen will, muss ihnen auch noch nicht so durchdachte Argumente zugestehen. Statt diese sofort zu widerlegen, sollten wir dazu anregen, selbst zu prüfen, ob sie einer Prüfung Stand halten. Gut beraten ist, wer nicht mit dem Ziel in eine Diskussion geht, sich auf eine Meinung zu einigen. Oft wird die Betrachtung eines komplexen Sachverhaltes viel runder, wenn Teilaspekte sich ergänzen. Das soll übrigens in anderen Kulturen viel üblicher sein als in der deutschen.

> **?** *Unsere Tochter interessiert sich vor allem für sich selbst. Wie lernt sie, dass Wahlen, Arbeitslosigkeit, Kriege sie auch angehen?*

Wie kleine Kinder durchleben auch Pubertierende eine Phase, in der sie sehr auf sich selbst zentriert sind. Viele Jugendliche sind so sehr mit sich und ihrem Innenleben beschäftigt, dass alles andere unwichtig scheint. Drängen Sie Ihr Kind nicht – es hat mit sich selbst erst einmal genug zu tun. Bieten Sie sich als Gesprächspartner an, auch wenn Sie die Storys vom Weibergezicke oder das »Wie hat es Steve wohl gemeint, als er mich heute kurz angeschaut hat« nicht so spannend finden. Wenn Sie sich im Beisein Ihrer Tochter immer wieder für andere Dinge interessieren und sich viel darüber unterhalten, hört sie mit und wächst in diese Gedankengänge hinein. Lassen Sie in Ihren Familiengesprächen aber auch ausreichend Raum für die jugendgemäßen Themen.

Mein Sohn teilt alles ein in »total cool« und »total out«. Wie rege ich ihn an, genauer hinzuschauen und offener zu sein?

Kategorisierungen scheinen das Leben zu vereinfachen. Schauen Sie wirklich noch genau hin, ob alle Beamten faul und alle Politiker korrupt sind? Ein Vortrag, für wie unklug Sie das Verhalten Ihres Sohnes halten, bringt wenig. Leben Sie besser Toleranz vor, Offenheit für andere und anderes, für eigene Kurskorrekturen. Je besser es gelingt, spannende, gleichberechtigte Dispute anzuregen und zu führen, desto mehr wird Ihr Sohn seine Ansichten und Wertungen prüfen und differenzieren. Das braucht aber noch einige Jahre!

Tipp

In der Clique kennt Ihr Sohn die Regeln. Aber wie benimmt man sich bei einer Ausstellungseröffnung? Was würden die anderen dazu sagen, wenn sie ihn zufällig dort entdecken – mit den Eltern! Es braucht viel Selbstvertrauen, um solche schwierigen Situationen zu »überleben«. Verwechseln Sie cooles Verhalten nicht mit Interesselosigkeit. Es ist eher ein Schutz vor Unbekanntem.

Tolerant sein, Geduld haben

 Muss ich auf jeden Stimmungsumschwung meiner Tochter eingehen?

Das oft angeschlagene Selbstbewusstsein während der Pubertät lässt Misserfolge und Missgeschicke viel schwerer wiegen als bei einem Erwachsenen. Die körperlichen Veränderungen tun das ihre zu den Stimmungsschwankungen hinzu. Oft spielen auch die Hormone verrückt.

Was Eltern jetzt lernen sollten

Jugendliche brauchen jetzt viel Verständnis, Geduld und Trost. Sie dürfen sich als Eltern aber klar abgrenzen, wenn Sie das Gefühl haben, als seelischer Fußabtreter für alle Kümmernisse herhalten zu müssen!

Viele Eltern entwickeln ein Stimmungsbarometer für ihre Kinder: Wenn eine Arbeit verhauen wurde, es mit dem Freund nicht klappt oder die Pickelepidemie ausbricht, räumen sie auch einmal wortlos etwas hinterher oder kochen einen Verwöhnkakao, um die Situation zu entspannen.

> **?** *Soeben philosophierte ich mit meiner Großen wie mit einer Erwachsenen. Als ich sie dann bat, das Geschirr einzuräumen, zickte sie wie eine Dreijährige. Ist das normal?*

Leider ja. Entwicklung verläuft nicht kontinuierlich, sondern eher sprunghaft. Für die Jugendlichen sind diese Wechsel mindestens so belastend wie für die Eltern. Sie verstehen sich oft selbst nicht mehr. Eben noch haben sie den Eltern den gemeinsamen Familienausflug abgeschlagen, und kurz darauf fühlen sie sich absolut vernachlässigt und allein gelassen! Pubertät schließt immer emotionale Irrungen und Wirrungen ein. Die Jugendlichen möchten selbstständig und unabhängig sein, haben jedoch gleichzeitig Angst vor den neuen Anforderungen.

Pubertät, das »zweite Trotzalter«

Das Kleinkind entdeckte neue Möglichkeiten, seinen Willen durchzusetzen, und probierte diese intensiv aus. Jetzt sind erneut die Rechte und Möglichkeiten gewachsen, und es muss neu verhandelt werden. Dabei an Grenzen zu stoßen ist für den Pubertierenden genauso schmerzlich wie für ein Kleinkind.

> **?** *Die akute Fanitis meiner Tochter nervt mich. In jedem zweiten Satz kommt Tokio Hotel vor. Gibt sich das von selbst?*

Meistens. Es gibt jedoch auch viele erwachsene Fans, wenn auch nicht unbedingt von Tokio Hotel … Früher war es übrigens auch nicht anders: Schauen Sie sich nur einmal alte Filme von Beatles-Konzerten an! Zum einen geht es hier um Idole und Ideale (siehe Seite 14 f.). Fragen Sie doch einmal nach, was genau an Tokio Hotel so toll ist. Wenn Sie offen dafür sind, werden Sie durchaus Positives entdecken: Die Jungs haben hart für ihr Ziel gearbeitet. Außerdem hatten sie sehr zeitig einen sehr individuellen Stil (der Ihnen natürlich nicht gefallen muss). Zum Zweiten leben Fanitiskranke oft in einer Fantasiewelt, die ihnen viel schöner erscheint als der triste Alltag. Gönnen Sie es Ihrer Tochter! Es kann ihr Kraft für den Alltag geben. Der Konzertbesuch, ein Autogramm von Bill, eine CD, die 99. BRAVO-Reportage – all das kann unendlich glücklich machen. Betroffene Mädchen haben oft in ihrer Fantasie ein Abenteuer mit dem Angeschwärmten. Das ist wie Probetraining, weil sie sich in der Realität vielleicht noch nicht an einen Jungen herantrauen. Oder sie peppen ihr Selbstwertgefühl auf, wenn sie träumen, schon ein bisschen wie LaFee zu sein.

▸ Tipp

Wenn aufgrund der Fanitis Alltag und Schule chronisch vernachlässigt werden, sollten Eltern sich einmischen. Wenn Ihre Tochter nur noch auf Wolke sieben schwebt, ziehen Sie sie ab und an behutsam wieder auf den Boden der Realität zurück. Suchen Sie nach anderen schönen Dingen im Leben Ihrer Tochter. Prüfen Sie, ob es sich um eine Flucht vor Alltagsproblemen handelt, und tun Sie etwas gegen diese.

Was Eltern jetzt lernen sollten

 Was ist unter Elternschelte zu verstehen?

Ihr Kind geht jetzt sehr kritisch mit allen Dingen und Personen um. Auch mit sich selbst, aber davon wird es sich meist nicht so viel anmerken lassen. Erbarmungslos werden die Erwachsenen beobachtet und bewertet. Messen sie mit gleichen Maßstäben? Oder predigen sie Wasser und trinken Wein? Wie halten sie es mit der Ehrlichkeit? Ist dieses Leben der Erwachsenen wirklich so erstrebenswert: Jeden Morgen früh aufstehen, am Tag arbeiten, was das Zeug hält, und abends todmüde ins Bett fallen?
Wir sind überrascht vom wachen Blick, den unsere Sprösslinge jetzt beweisen, von der Schonungslosigkeit, mit der sie uns den Spiegel vorhalten. An Takt und Feingefühl fehlt es ihnen hingegen oft noch. So sind Verletzungen vorprogrammiert. Wappnen Sie sich. Was Sie zu hören kriegen, klingt oft drastisch, ist aber nicht böse gemeint und soll eigentlich nicht verletzen. Vielleicht dient die überkritische Sichtweise den Jugendlichen auch dazu, besser mit eigenen Schwächen leben zu können. Nobody is perfect. Auch Eltern nicht. Zum Glück!

 Was hilft uns, die schonungslose Offenheit der Jugendlichen auszuhalten?

Sagen Sie sich jeden Morgen, dass alle Eltern von Pubertierenden da durchmüssen. Vielleicht ist der Zoff miteinander ja sogar wichtig dafür, die Sprösslinge irgendwann aus dem Hotel Mama zu treiben! Sagen Sie klar, wenn Sie verletzt sind. Geben Sie zu, wenn Sie in einigen Dingen nachdenklich geworden sind. Vermeiden Sie kleinliche Diskussionen über Richtig oder Falsch. Sehen Sie Kritik als Chance, eingefahrene Gleise zu verlassen. Zum Beispiel ist die Idee, dass zum Leben unbedingt auch Spaß gehört, doch gar nicht schlecht, oder?
Halten Sie sich immer wieder vor Augen, was in Ihrem

Leben gut läuft, worauf Sie stolz sind und was Sie in der Erziehung Ihres Kindes gut hinbekommen haben (siehe Seite 25). Wenden Sie sich verstärkt anderen schönen Dingen zu. Wenn Sie einen Partner haben: Unterstützen Sie sich gegenseitig und spenden Sie sich Trost.

 Wo machen uns ererbte Eigenschaften die Erziehung unserer Kinder schwer?

Man weiß heute, dass ein sogenannter Katalog von Möglichkeiten, von körperlichen und seelischen Eigenschaften in jedem Menschen angelegt ist, die sich je nach Umweltbedingungen innerhalb des gegebenen Spielraums ausprägen werden. Kinder bringen durch ihre vorgeburtlichen Erfahrungen, die Geburt und die Lernerfahrungen in den ersten Lebensjahren außerdem weitere Verhaltenstendenzen mit. Es gibt Kinder, die leichter zu erziehen sind, und solche, die schwerer zu erziehen sind. Dabei geht es nicht allein um Persönlichkeit oder Temperament, sondern um die Passungen zwischen Eltern und Kindern. Wenn ich ein sehr lebhaftes Kind habe und selbst eher ruhig bin, wird es anstrengend für mich. Allerdings kann ein eher gelassener Elternteil beruhigend wirken, wenn das Kind zum Überdrehen neigt. Ein willens- und durchsetzungsstarkes Kind ist anstrengend. Kommt dazu ein elterlicher Sturkopf, wird es öfter knallen. Ein eher ängstliches Kind ist vor einigen Gefahren besser geschützt als ein Draufgänger. Ist die Mutter auch eher ängstlich, kann sich die Ängstlichkeit potenzieren und das Kind unselbstständig machen oder sogar zu Angsterkrankungen führen. Sehr spontane Kinder können ihr Verhalten schlecht steuern. Haben sie impulsive Eltern, verkompliziert sich die ganze Erziehung.

Eher langsame oder in ihrer Lernfähigkeit gehandicapte Kinder können für ehrgeizige Eltern eine echte Geduldsprobe darstellen. Hochbegabte Kinder fordern ihre Eltern

Was Eltern jetzt lernen sollten

heraus, ihre Talente umfassend zu fördern. Manchmal überfordern diese ihre Kinder dann und lassen sie unbewusst die eigenen Lebensziele verwirklichen.

 Müssen die ständigen Machtkämpfe sein?

Manche Kinder neigen von klein auf dazu, die Autorität der Erwachsenen in Frage zu stellen. Sie testen immer wieder, ob und wie sie sich durchsetzen können. Sie halten Ihnen zeitig Vorträge über die UN-Kinderrechtskonvention und die Einklagbarkeit von Taschengeld. Das kann anstrengend werden und steigert sich in der Pubertät weiter. Machtkämpfe sind in der Regel destruktiv. Wenn möglich, sollten Eltern sie vermeiden. Oft schaukeln sie sich zu einem »Ärgerst du mich – ärgere ich dich!« auf.

TIPP

Damit Ihre Kräfte reichen und nicht unter dem Strich die Beziehung zu Ihrem Kind auf der Strecke bleibt:
- Konzentrieren Sie sich auf das Wichtigste. Wo lohnt es sich zu kämpfen? Wo müssen Sie etwas tun, weil es um wichtige Dinge geht wie den regelmäßigen Schulbesuch?
- Verzetteln Sie sich nicht in Kämpfen auf Nebenschauplätzen. Augenrollen, Stöhnen und Murren nach Aufforderungen sind in der Pubertät nicht abzustellen. Geschenkt. Hauptsache, die Aufträge werden erledigt.
- Die Zimmer Pubertierender sind selten ordentlich. Türen sind dazu da, Ihnen den Anblick zu ersparen.
- Je mehr Sie kämpfen, desto spannender wird es. Bitten werden oft eher erfüllt: »Wenn ich mit dir einkaufen gehe, zieh bitte ein anderes Shirt an, das ist mir sonst peinlich.«
- Gönnen Sie sich gemeinsam auch schöne Zeiten. Reagieren Sie nicht auf jede Einladung zum Kämpfen.

Das Familienleben gestalten

Jede Entwicklungsstufe der Kinder stellt die Familie vor neue Anforderungen. In der Pubertät streben die meisten Kinder mehr und mehr nach außen – dennoch brauchen sie die Familie noch als Rückhalt, auch wenn es oft nicht so wirkt. Auch Sie als Eltern wünschen sich natürlich, dass die Familie nun nicht auseinanderfällt.

Um das Familienleben lebendig zu erhalten und nicht einfach eine Zweckgemeinschaft zu führen, braucht es gute Gespräche, ein paar gemeinsame Rituale sowie eine Menge Rücksicht und Takt im Umgang miteinander. Und natürlich gemeinsam verbrachte Zeit! Gerade weil die Zeiten, in denen Sie als Familie einfach spontan zusammen sind, nun rapide schrumpfen, sollten Sie die verbleibende gemeinsame Zeit bewusst nutzen – zum Beispiel indem Sie kleine und größere Freizeitunternehmungen zusammen planen oder bestimmte Vorhaben, etwa im Haus oder im Garten, gemeinsam angehen.

Zum Zusammenleben gehört Teamgeist. Den fördern Sie, indem Sie Ihrem Kind immer mehr Verantwortung in Haushaltsdingen übertragen. Das ist auch für Sie eine Entlastung, wenn Sie es denn schaffen, bestimmte Pflichten und Aufgaben wirklich an Ihr Kind zu übergeben.

Fordern Sie immer wieder Gemeinsamkeit ein. Pubertät mit ihren Irrungen und Wirrungen, mit den Zweifeln, Misserfolgen und den inneren und äußeren Grenzen, an welche die Kinder stoßen, bedeutet Stress. Geben Sie Ihrem Kind immer wieder einen vertrauten Rahmen, um sich von all dem zu erholen.

Gehen Sie taktvoll und behutsam damit um, dass Ihr Kind sich nun unaufhaltsam zu einer jungen Frau beziehungsweise einem jungen Mann entwickelt. Und meistern Sie auch schwierige Zeiten gemeinsam, etwa wenn Sie umziehen oder Ihre Familie sich trennt.

Das Familienleben gestalten

GEMEINSAMKEIT PFLEGEN

 Ich sehe mein Kind leider immer weniger. Was kann ich tun?

Fordern Sie mit ganzer Kraft eine Veränderung! Sprechen Sie über Ihre Gefühle und Sorgen und dass Sie sich Ihr Familienleben anders vorstellen. Wehren Sie sich dagegen, als »Hotel Mama« ausgenutzt zu werden. Sie haben ein Recht darauf, auch nette Zeiten mit Ihren Kindern zu verbringen. Diese müssen Sie, wenn Ihre Kinder in der Pubertät sind, jedoch einklagen, da die Freunde jetzt erst einmal wichtiger sind. Suchen Sie gemeinsam nach Kompromissen. Es muss ja nicht jedes Wochenende ein gemeinsamer Familienausflug sein. Am besten eignen sich in der Regel die gemeinsamen Mahlzeiten.
Gemeinsames Tun müssen Sie organisieren: Oma beim Frühjahrsputz helfen oder ihren 70. Geburtstag vorbereiten, die Küche renovieren, die Fahrräder frühlingsfit machen, den Familienurlaub planen … Vielleicht gibt es ja auch noch irgendein Hobby, dem Sie gemeinsam frönen können? Etwa Angeln, Radfahren, Schach, Theaterspielen? Oder Sie laden Ihre Tochter oder Ihren Sohn einmal in ein schickes Café zu einem (natürlich alkoholfreien) Cocktail ein. Gut machen sich auch gemeinsame Autofahrten. Wenn Sie Ihrem Kind nicht direkt gegenübersitzen und sich scheinbar nur nebenbei unterhalten, ist die Atmosphäre oft viel lockerer.

 Wie bleibe ich mit meinen größer werdenden Kindern im Gespräch?

Sicher kennen Sie das: Wenn Sie Ihrem Kind in seinem Zimmer einen Besuch abstatten, spielt es gerade an seinem Computer oder chattet mit Freunden. Manchmal macht es sogar Hausaufgaben oder lernt. Sie stehen irgendwie störend daneben und fühlen sich überflüssig, bevor Sie sich leicht ratlos wieder zurückziehen. Eine halbe Stunde später erscheint Ihr Kind auf der Bildfläche und will Ihre Aufmerksamkeit. Nun sind Sie jedoch gerade mitten in einem spannenden Krimi, telefonieren mit Oma oder sitzen über der Steuererklärung. Ihr Kind macht enttäuscht einen Rückzieher. So sinkt die Zahl der gewechselten Worte in manchen Familien drastisch, wenn die Kinder in die Pubertät kommen. Und wenn gesprochen wird, sind es hauptsächlich Fragen (»Wie war es in der Schule?« – »Hast du nichts auf?«), Anweisungen (»Der Müll muss noch runter.« – »Komm pünktlich!«) und Absprachen beziehungsweise Forderungen (»Ich brauche …« – »Wann gibt's Taschengeld?«).

Die Kommunikation aufrechterhalten

Sprechen Sie mit Ihren Kindern nicht nur über Schule oder Freunde, das wird manchmal als Aushorchen empfunden. Reden Sie einfach über alles, was Ihnen in den Sinn kommt, was Sie selbst bewegt: Wie Sie sich mit manchen politischen Entscheidungen fühlen. Dass die Kollegin schon wieder einen neuen Mann hat. Wie der Chef Sie kritisiert hat. Über den Reiz der Casting-Shows. Über das Knacken eines Jackpots und die mögliche Geldverwendung. Kinder finden es oft interessant, was die Erwachsenen den ganzen Tag so tun, reden und denken!

In dieser Phase sollten Sie auch eher bereit sein, aus den Händen zu legen, was Sie gerade tun, wenn Ihr Sprössling Kontakt suchend auf Sie zukommt. Die Gelegenheit kommt vielleicht so schnell nicht wieder! Später kann er dann auch wieder – wie früher – abwarten, bis Sie Zeit für ihn haben.

Jetzt ist ein guter Zeitpunkt, um neue Familientraditionen einzuführen, etwa einen gemeinsamen Mittwochnachmittagstee.

TIPP

- Viele Eltern verteidigen sich im Gespräch zu schnell. Es ist gut für Ihr Kind, wenn Sie sich entschuldigen können oder wenn Sie neue Regeln begründen. Aber Sie müssen sich nicht ständig rechtfertigen.
- Fassen Sie sich kurz! Erklären Sie nicht 100-mal, wie wichtig Hausaufgaben sind. Ihr Kind hat es vermutlich schon beim ersten Mal verstanden. Es hilft ihm im Moment offenbar nicht dabei, sein Verhalten umzustellen.
- Sagen Sie möglichst nie mehr als 3 Sätze nacheinander. Dann sollte Ihr Kind an der Reihe sein. Führen Sie keine Monologe, sondern Dialoge.

Wie kann ich mit meinem Kind gute Diskussionen führen?

Viele Eltern scheinen zu denken, viel (reden) helfe viel. Dabei lernen Kinder nur, die Elterntexte einfach auszusitzen. Sie entwickeln immer mehr inneren Widerstand gegen Gespräche jeglicher Art.

Führen Sie Gespräche nicht nur über Streitthemen. Diskutieren Sie über Gott und die Welt. Seien Sie tolerant gegenüber der Meinung Ihres Heranwachsenden. Diskutieren soll Spaß machen und vermitteln: »Ich finde es spannend, wie du die Welt siehst. Ich erzähle dir gern mehr darüber, was ich denke.« Wer auf neutralem Feld das Diskutieren übt, dem fällt es im Streitfall leichter. Trainieren Sie sich im einfühlsamen Zuhören. Vermitteln Sie Ihrem Kind als ersten Schritt, dass Sie es verstehen. Versuchen Sie dazu, mal ganz in seine Perspektive hineinzuschlüpfen. Erst im zweiten Schritt sollten Sie über Ihre Sicht der Dinge sprechen. Kommen Sie nicht zu schnell mit Lösungsvorschlägen. Ihr Kind könnte sich minderwertig fühlen, weil es nicht selbst darauf gekommen ist.

> **?** *Die Familienmahlzeiten sind mir wichtig. Wie werden sie für alle eine erfreuliche Angelegenheit?*

Weiß Ihr Kind, was Tischsitten sind, und beherrscht es sie? Zu Hause am Familientisch muss und sollte es nicht allzu steif zugehen. Aber es sollte auch niemandem der Appetit verdorben werden. Finden Sie einen Kompromiss zwischen Ihren Vorstellungen und denen Ihres Kindes. Wenn Sie zu viel (also normales erwachsenes Essverhalten) fordern, machen Sie die Mahlzeiten zum Kampfplatz oder Dauernörgelfeld. Oder Sie bringen sich in Zugzwang, irgendwann getrennte Mahlzeiten einführen zu müssen. Das wäre sehr schade für den Kontakt zu Ihrem Jugendlichen. Üben Sie sich bezüglich aufgestützter Ellenbogen oder Köpfe und eigenwilliger Messerführung eher in Geduld und leben es weiter korrekt vor. Mehr zum Thema Tischsitten lesen Sie auf Seite 114.

TIPP

Gemeinsame Mahlzeiten sind immer noch der beste Anlass für Gespräche. Es ist manchmal eine organisatorische Meisterleistung, wenn eine Familie es schafft, trotz unterschiedlicher Zeitpläne und Essgewohnheiten eine gewisse Esstradition aufrechtzuerhalten. Aber es kann klappen. Es muss ja nicht immer jeder mitessen, sondern man kann sich auch mal mit einem Tee oder Saft dazusetzen. Manche Eltern gestalten sonntags einen ausgiebigen, gemütlichen Brunch. Andere machen einmal wöchentlich ein Nudel- oder Salatbuffet, für dessen Vorbereitung immer reihum ein anderer zuständig ist.
Suchen Sie aber für Problemgespräche unbedingt einen anderen Rahmen als die gemeinsamen Mahlzeiten, etwa eine Familienkonferenz (siehe Seite 94f.).

Das Familienleben gestalten

? *Ich arbeite auswärts und bin nur am Wochenende und im Urlaub zu Hause bei meiner Familie. Wie kann ich trotzdem ein guter Vater sein?*

Sorgen Sie dafür, Zeit mit Ihrem Kind zu verbringen. Das ist nicht so leicht, weil Ihr Kind jetzt aus der Familie raus zu den Freunden strebt. Finden Sie Rituale: einen »Wie-war-die-Woche-Umtrunk« am frühen Freitagabend, das Familienbowlingturnier jeden ersten Samstag im Monat… Fahnden Sie nach gemeinsamen Interessen und Hobbys. Neben der Zeit, die mit der gesamten Familie verbracht wird, ist auch Zweierzeit wichtig.

Planen Sie gemeinsame Arbeitseinsätze: das Zimmer renovieren, den Keller entrümpeln. Ihr Kind ist hoffentlich daran gewöhnt, nicht nur zu fordern, sondern sich auch durch eigene Arbeit ins Familienleben einzubringen. Beim Werkeln und Schuften entstehen oft die besten Gespräche. Ihr Kind fühlt sich gebraucht und wichtig. Es entsteht ein Gefühl der Verbundenheit. Rechnen Sie nicht damit, dass Ihr Kind auf jeden Ihrer Vorschläge mit Begeisterung reagiert. Am Ende ist es aber sicher immer stolz auf das Ergebnis. Sie dürfen nach getaner Arbeit reichlich Anerkennung spenden, für einen besonders unangenehmen oder umfangreichen Job auch einmal materieller Art. Oder das frisch renovierte Zimmer wird mit einer kleinen Familienparty eingeweiht. So erhalten Sie den Kontakt zu Ihrem Kind lebendig.

Darüber hinaus profitiert Ihr Kind davon, dass Sie mit Ihrem Job die Existenzgrundlage der Familie sichern. Auch das gehört zu den elterlichen Pflichten. Ihre Partnerin freut sich sicher, wenn sie sich am Wochenende auch mal von den elterlichen Pflichten ausruhen darf. Ab und an ist Ihr Rat gefragt, Sie bestimmen den Erziehungskurs mit. Sprechen Sie darüber, wenn Sie manchmal unsicher werden, wie Ihre Rolle in der Familie jetzt aussieht!

Wie wird der Familienurlaub für alle Beteiligten erfreulich?

Planen Sie gemeinsam. Wohin soll es gehen? Was macht allen Spaß? Finden Sie Kompromisse: eine Woche A, eine Woche B. Im Winter nach C, im Sommer nach D. Nach E, aber dafür nicht in ein Ferienhaus, sondern eine Ferienanlage. Ihr Kind kommt für eine Woche mit und verbringt die zweite mit Freunden. Oder Sie nehmen eine Freundin, einen Freund Ihres Kindes mit. Suchen Sie am Urlaubsort nach Attraktionen für Ihr Kind. Erlauben Sie sich, nicht jeden Tag miteinander zu verbringen. Jeder kann seiner Wege gehen, alle treffen sich am Abend zum gemütlichen Essen und Erzählen. Wenn Eltern sich dazu durchringen, nicht mehr auf dem gemeinsamen Urlaub zu bestehen, machen sie übrigens oft die Erfahrung, dass ihr Kind plötzlich ankündigt, sich dieses eine Mal noch aufzuopfern und noch einmal mitzukommen …

Geborgenheit und Halt geben

 Wie können wir unseren Jugendlichen noch ein Gefühl von Geborgenheit geben?

Ihre Jugendlichen werden immer erwachsener – aber sie sind trotzdem auch noch Kinder. Vertrauen, gute Gespräche und Familienrituale geben ihnen Halt trotz aller Umstellungen. Vieles davon können Ihre Kinder später gegebenenfalls auch ihren eigenen Kindern weitergeben (siehe Seite 188 f.). Familienrituale können zum Beispiel sein:
- die Art, Ostern, Weihnachten, Silvester, Geburtstage, die Aufnahme in den Kreis der Erwachsenen … zu feiern.
- Alltagstraditionen wie das gemeinsame Abendessen, Nudeltag am Mittwoch, Mama schmiert die Schulbrote (auch wenn das Kind das längst selbst könnte) oder regelmäßige Familienkonferenzen (siehe Seite 94 f.).

Das Familienleben gestalten

- Begrüßungsrituale, Abendrituale, Verwöhnrituale bei Krankheit …
- Fotoalben führen, Filme aus der Kinderzeit anschauen, Familiengeschichten erzählen, »Heiligtümer« bewahren: den ersten Milchzahn, Omas Lieblingstasse …

Familientraditionen sind Anker, die Halt und Geborgenheit geben. Die versichern, dass wir zu einer ganz speziellen Familie gehören – auf die wir uns in Notzeiten verlassen können, die uns mit all unseren Fehlern und Schwächen trägt und erträgt. Über Familientraditionen können Kinder den Wert von familiärer Verbundenheit täglich spüren. Sie gestalten sie mit, je größer sie werden. Manche Traditionen müssen mit den Kindern oder mit nötigen äußeren Veränderungen mitwachsen.

> **?** *Mein Partner und ich sind uns oft uneinig in Erziehungsdingen. Wie stimmen wir uns ab?*

Elternpaare haben in der Regel unterschiedliche Auffassungen über den richtigen Kurs in der Erziehung. Jeder bringt aus der eigenen Vorgeschichte Erfahrungen mit, wie Erziehung gelingen kann. Und oft ergänzen sich beide Seiten perfekt: Wo Papa manchmal zu streng ist, da ist Mama eher nachgiebig-verständnisvoll. Wo Mama zu ängstlich ist, da setzt sich Papa immer wieder für einen kleinen »Schubs ins Leben« ein. Kinder können lernen, mit unterschiedlichen Erwartungen und Normen gut klarzukommen. Entscheidend ist, dass beide Eltern die Sicht des anderen wertschätzen. Sie können dann sogar vor dem Kind diskutieren – zum Beispiel, wann es am Abend zu Hause sein soll. So lernt das Kind, wie man sich fair auf einen Kompromiss einigen kann.

Vermeiden sollten Sie, den Partner in Allianz mit Ihrem Sprössling auszutricksen oder seine Sicht der Dinge abzuwerten. Stimmen Sie sich in wichtigen Fragen gut ab,

damit der eine nicht erlaubt, was der andere verboten hat. Treten Sie nicht in einen Wettbewerb, wer der beliebtere, verständnisvollere, tolerantere Elternteil ist!
Lassen sich Ihre beiden Ansichten nicht miteinander vereinbaren, entscheiden Sie sich für eine längere Zeit für die eine Variante. Wenn diese nicht funktioniert, können Sie wechseln (machen Sie Ihren Entscheidungsprozess öffentlich!), Sie sollten aber nicht zu oft hin und her springen, damit Ihr Kind weiter weiß, woran es ist.

 Wir müssen umziehen. Wie erleichtern wir das unseren Kindern?

Umziehen fällt Kindern in der Pubertät oft noch schwerer als Jüngeren. Sie verlieren ihre Bezugspersonen in Schule und Freizeit, ohne die sie sich ein Leben oft nur schwer vorstellen können. Der Kampf um Akzeptanz in der Gruppe beginnt von vorn. Es ist in diesem Alter ein Muss, Kinder so früh wie möglich in Planungsprozesse einzubeziehen. Während Sie früher schon die Meinung der Kinder berücksichtigt haben, sollten Sie nun Entscheidungen nur noch gemeinsam fällen. Das kann sehr anstrengend sein. Manchmal trennen sich Familien dann auch vorübergehend: Ein Kind bleibt bis zum Schulwechsel noch einige Monate bei Oma oder bei Freunden.
Machen Sie Ihrem Kind mit Ritualen und Zugeständnissen den Abschied leichter. Abschieds- und Willkommenspartys. Eine Fotoreportage über den Umzug. Ein letztes gemeinsames Pizzaessen auf dem Boden der leeren Wohnung. Das gewünschte Himmelbett im neuen Zimmer. Die Erlaubnis für einen Hund. Sorgen Sie dafür, dass rasch der Kontakt zu den alten Freunden per Telefon oder Internet wieder aufgenommen werden kann. Erlauben Sie Tränen und Wut. Sagen Sie Ihrem Kind, dass Sie es verstehen. Dass Sie fest daran glauben, dass es Kraft genug hat, sich auf das neue Leben einzulassen.

Das Familienleben gestalten

PFLICHTEN AUFTEILEN

Wie motiviere ich meine Tochter, auch Dinge zu tun, zu denen sie gerade keine Lust hat?

Es ist wichtig, von klein auf darauf zu achten, dass Kinder nicht nur die Dinge erledigen, die ihnen gerade Spaß machen. Putzen, den Tisch decken, Laub harken – all das kann durchaus Spaß machen, aber eben nicht immer. Bestehen Sie darauf, dass Ihr Kind diese und andere Tätigkeiten auch dann durchführt, wenn es gerade keine Lust darauf hat. Oder haben Sie immer Lust auf Bügeln, Kochen und die Steuererklärung? Sprechen Sie darüber, wie Sie den inneren Schweinehund besiegen. Wählen Sie nicht nur Beispiele, wo Sie sich sehr vernünftig verhalten haben, sondern auch Gelegenheiten, bei denen Sie mit sich ringen mussten. Von Letzteren kann Ihr Kind mehr lernen, außerdem geht es um Ihre Glaubwürdigkeit. Sprechen Sie über Rechte und Pflichten und dass mit zunehmendem Alter beides zunimmt. Dann sollten konkrete Absprachen getroffen werden, an die Sie Ihr Kind gelegentlich erinnern dürfen. Verfallen Sie nicht immer wieder in Moralpredigten. Appellieren Sie jedoch an Fairness und Teamgeist in der Familie.

TIPP

Überdenken Sie noch einmal Ihre Maßstäbe: Auf das konkrete Alter Ihres Kindes bezogen – wie viel Spaß gestehen Sie ihm zu, und wie viel Pflicht sollte sein? Wie viele Pflichten gehören gegenwärtig zum Alltag Ihres Kindes, einschließlich Unterricht, Hausaufgaben, Haushaltspflichten, Üben für die Musikschule, Verpflichtungen im Verein, auf Geschwister aufpassen? Prüfen Sie die Zahl fester Verantwortlichkeiten und die Gefälligkeiten, um die Sie regelmäßig bitten.

Gibt es Grundregeln zur Zimmerordnung?

Ja, die gibt es, drei an der Zahl:
- Der Bewohner des Zimmers soll sich darin wohl fühlen. Das heißt: Die Ordnungsmaßstäbe bestimmt das Kind selbst. Sie müssen nicht den Ihren entsprechen!
- Sie als Wohnungseigentümer sind für die Einhaltung der Hausordnung zuständig und müssen deshalb Schimmel und Ungezieferbefall verhindern. Essensreste aufbewahren und Ähnliches ist somit absolut verboten.
- Der Zustand des Kinderzimmers ist kein Gradmesser für das Gelingen der Erziehung. Über unordentliche Kinderzimmer klagen mehr als 90 Prozent aller Eltern (während die meisten Kinder die eigene Ordnung völlig ausreichend finden). Sie müssen sich jedoch auch nicht blamieren und dürfen Ihre Augen schonen: Das Zimmer hat eine Tür, die man geschlossen halten kann. Will Ihr Kind Besuch in seinem Zimmer empfangen, können Sie Bedingungen zu Ordnung und Sauberkeit stellen. Aber gehen Sie nicht von Ihren eigenen Maßstäben aus, sondern eher von denen der Besucher.

 Gibt es denn gar keine Chance, das Kinderzimmer ordentlicher zu machen?

Schaffen Sie Anreize: Ein neues Bett, eine neue Wandfarbe gibt es, wenn eine Entrümpelung stattgefunden hat. Das neue Regal wird aufgebaut, sobald sortiert wurde, was hinein soll und was weggeworfen, auf den Dachboden geräumt oder verschenkt werden kann. Beteiligen Sie sich, so weit es Ihr Kind wünscht und so weit es Ihnen möglich ist. Die gemeinsame Aktion kann dann beiden Seiten Spaß machen. Als Gegenleistung für Ihre Hilfe können Sie von Ihrem Kind erwarten, dass es sich beim Kellerentrümpeln oder am Frühjahrsputz beteiligt.
Sie können auch immer wieder verschiedene Ordnungs-

Das Familienleben gestalten

systeme für das Zimmer anbieten und einrichten helfen: Zeitschriftensammler, beklebte Schuhkartons für den Krimskrams, Ablagekörbe für die einzelnen Schulfächer. Aber oft finden Kinder diese von uns Erwachsenen erdachten Systeme zu anstrengend. Trotzdem sollten Sie Ihr Kind von Ihren Erfahrungen profitieren lassen, wie Sie es mit dem Chaos aufnehmen: erst alle Post in einen Sammelkorb und einmal im Monat ablegen? Eine Großputzaktion am Samstagvormittag? Oder immer laufend alles wegräumen? Ihr Kind muss sein System finden und braucht dazu Anregungen und Raum zum Ausprobieren.

TIPP

- Sie müssen keine Dreckwäsche einsammeln. Gewaschen wird nur, was angeliefert wurde.
- Sie können einmal wöchentlich oder monatlich ein Minimum an Reinigung einfordern: Staubsaugen, Aufräumen.
- Je unordentlicher das Zimmer ist, desto weniger betreten Sie es für die »Servicedienste« Bett beziehen oder Fenster putzen.
- Zur Chaosbegrenzung dürfen Sie gemeinsame Entrümpelungsaktionen anbieten, zwingen Sie diese jedoch niemandem auf.
- Nörgeln Sie nicht bei jedem Betreten des Zimmers rum. Das bringt nichts außer Frust auf beiden Seiten. Leben Sie einfach weiter Ordnung vor.

Sie können strengere Zimmerkriterien aufstellen, wenn Ihr Kind sich noch recht gut auf Ihre Regeln einlässt und Sie derzeit nicht an sieben weiteren Fronten miteinander kämpfen. Sie sollten jedoch prüfen, ob der Kampf an dieser Stelle lohnt, wenn es wichtiger wäre durchzusetzen, dass Ihr Kind mehr für die Schule tut, sich nicht mehr nachts herumtreibt oder das Rauchen einschränken soll.

Wie bringe ich mein Kind dazu, sich an der Hausarbeit zu beteiligen?

Ihr Kind hat zu Beginn der Pubertät vermutlich schon gelernt, auf Ihre Anweisung oder Ihre Bitte hin bestimmte Arbeiten und Erledigungen zu verrichten: zum Bäcker gehen, die Treppe fegen, Laub harken. Spätestens jetzt sollte (mindestens) eine feste Pflicht dazukommen. Mehr muss es nicht sein, wenn das die Organisation Ihres Haushalts erlaubt.

Die Hauptpflicht bleibt für Ihr Kind die Schule, samt Drumherum wie Arbeitsmaterialien in Ordnung halten, Hausaufgaben erledigen, wenn nötig zusätzlich üben. Darüber hinaus sollte es inzwischen selbstverständlich sein, dass sich Ihr Kind um seinen eigenen Wohnbereich selbstständig und ohne Aufforderung kümmert: Bett machen, Staub wischen, Staub saugen und aufräumen. Gegebenenfalls das eigene Haustier versorgen. Eventuell zusätzlich das eigene Bett beziehen und die Fenster im eigenen Zimmer putzen.

Zu diesen Selbstverständlichkeiten kann jetzt noch die neue Pflicht hinzukommen, um Sie im Haushalt zu entlasten – etwa an bestimmten Tagen die Wäsche zu waschen und aufzuhängen. Ihr Kind sollte begreifen, dass es Teil eines Familiensystems ist, an dessen Funktionieren sich alle beteiligen müssen. Wer mehr Rechte haben will, bekommt auch mehr Pflichten. Und Ihr Kind soll ja Verantwortung lernen. Das geht am besten über einen eigenen Verantwortungsbereich.

Gehen Sie davon aus, dass Ihr Kind seine Aufgabe nicht so erfüllen wird, wie Sie es selbst tun würden, weder was die Regelmäßigkeit noch was die Qualität betrifft. Damit müssen Sie leben lernen. Werten Sie regelmäßig aus, wie es läuft. Loben Sie dabei viel, auch das Bemühen. Im Kasten auf der rechten Seite sehen Sie, wie sich all das praktisch durchführen lässt.

Gemeinsam einen Neuanfang planen

Wollen Sie größere Veränderungen einleiten: Lassen Sie den Familienrat (siehe Seite 94 f.) tagen. Das kann zu Beginn eines neuen Schul-, Lebens- oder Kalenderjahres sein, aber auch spontan.

Erklären Sie, worum es Ihnen bei dem Neuanfang geht: Mehr Gerechtigkeit und weniger Gemecker! Lassen Sie alle Familienmitglieder Vorschläge machen, wer für das nächste Vierteljahr welchen Job übernehmen möchte. Möglich wären: das Abendbrot vorbereiten, die Wäsche abnehmen und zusammenlegen, Flurreinigung, die Wohnung saugen ... Sind Ihre Lieben erst einmal sprachlos, können Sie Vorschläge machen, Bedenkzeit einräumen und die Detailplanung vertagen.

Im nächsten Schritt wird vereinbart, wer was macht, wobei verschiedene Lösungen denkbar sind: fester Job für drei Monate, Wechsel jede Woche, Tochter ist Montag und Mittwoch zuständig, Sohn Dienstag und Donnerstag. Legen Sie fest, was alles zum Job gehört (wann genau ist ein Mülleimer voll?), wann die Arbeit erledigt sein sollte (zum Beispiel vor dem Abendbrot), was bei »vergessen« passiert (siehe Seite 96 f.), wie viele Erinnerungen erfolgen.

Verändern Sie die Regeln, wenn Sie bei der Planung etwas übersehen haben oder wenn sich in der Familie Veränderungen ergeben. Oft wurde auch nicht alles eindeutig genug festgelegt, und Sie müssen dann noch einmal präzisieren.

Einschreiten sollten Sie, wenn sich Ihr Kind überhaupt nicht zuständig fühlt und bemüht. Formulieren Sie zunächst deutlich Ihre Missbilligung und geben eine letzte Chance. Sie können auch bereits Konsequenzen ankündigen: So könnten Sie beispielsweise Chauffeurdienste einstellen oder andere Privilegien einschränken. Dies müssen Sie im Fall der Fälle dann natürlich auch tun.

Meine Wohnung oder unsere Wohnung – wie sollten wir es in der Familie halten?

Einer Familienwohnung sollte auch außerhalb des Kinderzimmers anzusehen sein, dass hier Kinder leben! Das heißt, dass es dort nie so ordentlich sein wird, als wenn Sie in der Wohnung allein wären. Das gilt auch für das Leben mit Jugendlichen. Es gibt persönliche Räume, in denen jeder selbst verantwortlich ist und damit auch den Grad von Ordnung halten kann, der ihm gemäß ist. Und es gibt gemeinsame Räume wie Küche, Bad und Flur, in denen sich alle wohl fühlen sollen. Hier werden Sie, nach Abstrichen von eigenen Maßstäben, kämpfen müssen. Dass benutztes Geschirr in den Geschirrspüler gehört, die Schuhe nicht mitten in den Flur. Bleiben Sie dran!

WENN AUS KINDERN FRAUEN UND MÄNNER WERDEN

 Meine Tochter wird langsam unübersehbar eine Frau. Wie sind die Spielregeln für mich als Vater?

Mit Beginn der Pubertät sollten Sie körperlich etwas auf Distanz gehen. Erlaubt ist ein Begrüßungskuss (ob auf den Mund, hängt davon ab, ob Ihre Tochter das mag). Sie dürfen sie auch tröstend in den Arm nehmen, wenn sie weint. Aber gemeinsame Badbenutzung oder Kuscheln auf Papas Schoß sollten langsam tabu werden. Achten Sie auf die Signale Ihrer Tochter. Die meisten Mädchen zeigen (wenn auch nicht immer sehr deutlich, weil sie Papa nicht brüskieren wollen), wenn sie etwas nicht mehr mögen. Achten Sie auf Ihre eigenen Reaktionen. Fühlen Sie sich auf der erotischen Ebene angesprochen, sollten Sie unbedingt eine klare Grenze ziehen und die entsprechenden Situationen von nun an meiden.

Das Familienleben gestalten

 Sollte ich als Mutter noch gemeinsam mit meinem 12-jährigen Sohn das Bad benutzen?

Kinder lernen in ihren Familien die Spielregeln des Lebens. Bei aller Freizügigkeit im Umgang mit dem eigenen Körper und mit Nacktheit – Erotik und Sexualität sollten Bereiche bleiben, die eine gewisse Intimität einschließen. Das elterliche Sexualleben inklusive aller Spielzeuge und Appetitmacher wie Pornos sollten also für Kinder absolut tabu sein und entsprechend verwahrt bleiben. Um den Kindern beizubringen, dass mit den Mitmenschen in diesem Bereich besonders sensibel umzugehen ist, sollten Sie mit Beginn der Pubertät auch auf andere Grenzen achten. Es ist in Ordnung, gemeinsam am Nacktbadestrand zu baden (wenn sich alle dabei wohl fühlen). Das ist ein öffentlicher Raum. Prozeduren der Körperpflege wie das Wannenbad oder die Toilettenbenutzung sind intime Vorgänge, die Menschen in der Regel ohne Zuschauer verrichten wollen. Tun Sie dies jetzt, auch wenn es Ihnen persönlich nicht so wichtig erscheint. Das Bad sollte abschließbar sein, damit auch Ihr Kind sich bei Bedarf ungestört zurückziehen kann.

Sie müssen sich nicht schamhaft verstecken, wenn Ihr Sohn Sie auf dem Flur unbekleidet antrifft. Aber Sie sollten auch nicht völlig ungeniert stundenlang nackt durch die Wohnung spazieren. Achten Sie auf Signale des Sohnes, der sich beim Umkleiden von Ihnen abwendet, und hüten Sie sich vor Witzchen über diese plötzliche Schamhaftigkeit. Er muss für sich im Laufe dieser Jahre erst entdecken, wie viel Freizügigkeit zu ihm passt. Dazu müssen zunächst Sie die Grenzen etwas enger ziehen. Ihr Sohn sollte nun auch kein ständiger Gast mehr in Ihrem Bett sein. Er ist bald kein Kind mehr, sondern wird zum Erwachsenen. Aber er ist immer noch Ihr Sohn, nicht Ihr Partner.

Worauf sollte ich als Vater mit meinem pubertierenden Sohn besonders achten?

Jungen wollen sich in der Pubertät besonders mit ihren Vätern reiben. Dabei wollen sie einerseits stärker sein. Andererseits wünschen sie sich, dass die Väter ihnen weiter überlegen sind und sie anleiten können. Bieten Sie Ihrem Sohn Raum für beide Erfahrungen! Sehen Sie hinter der coolen Fassade auch immer wieder den unsicheren kleinen Jungen, der Halt und Zuspruch braucht.
Ihr Sohn wird Sie jetzt besonders genau beobachten. Er wird Sie mit Ihren Schwächen und Fehlern oder Widersprüchlichkeiten zwischen Sagen und Tun konfrontieren. Versuchen Sie, die Kritik so sachlich wie möglich zu überdenken. Bieten Sie sich als Leidensgefährte an, der an manchen Vorsätzen bereits seit vielen Jahren arbeitet, manchmal die Fehler eher bei anderen als bei sich selbst erkennt und ein Recht auf eigene Marotten und schlechte Angewohnheiten hat. Wie Ihr Sohn auch.

 Warum haben es Jungen besonders schwer, mit Frust umzugehen?

Jungen setzen sich selbst unter Druck, um nicht unmännlich zu erscheinen. Coolness ist gefragt, aber furchtbar anstrengend. Zeigen Jungs zu viele Schwächen oder Gefühle, droht die Gefahr, von den Gleichaltrigen ausgelacht zu werden. Oder bei den Mädchen weniger Chancen zu haben. Geben Sie Ihrem Sohn im familiären Rahmen die Chance, auch seine emotionalen Seiten zu zeigen. Gehen Sie sorgsam mit seinen Gefühlen um, etwa mit Schamgefühlen seinen Körper betreffend. Zeigen Sie ihm, dass ein Mann keine »Heulsuse« ist, wenn er mal weint. Sprechen Sie – besonders als Vater – über Ihre Gefühle, heute und damals in der Pubertät. Vielleicht ist das auch für Sie eine Chance, das zu üben?

Das Familienleben gestalten

WENN DIE FAMILIE SICH TRENNT

Wir trennen uns. Stimmt es, dass das in diesem Alter für Kinder nicht mehr so dramatisch ist?

Ein pubertierendes Kind kann besser verstehen, was da passiert. Es hat so die Möglichkeit, sich weniger schuldig am Ganzen zu fühlen, wie jüngere Kinder das oft tun. Es empfindet weniger stark die existenzielle Verlustangst Jüngerer, die mit dem Weggehen eines Elternteiles verbunden ist. Andererseits befinden sich Pubertierende emotional in einem sehr labilen Zustand. Ihr Kind mag sich vielleicht gerade überhaupt nicht. Das mobilisiert Ängste, dass der weggehende Elternteil nicht mehr für einen präsent sein könnte. Dazu kommen meist Erfahrungsberichte von anderen, denen genau das passiert ist. Die eigenen Erfahrungen werden bewusster reflektiert: Wann klappt es mit der großen Liebe nicht? Wie kann man eine erfüllte Beziehung führen? Warum tun Männer Frauen oder Frauen Männern oft so weh? Soll man sich auf das Abenteuer Beziehung überhaupt einlassen?

Wie machen wir die Trennung unserem Kind leichter?

Beziehen Sie Ihr Kind in alle Entscheidungen ein. Geben Sie alle wichtigen Informationen: Wer wird wo leben? Wie wird der Kontakt zum anderen Elternteil aussehen? Welche materiellen Konsequenzen hat die Trennung? Wird ein Umzug erforderlich sein?
Kinder wollen mit beiden Elternteilen leben. Sich für einen zu entscheiden bedeutet, sich gegen den anderen zu entscheiden und ihm damit wehzutun. Wenn die Frage »Bei wem willst du leben?« Ihr Kind in einen zu großen Loyalitätskonflikt bringt, sollten Sie sich seine Meinung anhören, jedoch als Elternpaar entscheiden.

Versuchen Sie, Erwachsenen- und Kinderebene zu trennen. Sie streiten womöglich in Unterhaltsfragen. Das kann Ihr Kind wissen. Es sollte sich jedoch nicht dazu verpflichtet fühlen, deshalb den Kontakt zu einem Elternteil einzuschränken. Vermeiden Sie es auch, den Expartner schlechtzumachen – reden Sie auch bei anderen nicht von »dem Schwein«. Wenn Ihr Kind das zufällig mitbekommt, fühlt es sich wie ein Ferkel …

Versuchen Sie Ihrem Kind zu vermitteln: Wir trennen uns lediglich als Paar. Wir bleiben deine Eltern. Streben Sie ein faires Miteinander auf der Elternebene an. Vermeiden Sie laute und unfaire Auseinandersetzungen vor Ihrem Kind. So ersparen Sie ihm, sich in dieser schwierigen Zeit zusätzlich schlecht zu fühlen.

 Wie erklären wir unseren Kindern die Gründe für die Trennung?

Führen Sie das notwendige Gespräch möglichst beide gemeinsam mit Ihren Kindern. Vermitteln Sie ihnen, dass Sie als Eltern sorgsam mit ihnen und ihren Gefühlen umgehen werden und dass Sie trotz allem gemeinsam das Beste für sie wollen. Geben Sie Erklärungen, so weit Sie diese bereits für sich gefunden haben. Rechnen Sie mit ganz konkreten Fragen dazu, was sich im Alltag verändern wird, und haben Sie Antworten parat. Lassen Sie zu, wenn die Kinder Ärger, Traurigkeit, Ängste ausdrücken. Das ist besser, als wollten sie allein damit fertig werden. Manche Kinder sind eine Zeit lang reizbarer und schneller aus dem Gleichgewicht zu bringen. Das ist normal und braucht einen gewissen Schonraum. Es kann jedoch auch sein, dass Ihre Kinder zunächst recht unbeteiligt wirken. Manchmal machen Kinder es ihren Eltern mit einem solchen »coolen« Verhalten unbewusst leicht. Ermuntern Sie Ihre Kinder dann besonders, über ihre Gefühle zu sprechen – ruhig auch mit ihren Freunden.

Das Familienleben gestalten

Sicherheit geben

Ihr Kind braucht jetzt vor allem die Sicherheit, ...

- nicht schuld zu sein: Beantworten Sie Fragen so offen und ehrlich, wie es Ihnen derzeit möglich ist.
- den anderen Elternteil weiter lieb haben zu dürfen, auch wenn Sie vielleicht enttäuscht von ihm sind.
- zu wissen, wie es nun ganz praktisch weitergeht: mit der Wohnung, der Schule, dem Umgang mit dem abwesenden Elternteil. Anfangs ist es oft hilfreich, relativ feste Absprachen über Art und Häufigkeit telefonischer und persönlicher Kontakte zu treffen.
- ein normales Leben führen zu dürfen. Setzen Sie – so weit es geht – bisherige lieb gewonnene Aktivitäten fort. Nehmen Sie sich regelmäßig Zeit für Ihr Kind.
- nicht unangemessen Verantwortung übernehmen zu müssen – etwa dafür, dass trauernde Eltern den Weg zurück ins Leben finden. Suchen Sie wenn nötig bei Freunden oder einem Therapeuten Hilfe.
- die Loyalität zu beiden Eltern nicht verletzen zu müssen: Fragen Sie Ihr Kind nicht über den anderen aus. Verlangen Sie keine Parteinahme. Versuchen Sie sich mitzufreuen, wenn es beim anderen einen schönen Tag hatte. Auch Eltern, die zusammenleben, erziehen nicht gleich. Versuchen Sie diese Unterschiedlichkeit auch weiter zu tolerieren.
- ein eigenständiger Mensch zu sein, auch wenn es vielleicht einige Eigenschaften von dem Menschen übernommen hat, der Ihnen wehgetan hat.
- Gefühle und Gedanken der Trauer, Wut, Verzweiflung für längere Zeit ausdrücken zu dürfen.
- dass Sie alle die schwere Zeit überstehen werden. Sorgen Sie gut für sich selbst. Versuchen Sie nicht, die Welt wieder heil zu machen, indem Sie sich schnell in eine neue Beziehung stürzen. Trennung und Verlust gehören zum Leben.

❓ *Wo sollen die Kinder leben?*

Sie sollen möglichst so leben, dass es ihnen gut möglich ist, Kontakt zu beiden Elternteilen zu halten. In diesem Alter ist es sogar vorstellbar, zwei Lebensmittelpunkte zu haben, also wochen- oder monatsweise bei dem einen oder anderen Elternteil zu leben. Dazu müssten sich jedoch beide elterlichen Wohnungen in der Nähe von Schule und Freundeskreis befinden. Bei einer solchen Regelung sind besonders viele Absprachen zwischen den Eltern erforderlich, was gute Kommunikationsfähigkeit und fairen Umgang beider miteinander voraussetzt. Manche Kinder sind aber von einer solchen Lösung überfordert und brauchen einen konstanten Ort. Entscheidungskriterien könnten dann sein: Zu wem hat das Kind die engere Beziehung? Wer hat mehr Zeit und Kraft für den Erziehungsalltag? Bei wem könnten die Geschwister zusammenbleiben? Wer kann dem Kind in dessen aktueller Entwicklungsphase eher gerecht werden?
Sie müssen das nicht bis zum 18. Geburtstag festlegen. Denkbar sind Wechsel in größeren Abständen. Machen Sie diese aber auf keinen Fall vom Verhalten des Kindes abhängig. Lassen Sie sich auch nicht gegeneinander ausspielen durch ein »Dann zieh ich eben zu Papa!«.

 *Meine Schuldgefühle wegen der Trennung machen mich oft nachgiebiger, als ich sein sollte. Ist das problematisch oder ein Ausgleich für das Erlittene?*

Sie können nicht einen Mangel an Essen durch Wärme ausgleichen. Den Kummer der Kinder nach einer Trennung können Eltern weder durch materielle Freuden noch durch zusätzliche Freiheiten aufwiegen. Im Gegenteil: Die Entwicklung Ihres Kindes ist bereits durch die Trennung belastet. Nun schaffen Sie erneut schwierige

Das Familienleben gestalten

Bedingungen für eine gute Entwicklung Ihres Kindes, indem Sie im Grenzensetzen zu zögerlich oder inkonsequent sind. Damit tun Sie Ihrem Kind keinen Gefallen. Lernen Sie stattdessen, mit Ihren Schuldgefühlen anders umzugehen. Schuldig werden gehört zum Leben. Kein Elternteil ist ohne Schuld: Sie haben Ihr Kind mal zu leicht angezogen, und es bekam eine Erkältung. Sie haben einen Moment nicht aufgepasst, und es hat sich verletzt. Sie haben vor lauter Arbeitsstress gar nicht gemerkt, dass der Kummer der Tochter viel größer ist als gedacht. – Kinder können damit leben, dass Eltern Fehler machen. Wandeln Sie Ihre Schuldgefühle besser in Energie um, den Kindern nun gerade das zu geben, was sie brauchen: Sicherheit, Halt, Geborgenheit, Verständnis.

Kann es sein, dass sich meine Tochter schuldig an unserer Trennung fühlt? Wie nehme ich ihr diese Schuldgefühle?

Selbst den beteiligten Erwachsenen fällt es oft schwer, die Schuldfrage bezüglich einer Trennung zu klären. Wie soll ein Kind einordnen, was genau da passiert ist? Erlebt hat Ihre Tochter vielleicht: »Gestritten haben die wegen meiner Fünf in Mathe und weil ich nie aufgeräumt habe.« Da liegt es auf der Hand, sich schuldig zu fühlen.

Natürlich haben Sie beide Ihrem Kind mehrfach versichert, dass das Geschehene ein Problem zwischen den Erwachsenen ist. Das reicht nicht aus. Vielleicht können Sie Ihre Tochter ermutigen, ihre Gedanken direkt auszusprechen. Gehen Sie einfühlsam darauf ein.

Bewährt hat sich, auf neutralerem Boden zu diskutieren. Das heißt, Sie sprechen nicht über Ihre Tochter, sondern über eine Klassenkameradin, eine Bekannte, die zufällig die gleichen Schuldgefühle hat, und versuchen an diesem Beispiel, Ihrer Tochter mehr Klarheit zu geben.

> **?** *Zwischen meinem Expartner und mir läuft es nicht rund. Wie kann ich verhindern, dass mein bei mir lebender Sohn darunter leidet?*

Tun Sie alles dafür, dass Ihr Sohn weiter Kontakt zum Vater haben kann. Selbst wenn dieser einige Schwächen hat: Ihr Sohn muss sich auch damit auseinandersetzen! Seien Sie selbst Vorbild darin, das Leben zu meistern, einen guten Job zu machen, Konflikte gewaltfrei zu lösen. Jedes Kind fühlt sich wertlos und verlassen, wenn ein Elternteil den Kontakt abbricht. Es wird grundlegend verunsichert, da ihm bisher versichert wurde, von beiden geliebt zu werden und beiden wichtig zu sein. Bemühen Sie sich um Fairness! Versuchen Sie, einerseits Ärger und Enttäuschung Ihres Kindes als absolut berechtigt anzuerkennen. Und andererseits mögliche Gründe für einen Kontaktabbruch des Vaters zu benennen: »Er liebt dich, aber ihm fällt es oft schwer, Versprechen einzuhalten.« – »Vielleicht ist es schwer für ihn auszuhalten, nicht mehr täglich mit dir zusammen zu sein.« – »Vielleicht erinnerst du ihn zu sehr an mich.« Dabei müssen Sie Ihre eigene Kränkung und Verletzung weit hintanstellen. Den Vater entschuldigen, wo Sie ihm vielleicht am liebsten die Augen auskratzen würden. Aber Ihr Kind kann sich auf diese Weise selbst ein umfassendes Bild machen.

TIPP

Vorbild für die männliche beziehungsweise weibliche Entwicklung können auch Verwandte, Trainer(innen), Lehrer(innen), die Eltern von Freunden … sein. Später gibt es vielleicht ein Stiefelternteil. In der Öffentlichkeit und in Filmen gibt es zahlreiche Vorbilder für Mann-Sein oder Frau-Sein. Diskutieren Sie diese mit Ihrem Kind. Was gefällt Ihnen, was finden Sie eher problematisch?

Das Familienleben gestalten

 Ich lebe als Vater mit meiner Tochter allein. Worauf sollte ich achten?

Ihre Tochter braucht Frauen, an denen sie sich abschauen kann, wie man als Frau lebt (siehe Kasten links). Gehen Sie taktvoll mit der erwachenden Weiblichkeit Ihrer Tochter um. Bitten Sie die Mutter, eine Verwandte oder eine etwas ältere Freundin Ihrer Tochter, ihr bei speziellen Fragen zu helfen, etwa bei der Tamponbenutzung oder beim ersten Frauenarztbesuch.

Geben Sie Ihrer Tochter unbedingt die Chance, sich ein realistisches Bild von der Mutter zu bewahren. Diese hatte offenbar ihre Schwächen. Aber sie hatte auch Stärken, denn sonst wäre Ihre Tochter nicht so ein liebenswertes Mädchen geworden. Und außerdem hat Sie etwas an dieser Frau einmal sehr angezogen. Erzählen Sie Ihrer Tochter auch davon!

 Mein Sohn hat neuerdings keinen Bock auf die Besuche beim Vater und trifft sich lieber mit Freunden. Das ist doch okay?

Ja und nein. An mehreren Stellen dieses Buches habe ich Eltern dazu ermutigt, gemeinsame Zeit mit ihren aus der Familie herausstrebenden Jugendlichen einzuklagen und durchzusetzen. Das gilt für getrennt lebende Elternteile umso mehr! Das sollten Sie beide Ihrem Sohn deutlich machen. Er kann nicht nur die Geschenke mitnehmen und ansonsten sein Ding machen.

Darüber hinaus sollten Sie sich – vielleicht zu dritt – an einen Tisch setzen und einmal darüber sprechen, was Ihren Sohn bei den Besuchen stört und wie man das ändern kann. Manchmal ist es die Eifersucht auf eine neue Partnerin oder ein hinzugekommenes Kind. Oft ist es schwierig, eine gemeinsame Beschäftigung zu finden. Das kann und sollte nicht immer nur ein Besuch im

Fastfood-Tempel oder im Kino sein. Welche Hobbys und Interessen hatten und haben die beiden gemeinsam? Radfahren, Rollerskaten, Bowlen, Kino, Pokerspielen, unterm Sternenhimmel philosophieren? Knüpfen Sie daran an! Auch ein regelmäßiges Essen beim Italiener ist zum Beispiel denkbar. Regelmäßigkeit ist ohnehin wichtiger als die Dauer der Besuche. Der Besuch beim Vater muss zum Beispiel nicht das ganze Wochenende andauern. Manchmal ist weniger Zeit mehr, etwa beim lockeren Cafébesuch. Handhaben Sie das Ganze nicht zu »planmäßig«: Natürlich gehen Geburtstage der Freunde vor, da sollten Sie kompromissbereit sein. Finden Sie in diesem Fall einen Ersatztermin für das Vater-Sohn-Treffen.

 Meine Tochter fühlt sich neuerdings bei ihrer Mutter nicht mehr wohl. Darf sie allein entscheiden, wie oft sie zu ihr geht?

Es gilt das zu der letzten Frage Gesagte. Sie sollten als Eltern Regeln vorgeben. Sprechen Sie auch mit Ihrer Tochter darüber, wieso sie sich bei der Mutter nicht wohl fühlt: Kommt sie mit dem neuen Partner der Mutter nicht klar? Dann könnte sie die Mutter ohne diesen treffen. Fühlt sie sich benachteiligt gegenüber bei der Mutter lebenden Kindern? Dann sollte Mama organisieren, dass die beiden auch einmal ungestört zu zweit sein können. Belastet es Ihre Tochter, dass Mama immer so auf Papa schimpft? Das lässt sich vielleicht im Rahmen eines fairen Gespräches ändern. Hat sie das Gefühl, dass Papa sie nicht so gern gehen lässt, weil er vielleicht einen schlechten Einfluss befürchtet? Oder weil er dann immer so traurig und einsam aussieht? Das sollte ausdiskutiert werden. Gab es Streit zwischen Mutter und Tochter? Macht Mama Stress wegen der Schule? Auch das ist kein Grund, den Problemen aus dem Weg zu gehen. Helfen Sie Ihrer Tochter, diese zu lösen!

Das Familienleben gestalten

Meine Tochter erklärte gestern, zu ihrem Vater ziehen zu wollen, da sie dort viel länger fernsehen dürfe als bei mir. Wie gehen wir damit um?

Und wenn sie dann bei ihm öfter den Müll runterbringen soll, kommt sie wieder zurück? Viele Jugendliche probieren diesen Trick aus, um sich um Unbequemes zu drücken oder mehr Freiheiten für sich herauszuholen. Manche wollen einfach Auseinandersetzungen aus dem Weg gehen. Beides wäre nicht gut für ihre weitere Entwicklung.
Sie haben als Eltern, eventuell gemeinsam mit Ihrem Kind, entschieden, wo es leben soll – zu seinem Vorteil (siehe Seite 70). Ein Wechsel zum anderen Elternteil macht jedoch dann Sinn, wenn

➤ die Beziehung des Kindes zu dem Elternteil, bei dem es bisher lebt, sehr stark belastet ist und beide eine Auszeit brauchen, bevor die Sache eskaliert.
➤ Sie dem Kind auch die andere Lebensweise des zweiten Elternteils nahebringen wollen.
➤ Sie fördern möchten, dass Ihr Kind zu beiden Elternteilen einen gleich engen Kontakt behält.
➤ einer vorübergehend (zum Beispiel durch Veränderungen in der Arbeit) nicht mehr so gut in der Lage ist, den Hauptteil der Erziehung zu übernehmen.

Wie erleichtere ich meinem neuen Partner und meinen Kindern das Kennenlernen?

Organisieren Sie für das erste Kennenlernen eine Aktivität, die allen Spaß macht. Dann ist der Tag schon mal halb gelungen. Die Atmosphäre ist so viel lockerer, und alle können Unsicherheiten besser umschiffen. Außerdem wird der Nahraum, das verteidigte »Revier« der eigenen Wohnung, zunächst noch nicht berührt.
Holen Sie sich vom anderen Elternteil das Okay für diesen

Schritt – Ihrem Kind zuliebe. Kinder fürchten, dem abwesenden Elternteil etwas wegzunehmen, wenn sie mit dem neuen Menschen in der Familie gut klarkommen. Der Vater sollte signalisieren, dass es möglich ist, ihn weiter genauso zu lieben und zusätzlich einen Stiefvater zu gewinnen, der den Vater im Alltag vertritt. Dazu braucht Ihr Expartner viel Sicherheit von Ihnen, dass Sie das tatsächlich so wollen und ihn nicht ausbooten werden! Toll ist es für die Kinder, wenn alle beteiligten Erwachsenen sachlich und freundlich, irgendwann auch wieder freundschaftlich miteinander umgehen!

TIPP

Geben Sie den Dreien zunehmend Gelegenheit, sich aneinander zu gewöhnen und aufeinander einzulassen. Das geht besser, wenn Sie nicht immer dabei sind.

Mein Sohn akzeptiert die neue Freundin seines Vaters überhaupt nicht. Muss er auch nicht, oder?

Er muss sie nicht lieben. Das könnte niemand erzwingen. Er muss jedoch akzeptieren, dass sein Vater das Recht hat, sein Leben mit einer neuen Frau zu bereichern. Selbst wenn diese der Anlass für die Trennung war: Der eigentliche Trennungsgrund lag vermutlich woanders. Auch Eltern sind Menschen mit eigenen Bedürfnissen. Die neue Partnerin muss ein Vater nicht danach aussuchen, ob sie dem Sohn gefällt. Er muss mit ihr klarkommen und Liebe zu ihr entwickeln. Es steht dem Sohn nicht zu, darüber zu urteilen. Natürlich kann es aber sein, dass die Chemie zwischen der Freundin und Ihrem Sohn einfach überhaupt nicht stimmt. Solche Antipathien kommen vor. Allerdings geht es dabei oft um anderes.
Mit der neuen Freundin des Vaters schwindet die letzte

Das Familienleben gestalten

Hoffnung auf eine Versöhnung der Eltern – und die wünschen sich letztendlich fast alle Kinder. Auch könnten Sie als Mama gekränkt sein, was die neue Freundin Ihres Expartners betrifft, und Ihrem Kind das bewusst oder unbewusst signalisieren. Die »Neue« könnte Schwierigkeiten haben, das Kind aus der alten Beziehung zu akzeptieren, weil sie fürchtet, den Partner über die Elternebene noch mit der Vorgängerin teilen zu müssen … Versuchen Sie, solche verdeckten Gründe herauszufinden und möglichst auf Erwachsenenebene auszuräumen.

Können Sohn und Freundin dann immer noch nicht miteinander, sollten Sie beziehungsweise der Vater zunächst einmal einfach die Zeiten zu dritt reduzieren und so etwas Druck herausnehmen. Sie können jedoch weiter von Ihrem Sohn verlangen, sich mit ihr zu arrangieren, zum Beispiel wenn Papa Geburtstag hat. Und auch die neue Freundin muss akzeptieren, dass ihr Partner Verpflichtungen als Vater hat und nicht alle Zeit ausschließlich mit ihr verbringen kann und wird.

> **?** *Die Tochter meines neuen Partners besucht uns jedes zweite Wochenende. Wie helfen wir den Kindern dabei, einander zu respektieren?*

Versuchen Sie den Kindern die Zeit zu geben, die sie brauchen. Für die Tochter Ihres Partners ist es sogar noch schwerer als für Ihre eigenen Kinder: Diese haben Ihren Partner die ganze Woche über – sie hat ihn nur jedes zweite Wochenende. Wird er da die anderen nicht irgendwann lieber haben? Wo sie ihn schon so oft vermisst, muss sie nun auch noch mit anderen teilen. Auch Ihr Kind muss Sie nun teilen: nicht mehr nur mit dem neuen Partner, sondern auch mit einer Konkurrentin, die vielleicht schlauer, braver oder musikalischer ist. Je geringer der Altersabstand zwischen Ihren Kindern und dem Kind Ihres Partners ist, umso größer ist das Konkurrenzempfinden. Auch konkurrieren Mädchen mit Mädchen und Jungen mit Jungen ganz besonders stark. Und wenn Sie ehrlich sind, werden auch Sie automatisch Vergleiche ziehen, auch wenn Sie dies nie offen vor den Kindern tun.

Wichtig ist, dass das hinzukommende Kind möglichst nicht das oder die andere aus seinem/ihrem Reich vertreibt. Halten Sie Ihre Kinder zunächst nicht dazu an, den Gast der Familie wie einen eigenen Gast in seinem/ihrem Zimmer unterzubringen. Erst wenn sich die Kinder untereinander verstehen, ist daran zu denken. Sonst finden Sie eben eine andere Schlafmöglichkeit – wenn Sie kein Gästezimmer haben, machen Sie für den Gast eine gemütliche Schlafcouch zurecht und bestehen darauf, dass der Raum vom Zubettgehen zum Aufstehen Gästezimmer ist, also eine gewisse Privatsphäre bietet.

> **Wenn es nicht so recht passen will**
> Neben den Konkurrenzgefühlen kann es auch sein, dass Ihre Kinder und die Ihres neuen Partners einfach nicht so viel miteinander anfangen können. Warum sollte das anders sein als bei Erwachsenen? Allerdings kann sich das später ändern, wenn etwa gemeinsame Interessen entdeckt werden oder die Kinder gemeinsame Freunde haben.
> Niemand sollte hier zu etwas gezwungen werden, es sei denn zur Einhaltung allgemeiner Höflichkeitsregeln einem Gast/Gastgeber gegenüber. Schaffen Sie Wahlmöglichkeiten für das Kind Ihres Partners: etwas mit Papa allein tun oder alle zusammen? Wenn das Kind zunächst am liebsten Papa für sich hätte, schaffen Sie Übergangsräume, in denen Sie sich zwanglos begegnen, eine gemeinsame Mahlzeit, bevor sich die Familie ruhig auch einmal trennen darf.

Das Familienleben gestalten

Was tue ich, wenn es zwischen meinen Kindern und denen meines Partners einfach nicht klappt?

Stellen Sie klar, dass die Situation nun mal so ist wie sie ist, und dass Sie von allen erwarten, sich damit zu arrangieren. Niemand muss jemanden lieben, den er in Wirklichkeit nicht mag, niemand muss sich auf den Besuch des anderen freuen. Aber jeder hat den anderen fair zu behandeln. Zeigen Sie Verständnis für Schwierigkeiten, sich in die Situation zu fügen. Aber machen Sie auch klar, dass Sie zwar über das Wie verhandeln werden, aber nicht über das Ob.

Welche Voraussetzungen sind nötig, damit die Kinder meiner neuen Partnerin irgendwann ganz bei uns einziehen können?

Es sollten alle Beteiligten damit einverstanden sein. Sie würden auch nicht einfach die beste Freundin Ihres Kindes auf Dauer bei sich aufnehmen, nur weil die beiden sich das so wünschen.
Dazu müssen Sie unter Umständen einige Überzeugungsarbeit leisten. Und Sie müssen über konkrete Bedingungen verhandeln, wenn die Parteien nicht sonderlich gut miteinander können. Sie sollten unbedingt Räume haben, in die sie sich zurückziehen können. Jedes der im Haushalt wohnenden Kinder braucht Zeit des dort lebenden leiblichen Elternteils nur für sich allein. Unternehmungen zu viert sollten aber auch dann nicht ganz wegfallen, wenn sie schwierig sind. Kinder brauchen Gelegenheit dazu, vielleicht doch noch Gemeinsames zu entdecken. Sie sollten diese Unternehmungen sorgfältig auswählen und dosieren. Schaffen Sie einen Ausgleich für das Zurückstecken müssen Ihres Kindes.

FAMILIENREGELN VERHANDELN, KONFLIKTE FAIR LÖSEN

Der Mensch ist und bleibt ein Gemeinschaftstier. Niemand ist auf Dauer allein lebensfähig. Wir brauchen den anderen, um uns wohl zu fühlen und uns weiterzuentwickeln. Damit der Kontakt zu den anderen gut klappt, benötigen wir soziale Kompetenz: in der Familie, im Freundeskreis, im Arbeitsteam. Wir müssen die Perspektive des anderen einnehmen, mit Meinungsverschiedenheiten umgehen, Kompromisse finden können. Die Grundregeln konstruktiver Kommunikation sollten unseren Kindern bereits in Fleisch und Blut übergegangen sein. Diese werden in der Pubertät weiter intensiv geübt. Die Familie ist der sichere Rahmen, in dem Kinder lernen, faire Auseinandersetzungen zu führen. Rücksicht zu nehmen, aber auch sich durchzusetzen. Regeln einzuhalten, die dem eigenen wie dem Gemeinwohl dienen. Mit Kritik umgehen zu können. Eigene Fehler einzusehen. Bei einem Streit nicht aus den Augen zu verlieren, dass es letztlich um eine gemeinsame Lösung geht.
Um Ihrem Kind all dies zu vermitteln, brauchen Sie als Eltern eine verlässliche, klare Linie. Sie brauchen aber auch ein gewisses Maß an Bereitschaft, sich auf Verhandlungen einzulassen und Regeln neu zu überdenken.
So anstrengend das manchmal ist: Es kann auch Spaß machen. Und es gibt Ihnen das Gefühl, Ihr Kind gut auf ein Leben in Gemeinschaft vorzubereiten.
Haben Sie keine Sorge, sich bei Ihren Kindern unbeliebt zu machen. Viele Kinder und Jugendliche, deren Eltern das Grenzensetzen aufgegeben haben, wünschen sich eigentlich mehr Halt. Jemanden, der ihnen ab und zu noch sagt, wo es langgeht. Wenn Sie und Ihre Kinder sich einen guten Draht zueinander bewahrt haben, finden Sie hier bestimmt das richtige Maß!

Familienregeln verhandeln, Konflikte fair lösen

REGELN UND KONSEQUENZEN

 Wie bringe ich meinem Kind bei, sich in das Familienleben einzupassen?

Die Einpassung in ein soziales Gefüge lernt Ihr Kind zunächst in der Familie. Sicher gibt es Regeln für Ihr Familiensystem, deren Einhaltung dazu führt, dass sich alle wohler fühlen. Das Verletzen der Regeln muss Konsequenzen aller Abstufungen haben. Vom zugeworfenen Blick (»Ich habe das gesehen!«) über das Hochziehen der Augenbrauen oder Kopfschütteln, das verbale Feedback, indem Sie Ihr Kind scharf beim Namen rufen, die Kritik »Ich finde es nicht in Ordnung, wenn du …« bis zur Forderung nach Entschuldigung, Wiedergutmachung oder zur Ankündigung von Strafe.

Später musste sich Ihr Kind dann in weitere Gemeinschaften einfügen: die Spielgemeinschaft auf Straße oder Spielplatz, im Kindergarten und in der Schule. Immer wieder hat es auch hier erfahren, wofür es Anerkennung erntet und wofür eher Ablehnung oder Ausgrenzung.

In der Pubertät laufen diese Prozesse nun zunehmend bewusster ab. Kennen Sie die ausgesprochenen und unausgesprochenen Regeln der Clique Ihres Kindes?

 Wie setzen wir klare Regeln durch?

Zunächst sollten sich beide Eltern über die aufzustellenden Regeln einig werden. Wie viel Taschengeld wollen Sie zahlen? Wie darf es ausgegeben werden? Was passiert mit dem Spargeld? Wann hat das Kind abends zu Hause zu sein? Wann im Bett? Für welche Unternehmungen braucht es Ihre Erlaubnis? Welche Hausarbeit soll es erledigen? Wie viel Zeit vor TV und PC ist angemessen? Welche Bereiche soll Ihr Kind selbstständig regeln?

Überlegen Sie: Welche Konsequenzen sollen Regelverstöße haben? Sprechen Sie über Ausnahmen, die Sie dulden möchten. Dann geht es in die Familienkonferenz (siehe Seite 94 f.). Entweder Sie verkünden, was Sie beschlossen haben. Oder Sie diskutieren noch einmal mit Ihrem Kind und berücksichtigen wo möglich seine Argumente. Manchmal ist es sinnvoll, schriftliche Regelungen zu treffen. Eltern und Kinder neigen dazu, nach einiger Zeit manches nicht mehr genau zu wissen. Wann sollte das Taschengeld ausgezahlt werden? Gab es die Option eines Vorschusses? Was sollte bei Verspätungen passieren? Wie oft sollte der Geschirrspüler geleert werden und bis wann? Nun müssen Sie sich »nur noch« an die Absprachen halten.

Tipp

Je mehr ein Kind Ihre Ansagen in Frage stellt, desto mehr sollten Sie auf deren Umsetzung bestehen – und gleichzeitig die Zahl der Schlachtfelder verringern, indem Sie die Regelanzahl reduzieren. Je öfter Ihr Kind sich gut in das Familiensystem einklinkt, desto mehr Ausnahmen können Sie machen. Manchmal hilft die Einteilung nach dem Ampelprinzip:
Alle störenden Verhaltensweisen Ihres Kindes sortieren Sie in drei Körbe – auf einem Blatt Papier oder real, mit kleinen Körben und Zetteln.

- In den grünen Korb kommt alles, was als Nebenerscheinung der Pubertät toleriert wird (Murren nach Aufforderungen, 10 Minuten nach dem Aufstehen zur Schule rennen, Türen knallen ...).
- In den gelben Korb kommt, was Konsequenzen hat (Haushaltspflicht nicht zuverlässig erledigen, sich im Ton vergreifen, zu spät kommen ...).
- In den roten Korb kommt alles, was absolut inakzeptabel ist und den vollen Einsatz der elterlichen Sorgepflichten zur Folge hat (Schule schwänzen, Drogen, gewolltes Erbrechen nach dem Essen ...).

Familienregeln verhandeln, Konflikte fair lösen

Warum müssen Kinder gerade in der Pubertät immer wieder die Regeln testen, die wir Erwachsenen aufgestellt haben?

Die Jugendlichen stellen damit die Frage nach der Qualität der Autorität und dem Halt, den diese geben sollte. Sind die Regeln noch verbindlich? Gelten sie für alle gleichermaßen? Was passiert bei Regelverletzungen? Welche neuen Rechte bringen ein neues Lebensalter und gewachsene Stärke mit sich? Damit erreichen sie, dass wir die Regeln immer wieder neu überprüfen und dem Alter der Kinder anpassen. Sie üben sich im Argumentieren und Handeln. Sie reiben sich mit uns Erwachsenen. Das ist nötig, um sich selbst und seine Möglichkeiten und Grenzen zu spüren. Sind Kinder zu brav, werden sie nicht durchsetzungsstark und wenig lebenstüchtig und selbstständig. Es kommt vor, dass diese Kinder im Zuge der Pubertät völlig ausbrechen (müssen), um sich von den Eltern zu lösen.
Stellen Sie weiter Ihre Regeln auf. Gehen Sie aber auch davon aus, dass Ihre Kinder dagegen anrennen werden. Zeigen Sie ihnen die Grenzen, aber lassen Sie sie ab und zu auch gewinnen.

Solange du die Beine unter meinem Tisch ausstreckst, machst du, was ich sage. Oder?

Ja und nein. Als Generalvollmacht für blinden Gehorsam ist dieser Spruch schon lange überholt. Sie sind jedoch Mieter der Wohnung. Und müssen die Konsequenzen tragen, wenn Ihr Sprössling ständig mit lauter Musik bei den Nachbarn aneckt. Also müssen und dürfen Sie Grenzen setzen. Auch Sie sind Bewohner der Wohnung, also sollen auch Sie sich dort wohl fühlen. Das muss immer wieder verhandelt werden. Kompromisse sind gefragt. Und was ist mit der finanziellen Seite? Sie sind unterhaltspflichtig für Ihr Kind bis zur Selbstständigkeit. Das betrifft ein

Dach über dem Kopf, Essen, Kleidung, Fahrgeld und was unmittelbar zum Leben nötig ist. Taschengeld steht übrigens jedem Kind zu! Sie müssen jedoch keine Privilegien finanzieren. Und Sie müssen keine Faulheit und Schlamperei unterstützen.

 Mein Sohn tut sich schwer, Regeln einzuhalten. Wie lernt er das?

Machen Sie sich auf die Suche nach den Ursachen: Will Ihr Sohn immer bestimmen und sich nicht gern jemandem oder etwas unterordnen? Sucht er für sich einfach den angenehmsten Weg? Will er zwar, schafft aber aufgrund seiner Impulsivität die Verhaltenssteuerung nicht? Möchte er Sie oder jemand anderen provozieren?

> **Regeln werden besser eingehalten, ...**
> **1.** ... wenn das Kind erkannt hat, dass das menschliche Zusammenleben dann besser läuft.
> Mäkeln Sie viel an Ihrem Kind herum, auch wenn es sich anstrengt? Dann bekommt es den Eindruck, mit der Änderung seines Verhaltens nichts zu erreichen. Setzen Sie Schwerpunkte, an denen Sie gemeinsam arbeiten wollen. Halten Sie sich in den restlichen Dingen zunächst mit Kritik zurück. Loben Sie viel (siehe Seite 93)!
> **2.** ... wenn es die Regeln sowie die Konsequenzen bei Regelverletzungen als nachvollziehbar erlebt, nicht als willkürlich und autoritär.
> Was als Konsequenz angedroht wurde, muss (von zu begründenden Ausnahmen abgesehen) auch umgesetzt werden. Achten Sie auf die Klarheit der Regeln: Wann soll das Kind zu Hause sein und mit welchem Toleranzbereich? Ab wann genau gibt es welche Konsequenz?

Familienregeln verhandeln, Konflikte fair lösen

3. ... wenn es generell Erwachsene achtet und deren ganz natürlichen Vorsprung an Erfahrung, Wissen, Können und schließlich auch an Möglichkeiten der Einflussnahme anerkennt.

Sehen Sie sich als Kumpel? Lassen Sie sich oft von Ihrem Kind so behandeln? Reagieren Sie wie ein Gleichaltriger (schmollen, Rache, sich im Ton vergreifen) oder stehen Sie in der Regel über dem Geschehen? Sagen Sie Ihrem Kind zum Beispiel auch klar, dass in der Schule der Lehrer der Boss ist, auch wenn er nicht immer Recht hat?

4. ... wenn es spürt, dass die Regeln seinem Wohl dienen, und dem Erwachsenen vertraut, dass er Regeln nur zu diesem Zweck aufstellt.

Besonders Kinder mit negativen Vorerfahrungen, die sich einem Schicksal ausgeliefert fühlten wie dem Verlust eines Elternteils, Gewalt oder dem Zusammenleben mit einem unberechenbaren Familienmitglied, wollen immer die Kontrolle behalten und können sich schwer unterordnen. Da muss am Wiederaufbau von Vertrauen gearbeitet werden. Eventuell mit familientherapeutischer Hilfe. Bieten Sie auch Entscheidungsspielräume an: »Ich will, dass du dich an der Hausarbeit beteiligst. Was willst du übernehmen: Mülleimer oder Geschirrspüler?« – »Ich möchte, dass es nicht ständig Streit um die PC-Nutzung gibt. Mache einen Vorschlag, wie wir das regeln können.«

5. ... wenn das Kind gelernt hat, sich zu beherrschen, also sein Verhalten gut zu steuern.

Regen Sie Ihr Kind zu Verhaltensexperimenten an: Wie lange kann ich vor einer offenen Chipstüte sitzen ohne hineinzugreifen? Schaffe ich es, fünf Tage hintereinander zehn Minuten englische Vokabeln zu büffeln? Regen Sie Ihr Kind an, sich selbst mit einer angenehmen Beschäftigung zu belohnen, wenn es das geschafft hat!

> **?** *Wir wollen auf Gewalt jeder Art im Umgang mit unseren Kindern verzichten, auch auf Erpressung und Totschlagargumente. Welche Alternativen gibt es?*

- Motivieren: zur Mithilfe bei der Hausarbeit, zum Erscheinen bei Omas Geburtstag, zum Nichtrauchen. Suchen Sie nach guten Argumenten. Teilen Sie diese mit, aber präzise und nicht jeden Tag dreimal. Manchmal müssen Sie stärker motivieren: Wer eine Notenverbesserung schafft, hat auch eine materielle Belohnung verdient. Wurden die grauen Novemberschulwochen ohne größere Katastrophen durchgestanden, können Konzertkarten winken.
- Ausdiskutieren: Üben Sie faire Diskussionen, etwa über das nächste Urlaubsziel, die abendliche Bettzeit, die Höhe des Taschengelds. Fair bedeutet, die Argumente des Jugendlichen zu hören und in den auszuhandelnden Kompromiss mit einfließen zu lassen.
- Verträge schließen: Wollen Sie zum Beispiel gemeinsam daran arbeiten, dass das Familienklima freundlicher und entspannter wird, könnte ein Vertrag helfen. Alle verpflichten sich, ihre Lautstärke in Streitsituationen zu drosseln. Sie könnten anbieten, Ihre täglichen »Verhöre« zur Schule einzustellen. Dafür könnte Ihr Kind einmal wöchentlich den aktuellen Leistungsstand präsentieren, und Sie legen gemeinsam die Lernschwerpunkte für die nächste Woche fest. Gelingt das, belohnen Sie sich zusammen mit einer Extra-Pizza.
- Ich-Botschaften: Sagen Sie Ihrem Jugendlichen, wie es Ihnen mit einem konkreten Verhalten geht: »Es verletzt mich, wenn du so mit mir sprichst.« – »Es ist mir total peinlich, wenn ich so mit dir auf der Straße gesehen werde.« – »Ich bin enttäuscht, dass unsere Vereinbarung nicht geklappt hat.« – »Ich mache mir Sorgen, Ärger mit dem Vermieter zu bekommen!«

Regeln für Ich-Botschaften

- Nicht mehr als ein bis zwei Sätze. Sonst schaltet Ihr Kind schnell ab, weil »die Alten wieder mal nerven«.
- Erliegen Sie nicht der Versuchung, nach dem Ich-Satz doch noch in Anklagen und Beschuldigungen zu verfallen. Beschreiben Sie wirklich nur Ihr Gefühl.
- Bleiben Sie bei einem einzigen Thema, und halten Sie kein abschließendes Plädoyer.
- Lassen Sie das Ganze wirken. Auch wenn Sie nicht gleich Ergebnisse sehen können: Wenn Sie eine gute Beziehung zu Ihrem Kind haben, wird es über die Sache nachdenken und später anders handeln.
- Vermeiden Sie, Ihrem Kind Schuldgefühle zu machen, die über den Anlass hinausgehen. So sollten Sie nicht am Boden zerstört sein, weil es beim Ladendiebstahl (siehe Seite 109) erwischt wurde oder die Mathearbeit verhauen hat. Besser als endlose Vorwürfe: Ihr Kind sehen lassen, dass Sie sauer sind.

Regeln zum Grenzenaufzeigen

- Stellen Sie nur Regeln auf, die Sie auch durchsetzen wollen und können. Mit 12 Jahren sind es mehr als mit 16 (siehe Seite 141). Ein Rauchverbot können Sie höchstens in der eigenen Wohnung kontrollieren (siehe Seite 90). Für riesige Telefonrechnungen könnten Sie dagegen das Taschengeld pfänden.
- Wer krank ist, muss sich schonen und zu Hause bleiben. Somit entfällt die abendliche Party. Wer sich selbst vorschnell eine Krankschreibung besorgt, muss die Chipkarte abgeben. Mit der Ärztin vereinbaren Sie, dass eine Krankschrift nur noch mit Karte erfolgt.
- Wenn Schmutzwäsche den Gang zum Sammelbehälter nicht findet, kann sie nicht gewaschen werden.
- Kündigen Sie all das vorher an, und setzen Sie es auch bei schweren Mitleidsanfällen Ihrerseits durch!

Wie wichtig ist Fairness in der Familie? Worauf muss man achten?

Pubertierende sind besonders sensibel in Sachen Gerechtigkeit. Sie prüfen immer wieder, ob fair ist, was die Erwachsenen tun. Erwischen sie die Eltern bei in ihren Augen ungerechten Entscheidungen, reagieren sie rasch gekränkt oder treten in den offenen oder verdeckten Widerstand. Achten Sie also unbedingt auf Fairness. Das ist leicht gesagt und oft schwer umzusetzen: Der Älteste musste früher immer um acht zu Hause sein, der Jüngere kommt wegen des Trainings zweimal wöchentlich erst um neun. Fair? Der Tochter trauten Sie schon mit 15 eine Fahrt mit Freunden zu, dem Sohn mit 16 noch nicht? Wenn das Geld knapp ist, müssen alle sich einschränken – oder nur die Eltern? Oder nur die Kinder? Wenn Papa vergessen hat, das Fahrradventil mitzubringen, ist das menschlich – wenn Sohnemann eine Hausaufgabe vergessen hat, eine kleine Katastrophe? Werden die Vorschläge aller berücksichtigt, wenn über den Familienurlaub abgestimmt wird?

Lassen Sie sich auf Diskussionen in dem Sinne ein, dass Ihr Kind sagen darf, wenn es sich ungerecht behandelt fühlt. Bestätigen Sie, dass Sie diese Meinung aus seiner Position verstehen können. Dann nennen Sie Ihre Gegenargumente. Sie können einräumen, nochmals über alles nachzudenken. Oder Sie bleiben bei Ihrer Meinung. Dann sollten Sie diese aber nochmals begründen. Welche Rechte sollen in Ihrer Familie für alle gelten? Wo bestehen Sie auf Abstufungen (zwischen Eltern und Kindern, älteren und jüngeren Geschwistern, Mädchen und Jungen)? Diese Frage muss einmal jährlich neu diskutiert werden. Für welchen Kurs auch immer Sie sich entscheiden, bleiben Sie für längere Zeit dabei. Das macht Sie glaubhafter. Kurswechsel sollten offen angesprochen und begründet werden.

Familienregeln verhandeln, Konflikte fair lösen

 Was bedeutet Berechenbarkeit im Umgang mit meinem Kind? Wie wichtig ist sie?

Berechenbarkeit ist eng verbunden mit Fairness (siehe vorige Frage). Ihr Kind muss lernen: »Wenn Papa/Mama etwas sagt, dann gilt das auch.« Das heißt:

➤ Wurde eine Konsequenz für ein ganz bestimmtes nicht wünschenswertes Verhalten oder für ein bestimmtes Versäumnis angekündigt, dann folgt sie in aller Regel auch. Ausnahmen werden begründet.
➤ Wurde etwas versprochen, wird es auch umgesetzt – wenn das einmal nicht möglich ist, gelten nur wirklich wichtige Gründe als Entschuldigung.
➤ Veränderungen in der Familie, neue Regeln oder Traditionen, die Sie einführen wollen, werden nicht nur angekündigt, sondern auch umgesetzt. Gelingt das nicht, lassen Sie die Angelegenheit nicht im Sande verlaufen, sondern machen Ihre Entscheidung öffentlich. Diskutieren Sie gemeinsam über die Gründe, etwa bei der Familienkonferenz (siehe Seite 94 f.).
➤ Was heute verboten ist, kann am nächsten Tag nicht widerspruchslos durchgehen.
➤ Was für das eine Kind in der Familie gilt, gilt im Grundsatz auch für das andere Kind.
➤ Ob etwas kritisiert wird oder nicht, darf nicht davon abhängen, wie Papas Tag in der Arbeit gelaufen ist!

Hinweis

 Berechenbarkeit ist eine der Grundvoraussetzungen dafür, dass sich Ihr Kind weiterhin von Ihnen anleiten und lenken lassen wird. Das hat nichts mit Dirigieren zu tun: Wenn Sie berechenbar und fair handeln, vertraut Ihr Kind Ihnen und Ihrem Wort. Es glaubt Ihnen, dass Sie tatsächlich sein Bestes wollen. Es kann sich darauf einstellen und sein Verhalten daran ausrichten.

Bis zu welchem Alter sind Verbote sinnvoll?

Das ist von Kind zu Kind unterschiedlich. In der Pubertät kommt fast immer der Moment, wo Verbote das Verhalten nur noch wenig steuern. Spätestens jetzt gewinnt alles Verbotene an Attraktivität. Eltern können die Einhaltung oft nicht mehr kontrollieren. Oder es fehlen passende Konsequenzen, wenn Verbote übertreten wurden. Oder die Verbote sind nicht mehr altersgemäß. Stellen Sie sich rechtzeitig auf andere Erziehungsmethoden um (siehe Seite 93 ff.)! Manchmal sind Verbote trotzdem sinnvoll. Nur sollten Sie sich von der Idee verabschieden, dass Ihre Kinder sie umgehend einhalten werden. Das gilt beispielsweise für das Rauchen – das können Sie mit einem Verbot allein nicht unterbinden. Sie können und sollten aber auf die staatliche Regelung verweisen, die das Rauchen in der Öffentlichkeit erst ab 18 Jahren erlaubt. Punkt. (Siehe ab Seite 229.) Lassen Sie Ihr Kind nicht sauer auf Sie werden, weil Sie so ätzend, spießig und verbohrt sind. Sondern bleiben Sie cool und gelassen bei Ihrem Statement. Umso eher wird es über seine Regelverletzung nachdenken.

Was ist bei Verboten wichtig?
- Berechenbarkeit und Fairness (siehe Seite 98 ff.).
- Begründen Sie, aber diskutieren Sie nicht.
- Vermeiden Sie Verbote als Racheakte, weil Sie sich von Ihrem Kind verletzt fühlen.
- So wenig wie möglich, so viel wie nötig. Überlegen Sie vorher, wie groß die Wahrscheinlichkeit ist, dass das Verbot eingehalten wird, und wie Sie das kontrollieren wollen. Soll das Verbot langfristig wirken (Beispiel Rauchen)? Oder wollen Sie sofort mit einer sinnvollen Konsequenz reagieren? Was wären die Folgen? Tauschen Sie sich mit anderen Eltern aus!

Familienregeln verhandeln, Konflikte fair lösen

Was ist von Strafen und Konsequenzen zu halten?

Eine Strafe wird durch eine Autorität willkürlich angesetzt. Eine Konsequenz dagegen hat einen erkennbaren logischen Zusammenhang mit dem Regelverstoß. Sie ist für den, der ein Verbot oder eine Regel übertritt, nachvollziehbarer und ruft weniger Ärger gegen die Autorität hervor, die sie verkündet. Die Beziehung zwischen Kind und Eltern (das Fundament jeder Einflussnahme) wird weniger belastet. Beispiel: Eine Woche PC-Verbot als Strafe für die 6 in Mathe wird kaum die Leistung verbessern. Die Konsequenz, jeden Tag 15 Minuten Matheaufgaben lösen zu müssen, schon eher. Dabei sollte Ihr Kind erkennen können, dass es sich nicht um eine Strafe handelt, sondern dass Sie sein Wohl im Blick haben. Strafpredigten, etwa weil die Schmutzwäsche im Kinderzimmer liegen bleibt, bringen die Wäsche im besten Fall einmal in die Schmutzwäschetonne. Wird dagegen nur gewaschen, was in der Tonne landet, ist der Kleiderschrank irgendwann leer – eine heilsame Erfahrung.

Bedenken Sie, dass Sie bei Strafen in der Regel die Dosis steigern müssen. Oft entwickeln Kindern dann nur Coolness, um sich nicht anmerken zu lassen, dass die Strafe wehtut, oder Cleverness, um die Eltern auszutricksen, wo es nur geht. Verzichten Sie vor allem auf Strafen, …

- die nicht kontrollierbar sind (TV-Verbot am Nachmittag, wenn beide Eltern berufstätig sind),
- bei denen andere mit gestraft sind (Verzicht auf den gemeinsamen Besuch im Erlebnisbad für alle Geschwister; Hausarrest, wenn die Eltern dann den misslaunigen Sprössling zu Hause ertragen müssen),
- die den Kindern Lebensbereiche wegnehmen, die sie zu ihrer emotionalen Stabilität oder zum Auftanken dringend benötigen (Streichen von Fußballtraining, Konzertbesuch oder Freundschaften).

TIPP

Nutzen Sie bei einer Übertretung von Regeln und Verboten wo immer es geht logische Konsequenzen. Wer eine exorbitante Telefonrechnung verschuldet oder schon wieder schwarzgefahren ist, muss materiell zur Verantwortung gezogen werden. Wer sich nicht an den familiären Pflichten beteiligt, kann elterliche Zusatzleistungen wie Taxidienste weniger in Anspruch nehmen. Vermeiden Sie aber Vergeltung nach dem Motto »Wenn du mich geärgert hast, ärgere ich dich«!

? *Welche Konsequenzen sind einsetzbar?*

Wer einen Schaden angerichtet, eine Regel übertreten hat, muss die Sache wiedergutmachen:

- Sich entschuldigen. Nicht mit einem hingeworfenen »Tschuldigung!«, sondern gegebenenfalls auch materiell. Der Lehrerin, bei der es sich im Ton vergriffen hat, könnte das Kind eine Blume mitbringen. Dem Bruder, der beleidigt wurde, einen besonderen Stift.
- Unmittelbare Wiedergutmachung: Die Kleidung der Schwester, die beschmutzt wurde, muss selbst gereinigt werden. Der beschmierte Schreibtisch muss geschrubbt werden. Die durch Zerren eingerissene Sporttasche des Freundes muss ersetzt werden. Wer mit eigenen Sachen schlampig umgeht, muss sich am Ersatz beteiligen.
- Einschränkung von Freiheiten: Wer Freiheiten zur Übertretung ausnützt, bekommt strengere Regeln. Wer exzessiv telefoniert, bekommt täglich eine bestimmte Telefonzeit. Auf wessen »Mach ich nachher« Eltern sich nicht verlassen können, der muss notfalls mitten im Film aufstehen und den Müll runterbringen. Wer in der Schule absackt, muss einen Plan mit überprüfbaren Maßnahmen aufstellen, was er zu tun gedenkt – sinnvolle Unterstützung von den Eltern inklusive.

Familienregeln verhandeln, Konflikte fair lösen

Sollte man immer noch mit Belohnungen und Loben arbeiten?

Mit Lob können Sie Ihrem Kind nie schaden, wenn es ehrlich gemeint und berechtigt ist. Bei Schulproblemen können und sollten Sie durchaus die Anstrengung loben, auch wenn das Ergebnis nicht so toll ausgefallen ist. Manche Eltern berichten, dass ihre Kinder Lob schlecht anzunehmen scheinen. Möglicherweise widerspricht das Lob dann zu sehr dem inneren Bild, welches das Kind derzeit von sich selbst hat. Andere Kinder bauen nach einem Lob umgehend Mist. Loben Sie in beiden Fällen unbedingt weiter. Schenken Sie Ihr Lob, ohne dafür von Ihrem Kind anhaltendes Wohlverhalten zu erwarten. Kinder erkennen, wenn Eltern nicht voll hinter einem Lob stehen. Loben bedeutet nicht, viele Worte zu machen. Es reicht ein »Toll!«, ein Daumen-hoch, ein Schulterklopfen, ein Strahlen Ihrer Augen. Oder Sie lassen Ihr Kind »zufällig« hören, wie Sie es vor Vater oder Oma loben.

DIE REGELN DES MITEINANDERS AUSHANDELN

Was ist das Konzept des Problemeigentümers?

➤ Ihr Kind hat das Problem, wenn es Konflikte mit der Freundin oder Lehrerin gibt oder sein Taschengeld nicht reicht. Dann ist Zuhören gefragt (siehe Seite 53).
➤ Sie haben das Problem, wenn Ihr Kind sein Zimmer nicht aufräumt, lila Haare haben möchte oder sein Taschengeld für Dinge ausgibt, die Sie überflüssig finden. Versuchen Sie es mit einer Ich-Botschaft (s. Seite 86 f.).
➤ Sie beide haben ein Problem, wenn es Streit wegen der Hausarbeit gibt, bei den Mahlzeiten dicke Luft herrscht oder Diskussionen eskalieren. Dann ist es Zeit für eine Familienkonferenz (siehe Seite 94 f.).

Was ist eine Familienkonferenz?

Ziel einer Familienkonferenz ist es, das Zusammenleben in der Familie durch Absprachen und klarere Regelungen harmonischer zu gestalten. Meist geht es dabei um einen Problembereich, den einer oder alle verändern wollen. Zu einem vorher angekündigten Zeitpunkt und mit einem konkreten Zeitrahmen setzen sich alle Familienmitglieder zusammen und sprechen über ein umgrenztes Thema. Alle nehmen sich die Zeit, um sich gegenseitig besser zu verstehen, Kompromisse und Meinungsverschiedenheiten fair auszuhandeln. Niemand fühlt sich danach als Verlierer. Alle sollen Gewinner sein.

Manche Familien nutzen solche Konferenzen nicht nur bei Schwierigkeiten, sondern als regelmäßigen Rahmen, um anzusprechen, was jeder sich in der Familie oder an einzelnen Familienmitgliedern anders wünscht. Der Psychologe Thomas Gordon hat dazu viele Ideen (übrigens auch für Schulen und in Arbeitsgruppen, siehe Buchtipp Seite 247) entwickelt.

 Wie führen wir eine Familienkonferenz durch?

Wie bei anderen Formen von Gesprächsrunden benötigen Sie einen Moderator, der das Ganze strukturiert und leitet. Am besten macht das jemand, der nicht unmittelbar an dem Konflikt beteiligt oder zumindest nicht zu sehr emotional angegriffen ist. Manchmal ist es hilfreich, ein Kind damit zu beauftragen, das sich sonst möglicherweise nicht konstruktiv am Gespräch beteiligen würde oder für solch ein Gespräch noch zu wenig Durchhaltevermögen hat (siehe Kasten Seite 95).

Wer die Konferenz einberufen hat, nennt zu Beginn noch einmal sein Anliegen und den Vorteil, den er für die Familie sieht, wenn die Veränderung gelingt. Dann dürfen alle

Familienregeln verhandeln, Konflikte fair lösen

ihre Meinung dazu sagen. Achten Sie eher darauf, welche Wünsche alle verbinden (zum Beispiel, dass das Gemecker aufhören soll), statt auf das Kontroverse.

Wenn Sie ein gemeinsames Ziel ermitteln konnten, dürfen Lösungsvorschläge gemacht werden. Erst einmal werden wertungsfrei alle Vorschläge notiert, auch verrückte (es darf gelacht werden!). Anschließend werden diese auf ihre Realisierbarkeit hin überprüft. Wer mit einem Vorschlag ganz oder teilweise nicht einverstanden ist, erklärt den anderen, warum nicht (siehe Ich-Botschaften, Seite 86 f.). Durch aktives, aufmerksames Zuhören, Rückfragen und faire Verhandlungen kommt man sich entgegen. Am Ende steht eine Einigung (manchmal erst bei einem zweiten Termin), wie man es gemeinsam in den nächsten sechs Wochen probieren will. Nach diesem Zeitraum wird geprüft, ob die Ideen funktioniert haben oder wo jemand nachbessern möchte.

Familienkonferenz: die Aufgaben des Moderators

- Auf die Einhaltung der Zeit achten, die zuvor je nach Alter und Konzentrationsfähigkeit des jüngsten bzw. konzentrationsschwächsten Kindes festgelegt wurde.
- Dafür sorgen, dass alle zu Wort kommen und die gleichen Redezeiten nutzen können.
- Auf die Einhaltung von zuvor vereinbarten Gesprächsregeln achten: ausreden lassen, keine Beleidigungen, keine Verallgemeinerungen, keine Übertreibungen und Vorwürfe.
- Darauf achten, dass niemand vom Thema abweicht.
- Das Ergebnis zusammenfassen, eventuell Vereinbarungen notieren oder einen Schriftführer damit beauftragen.
- Wenn das Ergebnis noch nicht steht, die Entscheidung um ein paar Tage verlegen (genau festlegen!).
- Festlegen, wann erneut diskutiert werden soll.

> **TIPP**
>
> **Mit Verträgen lässt sich gut regeln,**
> - wer wann welche Haushaltspflichten erledigt.
> - was und wie viel für die Schule getan werden soll (mit Gegenleistung Ihrerseits!).
> - allgemeine Familienregeln wie Nachhausekomm- und Schlafzeiten, Regeln zu den Mahlzeiten, rund um die Badbenutzung …

? *Wie funktionieren Verträge in der Familie?*

Ein Vertrag ist eine Vereinbarung zwischen Kindern und Eltern. Zum gegenseitigen Vorteil. Kinder lieben solche Verträge häufig, weil sie sich damit erwachsener fühlen. So wie im Geschäftsleben Geld gegen Ware getauscht wird, könnte ein Vertrag für die Familie lauten: »Wir als Eltern verpflichten uns, dich, unser Kind (Name), nicht mehr mit Ermahnungen betreffs Hausaufgaben zu nerven. Du verpflichtest dich, täglich mindestens eine Stunde für die Schule zu arbeiten. Neben den Hausaufgaben übst du in den nächsten 4 Wochen täglich 10 Minuten die englischen Vokabeln und trainierst zweimal wöchentlich für 15 Minuten am Computer mit dem Rechtschreibübungsprogramm. Du protokollierst selbst, was du gemacht hast, und legst uns das am Freitagabend vor. Wenn du das schaffst, gehen wir am Wochenende gemeinsam ins Kino. Wenn wir dich zwischenzeitlich mit dem Thema Hausaufgaben genervt haben, müssen wir zweimal den Geschirrspüler für dich ausräumen.«

Solch ein Vertrag kann in der Familienkonferenz erarbeitet werden. Natürlich wird er schriftlich fixiert und von allen unterschrieben. Es gibt Kleingedrucktes: Wie viel Erinnerung durch die Eltern erlaubt ist, wann was erfüllt sein muss, wer wann kontrolliert …

Familienregeln verhandeln, Konflikte fair lösen

 Was müssen wir beim Aufstellen von Verträgen beachten?

Verträge funktionieren nur, wenn die Vereinbarungen fair sind. Ihr Kind muss einen Vorteil darin sehen und eine Chance haben, sich an den Vertrag zu halten. Die Ziele müssen unbedingt für alle erreichbar sein, sonst motiviert ein Vertrag nicht. Beziehen Sie Ihr Kind in die Planung ein, etwa im Rahmen einer Familienkonferenz (siehe Seite 94 f.). Eventuell kann sich Ihr Kind für Missglücktes an anderer Stelle Zusatzpunkte verdienen (genau festlegen, wie viele und wofür). Sonst strengt es sich nicht mehr an, wenn zu Beginn der Wertung etwas schiefgelaufen ist. Legen Sie genau fest, wie gewertet wird: Wann muss der Müll spätestens unten sein? Wann ist ein Mülleimer voll zu nennen? Wie wird Mamas Meckern erfasst? Wie die Erfolge? Spielen Sie alles in Gedanken durch. Sie kennen Ihr Kind am besten und wissen, wo die Stolpersteine liegen. Wöchentlich ist Endabrechnung. Die Ziele für die nächsten Wochen dürfen höher gesteckt werden.

TIPP

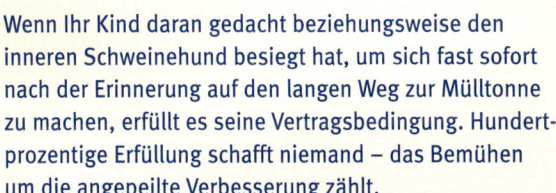

Wenn Ihr Kind daran gedacht beziehungsweise den inneren Schweinehund besiegt hat, um sich fast sofort nach der Erinnerung auf den langen Weg zur Mülltonne zu machen, erfüllt es seine Vertragsbedingung. Hundertprozentige Erfüllung schafft niemand – das Bemühen um die angepeilte Verbesserung zählt.

 Und wenn der Vertrag nicht funktioniert?

Bessern Sie nach. Lassen Sie die Angelegenheit auf keinen Fall im Sande verlaufen, sonst werden Sie unglaubwürdig. Erklären Sie die Sache lieber offiziell für beendet, weil sie Ihnen allen derzeit nicht geholfen hat.

Faire Auseinandersetzungen

 Wie lernt mein Kind, Kritik auszuhalten?

Nur wenn ich mich eigentlich für ganz normal und in Ordnung halte, also ein stabiles Selbstwertgefühl habe, kann ich eingestehen, dass ich einen Fehler gemacht habe. Kann ein Kind Kritik schlecht aushalten, könnte das neben mangelndem Selbstwertgefühl folgende Ursachen haben: Es hat bewusst oder unbewusst Angst, weniger geliebt zu werden, weil es Schwächen hat und Fehler macht. Es ist noch in einem Schwarz-Weiß-Denken gefangen, dass Menschen in gute und schlechte eingeteilt werden, und fürchtet nun, zu den schlechten zu gehören. Zum Erlernen von Kritikfähigkeit gehört deshalb, dass Eltern die Kritik in geeigneter Form anbringen.

 Wie kritisiere ich richtig?

Bleiben Sie so ruhig und sachlich wie möglich! Sprechen Sie nur einen zu kritisierenden Sachverhalt an und kommen nicht von einem Problem zum nächsten. Schieben Sie Ihr Kind auch nicht in eine Schublade wie »typisch unser Familienrambo« oder »typisch unsere Schusselliese«. Genau da wollen Sie Ihr Kind ja rausholen.
Vermeiden Sie Generalisierungen wie »immer …« und »nie …« sowie Übertreibungen! Ihr Kind wird die Kritik sonst nicht annehmen, weil sie so ja auch nicht stimmt. Sagen Sie, was ein bestimmtes Verhalten Ihres Kindes in Ihnen auslöst (siehe Seite 86 f.), und äußern Sie Wünsche, wie es besser wäre. Erinnern Sie dabei an Positives, das Ihr Kind schon erreicht hat. Bieten Sie Hilfe bei der Lösung des Problems an. Machen Sie dem Kind keine Schuldgefühle (»Du hattest mir doch versprochen …«). Es braucht seine Kraft, um an seinen Schwierigkeiten zu arbeiten! Suchen Sie besser nach Möglichkeiten zur Wiedergutmachung.

Familienregeln verhandeln, Konflikte fair lösen

TIPP

- Messen Sie den Erfolg Ihrer Kritik nicht an der unmittelbaren Reaktion Ihres Kindes. Auch manche Erwachsene beherrschen die Taktik des »Asche auf mein Haupt« perfekt, ohne wirklich einsichtig zu sein. Ebenso ist Abstreiten und Diskutieren bei Erwachsenen wie Kindern gleichermaßen beliebt. Sie merken aber später am Verhalten Ihres Kindes, ob es Ihre Hinweise berücksichtigt.
- Oft grinsen Kinder, wenn wir sie kritisieren. Das ist meist pure Verlegenheit und bedeutet nicht zwangsläufig, dass Ihr Kind Sie nicht ernst nimmt. Überprüfen Sie jedoch auch einmal, ob Sie gerade um zwei Stinkesocken in der Zimmerecke einen Tanz aufgeführt haben wie Rumpelstilzchen ums Feuer!

Warum sind Jugendliche so angenervt, wenn wir sie »zutexten«?

- Weil wir ihnen in der Regel nichts Neues erzählen.
- Weil jeder Schwierigkeiten mit der Aufmerksamkeit bekommt, der einem 10-minütigen Monolog folgen soll.
- Weil sie keine Chance haben, ihre Sicht der Dinge vorzutragen oder sich zu rechtfertigen.
- Weil die Stimmung in diesem Moment im Keller ist.
- Weil sie wissen, dass es ihnen nicht viel dabei nützt, ihr Problem in den Griff zu bekommen.
- Weil sie sich in dieser Situation als Versager fühlen.

Wie werden Kinder konfliktfähig?

Je älter Ihre Kinder werden, desto mehr sollten Sie sich zurücklehnen. Bisher haben Sie vielleicht gemeinsam mit Ihrem Kind alle möglichen Lösungen für ein Problem zusammengetragen. Nun machen Sie immer weniger Vorschläge. Geben Sie Ihrem Kind die Chance, seinen Standpunkt zu vertreten und zu argumentieren. Es sollte die Erfahrung machen dürfen, sich durchsetzen zu können – mit fairen Mitteln. Natürlich muss es auch Niederlagen aushalten lernen. Sprechen Sie über faire und unfaire Siege. Nutzen Sie Ihre geistige und verbale Überlegenheit nicht gnadenlos aus. Seien Sie Vorbild für Nachgeben und Sichentschuldigen. Diskutieren Sie über (oft unausgesprochene) Familienregeln, etwa: Wie laut und emotional dürfen Konflikte ausgetragen werden?

Vermeiden Sie Meinungsverschiedenheiten und Konfliktgespräche nicht – so anstrengend sie sein mögen. Sie gehören zum Leben. Im geschützten Rahmen der Familie kann Ihr Kind am besten lernen, fit dafür zu werden!

 Müssen Kinder richtiges Streiten wirklich erst lernen?

Kinder streiten oft nicht nach Regeln, die uns gefallen. Sie versuchen es mit körperlichen Mitteln, achten nicht unbedingt auf Fairness, neigen dazu, immer gewinnen zu wollen, oder geben zu schnell nach. Wie lernen Kinder, konstruktiver zu streiten? Üben, üben, üben. Bemühen Sie sich selbst darum, die Streitregeln einzuhalten, ob Ihren Kindern, Ihrem Partner oder anderen Menschen gegenüber. So bieten Sie Ihrem Kind ein Lernmodell.

Faires Streiten
Die Grundregeln einer fairen Auseinandersetzung:
- Niemand verletzt absichtlich den anderen, weder mit Worten noch körperlich.
- Beide Seiten bekommen die Chance, ihre Standpunkte zu vertreten.
- Ziel ist das Aushandeln eines Kompromisses. Es gibt also keine Gewinner oder Verlierer.

Familienregeln verhandeln, Konflikte fair lösen

 Was tue ich, wenn Streit eskaliert?

Betreiben Sie Prävention! Das ist leichter, als irgendwann die Notbremse ziehen zu müssen. Vermeiden Sie Machtkämpfe! Dabei verlieren nur beide Seiten. Beachten Sie immer die wunden Punkte und Empfindlichkeiten Ihres Kindes. Ebenso können Sie Ihr Kind um Rücksichtnahme bitten, wenn Sie einen schweren Tag hatten.

Schaffen Sie immer auch gemeinsame gute Zeiten, in denen sich alle wohl fühlen. Achten Sie darauf, regelmäßig aufzutanken. Holen Sie sich Rat, wenn Sie nicht weiterwissen: bei Freunden, Nachbarn oder professionellen Helfern in Beratungsstellen oder im Jugendamt.

Nach einer Eskalation suchen Sie wieder das Gespräch. Nichts straft und verunsichert mehr, als wenn die Eltern sich abwenden – es sei denn, das Kind hat sich über viele entsprechende Erfahrungen hart gemacht und kann dadurch auch Schönes nicht mehr genießen. Lassen Sie es nicht so weit kommen! Auch wenn Sie verletzt worden sind: Ihr Kind verdient eine neue Chance. Sie möchten auch, dass man Ihnen verzeiht, wenn Sie einen Fehler gemacht haben. Schildern Sie aus Ihrer Sicht, was passiert ist. Sprechen Sie über Ihre Gefühle. Erklären Sie, warum Sie wohl so (über-)reagiert haben. Entschuldigen Sie sich gegebenenfalls. Fragen Sie Ihr Kind nach seiner Sicht der Dinge. Überlegen Sie gemeinsam, wie es beim nächsten Mal besser laufen könnte (siehe Seite 100).

HINWEIS

Wenn eine Streitsituation zu entgleisen droht: Ziehen Sie rechtzeitig die Notbremse – bevor Sie oder Ihr Kind Dinge sagen oder tun, die Ihnen später leidtun. Verlassen Sie den Raum. Atmen Sie tief durch. Vertagen Sie die Diskussion, bis sich beide wieder beruhigt haben. Oder übergeben Sie an den Partner und ziehen sich zurück.

> **?** *Bestimmte Bemerkungen meines Sohnes verletzen mich dermaßen, dass ich außer mir bin. Gestern habe ich ihm leider eine Ohrfeige verpasst. Wie vermeide ich das?*

Kennen Sie Ihre wunden Punkte? Wieso sind diese so schmerzempfindlich? Sind es Stellen, an denen Sie selbst mit sich hadern? Eigenarten des Sohnes, die Sie an den Partner erinnern, der Sie damit auch immer nervt und verletzt? Manche Empfindlichkeiten hängen auch mit der eigenen Kindheit zusammen. Kinder können lernen, sich auf unsere Empfindlichkeiten einzustellen. Nicht selten piesacken uns Pubertierende gezielt, quasi um ihre Erkenntnis über unseren wunden Punkt zu überprüfen. Oder um uns zu »bestrafen«, weil wir an einer Stelle nicht verständnisvoll genug mit ihnen umgegangen sind. Sie können in einer ruhigen Minute ein Stichwort ausmachen oder ein Signal (wie beim Fußball die Gelbe Karte), wenn einer von Ihnen beiden kurz vor der Explosion steht. Daraufhin müssen beide Streitpartner das Feld verlassen. Sie können auch vorwarnen: »Ich bin heute von meinem Tag ziemlich genervt. Sieh zu, dass du nicht noch etwas dazu tust. Explosionsgefahr!« Verlassen Sie den Raum, bevor es knallt. Zählen Sie bis zehn. Hacken Sie Holz. Weinen Sie sich über das stressige Leben mit einem Pubertierenden bei Ihrer Freundin aus. Manchmal reinigt ein Gewitter die Luft. Es ist besser, als zu viel zu schlucken. Vielleicht können Sie ja an sich arbeiten, dass es nicht zu Ohrfeigen kommt, sondern bei einem lautstarken »So nicht, mein Freund!« bleibt.
Wir dürfen zeigen, wenn wir verletzt sind. Verlieren wir einmal die Nerven, müssen wir hinterher erklären, was uns so gekränkt hat. Und uns für die Ohrfeige entschuldigen, weil wir so ja nicht miteinander umgehen wollen. Das ist besser, als später aus schlechtem Gewissen bei irgendetwas nachgiebiger zu sein, als wir wollten.

Familienregeln verhandeln, Konflikte fair lösen

 Wie lernt mein Sohn, sein unbeherrschtes Verhalten uns, Gleichaltrigen und anderen Erwachsenen gegenüber zu kontrollieren?

Er braucht eindeutige Rückmeldungen, wenn er die Grenzen des Erträglichen überschreitet. Geben Sie diese klar und kurz. Machen Sie ihm keine Schuldgefühle. Sagen Sie immer wieder, dass Sie sicher sind, dass er sein Verhalten in den Griff bekommen wird. Halten Sie keine Moralpredigten – Ihr Sohn weiß vermutlich selbst, wenn etwas unangemessen war. Suchen Sie sich einen Standardsatz wie »Nicht in dem Ton!«, und wenden Sie sich ab oder verlassen den Raum. Seien Sie sofort wieder gesprächsbereit, wenn er sich in angemessenem Ton an Sie wendet. Sparen Sie sich ein Nachmoralisieren!

Gleichaltrige haben vermutlich einen größeren Toleranzbereich seinen Unbeherrschtheiten gegenüber. Überlassen Sie denen die Grenzziehung, wenn es ihnen zu viel wird. Beschränken Sie sich auf ein Feedback darüber, wie sein Verhalten in solchen Situationen auf Sie oder andere erwachsene Zuhörer wirkte. Tritt Ihr Sohn unbeherrscht gegenüber Nachbarn, Lehrern oder anderen Familienmitgliedern auf, so machen Sie ihm klar, was Sie von ihm erwarten und wie unangenehm sein Verhalten für Sie selbst ist. Regen Sie ihn dazu an, sich zu entschuldigen.

 *Mein Sohn fühlt sich nie schuldig. Wie lernt er, Fehler anderer nicht als Rechtfertigung für sein Verhalten zu benutzen?*

Viele Eltern verwenden einen Großteil ihrer Freizeit darauf, in kriminalistischer Kleinarbeit herauszufinden, wieso Ihr Sohn nun »Volltrottel« oder »Schlampe« gesagt oder jemanden geschubst hat. Am Ende kennen sie meist nur einen Ausschnitt der Realität. Aufwand und Nutzen solcher Verhöre liegen meist in keinem vernünftigen

Verhältnis. Jeder Streit hat eine Vorgeschichte, die Sie in der Regel nicht erfassen können. Sagen Sie lieber, was Sie erwarten: »Egal, was andere tun. Ich will nicht, dass du andere beleidigst/schlägst!« Dann müssen Sie gemeinsam über Alternativen nachdenken (siehe Seite 135, 136 f.). Manchmal hilft es, sich zunächst ganz auf die Seite des »Übeltäters« zu stellen und fürchterlich über das Verhalten des »Opfers« zu schimpfen – nicht selten erfährt man dann mehr darüber, wie es wirklich gewesen sein könnte. Nur wenn Ihr Kind immer wieder in ähnliche Situationen gerät und selbst ahnungslos erscheint, wie ihm das immer wieder passiert, lohnt manchmal eine genaue Recherche. Malen Sie gemeinsam einen Comic mit Strichmännchen. Start der Geschichte: etwa 15 Minuten vor dem Streit. »Wo warst du? Wo der andere? Was hast du gerade gemacht? Was er?« Dann im Minutentakt: »Wer sagte oder tat wo was? Wer war noch beteiligt?« Oft findet man so heraus, wo Weichen falsch gestellt wurden und wann man was hätte anders machen können.

 Wie lernt mein Sohn, sich zu entschuldigen?

Erfahrungsgemäß fällt denjenigen Menschen eine Entschuldigung leichter, die über ein gesundes Selbstwertgefühl verfügen. Wenn ich mich im Großen und Ganzen für okay halte, kann ich zu meinen Fehlern stehen.
Ich kann mich vor anderen auch mal schwach zeigen. Befürchte ich dagegen tief im Inneren, dass ich so wie ich bin gar nicht liebenswert sein kann, muss ich versuchen, das Eingeständnis sogar kleinerer Schwächen zu vermeiden. Wichtig ist also, das Selbstvertrauen Ihres Kindes zu stärken (siehe Seite 37 ff.). Leben Sie außerdem das richtige Entschuldigen vor! Vermeiden Sie Sätze im Sinne von »Ich entschuldige mich, aber du hast mich ja gezwungen, so zu handeln!«. Eine Entschuldigung sollte immer ehrlich, klar und knapp und ohne Wenn und Aber sein.

Familienregeln verhandeln, Konflikte fair lösen

> **Mehr als Worte**
> Nicht nur mit Worten kann man sich entschuldigen und zeigen, dass es einem leidtut. Manche Kinder hängen ohnehin fast reflexartig ein »Entschuldigung« an jeden fünften Satz an. Dahinter steht oft nicht wirklich das Gefühl, sich schuldig gemacht zu haben und um Vergebung zu bitten – es ist eher zur Routine geworden. Achten Sie immer auf Zeichen dafür, dass Ihr Kind wirklich zu einer gewissen Einsicht gekommen ist. Die Suche von körperlicher Nähe, das spontane Decken des Tisches, ein liebevoll gemaltes Bild auf dem Kopfkissen, das plötzliche Einhalten von Vereinbarungen, die zuvor oft gebrochen wurden ... All das können Signale sein, dass das Kind wirklich verstanden hat, was Wiedergutmachung bedeutet. Dazu sollten Sie Ihre Kinder immer wieder anregen.

 Wie können wir den ewigen Streit der Geschwister abstellen?

Gar nicht. Geschwister müssen streiten. Dabei probieren sie oft auch Streitformen aus, die wir nicht angemessen finden. Sie lernen so, wie sie sich gegenüber Gleichaltrigen und Gleichrangigen durchsetzen können – und wie eben nicht. Und dass es Kurzzeitsiege gibt, die jedoch langfristig Nachteile haben.

Sie sollten so wenig wie möglich eingreifen. Elterliche Einmischung verstärkt das Problem nur. Dann geht es zunehmend mehr darum, wer bei den Eltern punktet. Natürlich müssen Sie eine Schmerzgrenze festlegen, was absolut tabu ist, etwa sich körperliche Verletzungen zuzufügen. Und Sie dürfen Regeln aufstellen, wenn die Streitereien ausarten: Eine bestimmte wohnungskompatible Lautstärke ist einzuhalten, Streit nur im Zimmer der Kinder, kein wildes Hin- und Herrennen …

Eines unserer Kinder unterliegt fast immer beim Geschwisterstreit. Soll ich ihm helfen?

Mischen Sie sich nicht direkt ein. Wie sollte das schwächere Kind sonst lernen, sich selbst durchzusetzen? Es muss erst so richtig die Nase voll haben, bevor es sich aufrafft, sich abzugrenzen. Sie können in Gesprächen mit ihm immer wieder Ihre Beobachtungen schildern und gemeinsam überlegen, wie man mehr Durchsetzungskraft gewinnen kann. Mit dem ewigen Sieger könnten Sie unter vier Augen besprechen, dass Sie sein Verhalten unfair finden, und ihn anregen, sich einmal in die Rolle des Geschwisters zu versetzen. Lassen Sie sich nicht auf Diskussionen à la »Aber der hat doch …« ein. Ihr Kind muss lernen, sich nicht provozieren zu lassen. Vermeiden Sie es, die Richterrolle einzunehmen! Ein Streit hat meist eine Vorgeschichte, die Sie nicht kennen. Achten Sie jedoch auf die Einhaltung von Grundregeln (niemand darf verletzt werden!).

 Mein Sohn hat hin und wieder schwere Wutanfälle, wenn wir streiten. Wie helfe ich ihm?

Wie gehen Sie selbst mit Ärger um? Schlucken Sie ihn runter? Gehen Sie Holz hacken? Schimpfen Sie sich die Wut raus? Was kann sich Ihr Sohn von Ihnen abschauen? Was ist das Problem Ihres Sohnes? Hat er noch nicht gelernt, mit ärgerlichen Dingen umzugehen? Oder hat er das Gefühl, bei einem Streit meist zu unterliegen? Sprechen Sie einmal in Ruhe mit ihm: Gibt es das Wutproblem auch mit Freunden? Macht es ihm selbst Angst, wie er sich manchmal aufführt? In diesem Fall bemüht er sich vielleicht, nie sauer zu werden – weil das aber gar nicht geht, bleibt irgendwann nur noch die Explosion. Steht er

insgesamt sehr unter Anspannung? Was macht ihm Stress, wie kann er diesen besser abbauen?
Es kann aber auch sein, dass ihr Sohn sich als »Rambo« wohl fühlt. Setzen Sie dann klare Grenzen. Fordern Sie ihn auf, in seinem Zimmer etwas gegen die Wut zu tun. Fügen Sie hinzu, dass Sie verstehen können, warum und dass er sich ärgert. Dass er das jedoch auch anders ausdrücken kann. Was er zerstört, muss er reparieren oder ersetzen, sofern es nicht seine eigenen Sachen sind.

> **Raus mit der Wut?**
> Was ist in Ihrer Familie bei Ärger erlaubt? Darf man das »Sch…«-Wort benutzen? Türen knallen? Laut werden? Gelten gleiche Regeln für Erwachsene und Kinder? Wenn Sie Toleranzbereiche aufzeigen und auch selbst vorleben, wird die gelegentliche Wut zum eher normalen Bestandteil des Alltags, ohne den Wütenden gleich auszugrenzen. Suchen Sie gemeinsam nach Entlastungsmöglichkeiten: Vielleicht ist ein Sandsack zum Boxen das Richtige. Oder Ausdauersport, bei dem man Frust abbauen kann.

Meine Tochter will alles, und zwar möglichst sofort. Wie lernt sie Kompromissfähigkeit?

Wenn Sie lange Zeit immer wieder nachgegeben haben, müssen Sie es gemeinsam mit ihr aussitzen: »Ich verstehe, dass du jetzt enttäuscht/sauer bist, aber ich bleibe bei meiner Entscheidung, weil …« Zeigen Sie ihr, dass Sie ihr zutrauen, mit dem Frust fertig zu werden. Reden Sie ihn weder klein noch schön. Setzen Sie Grenzen, wenn sie ihren Frust an Ihnen oder Schwächeren auslassen will. Sprechen Sie darüber, wie sie sich abreagieren kann. Reagieren Sie so, dass Ihre Tochter Nachgeben nicht als Gesichtsverlust erlebt.

»ZÜNDSTOFF«: KLEINE UND GRÖSSERE DUMMHEITEN

 Mein Kind kokelt – was ist zu tun?

Feuer fasziniert die Menschen, seit sie es entdeckt haben. Kamine, Grills und Gartenöfen gehören zu den Verkaufsschlagern in den Baumärkten. Das Feuer zu kontrollieren – welch Machtgefühl! Das trifft für Erwachsene wie Kinder gleichermaßen zu. Lehren Sie Ihre Kinder Ehrfurcht vor der Macht des Feuers. Bringen Sie ihnen die Grundregeln von Brandschutz und Brandbekämpfung bei. Lassen Sie sie den Umgang mit Feuer üben: Zum Beispiel können sie beim Grillen die Betreuung des Feuers übernehmen und beim Lagerfeuer helfen. Kokeln ist nur dann bedenklich, wenn Ihr Kind sich und andere damit in Gefahr bringt – oder wenn es offenbar übermäßig von Feuer fasziniert ist. Letzteres spricht dafür, dass ein inneres Problem dahintersteckt. Holen Sie sich in diesem Fall Hilfe, zum Beispiel in einer Erziehungsberatungsstelle (Adressen siehe Seite 249).

 Schon zum zweiten Mal wurde unsere Tochter beim Schwarzfahren erwischt. Wie sollen wir uns verhalten?

Was steckt hinter dem Verhalten Ihrer Tochter? Sieht sie nicht ein, warum man bezahlen soll, wenn es auch umsonst geht? Gibt sie das Geld lieber für etwas anderes aus? Genießt sie den »Kick«, es drauf ankommen zu lassen? Ist es in der Clique out, zu bezahlen? Oder handelt es sich um Widerstand gegen die Regeln der Erwachsenen? Oder hat Ihre Tochter Fahrgeld oder Fahrkarte einfach verschusselt?

Sprechen Sie – nach Ihrer ersten emotionalen und aufgebrachten Reaktion, die völlig in Ordnung ist – in Ruhe darüber. Erklären Sie ihr, warum Sie ihr Verhalten nicht akzeptieren. Klären Sie sie über die Rechtslage auf: Schwarzfahren ist ein Straftatbestand. Noch schwerwiegender sind Betrugsversuche wie das Präparieren von Fahrscheinen und Monatskarten. Damit landet sie irgendwann vor Gericht.

Suchen Sie bei Schusselei Lösungen: einen festen Ort für die Monatskarte, eine Kleingelddose für Fahrgeld … Erklären Sie Ihrer Tochter, dass Sie nicht mehr bereit sind, ihre Schulden oder Strafgelder selbstverständlich zu übernehmen. Pfänden Sie (anteilig) das Taschengeld. Suchen Sie nach Möglichkeiten, wie Ihre Tochter das Geld abarbeiten kann. Streichen Sie die für demnächst geplante Fahrt in den Erlebnispark.

Mein Kind wurde beim Diebstahl im Supermarkt erwischt. Wie verhalte ich mich?

Als Ihr Kind erwischt wurde, musste es sich entschuldigen und das Gestohlene zurückgeben. Das war peinlich genug. Beim ersten Mal Erwischtwerden ist es auch Strafe genug. Allerdings werden die Jugendlichen selten bereits beim ersten Diebstahl erwischt … Machen Sie Ihrem Kind je nach Alter die strafrechtlichen Konsequenzen klar. Eventuell hat es zudem eine Anzeige erhalten, muss Strafe zahlen oder hat Hausverbot.

Suchen Sie nach den Ursachen: Handelte es sich um eine Mutprobe, gegen die Ihr Kind sich in der Gruppe nicht abgrenzen konnte? Bessert es seine Stellung in der Gruppe auf, indem es den anderen großzügig etwas spendiert? Ist möglicherweise das Taschengeld zu knapp bemessen? Kann Ihr Kind sich schlecht Wünsche versagen? Ging es um das Abenteuer, den »Kick«? Fragen Sie vorsichtig nach. Dazu ist es wichtig, dass Sie auch Verständnis äußern. Das können Sie durchaus tun und trotzdem sehr klar rüberbringen, dass Sie ein solches Verhalten nicht tolerieren!

ZUSAMMENLEBEN MIT ANDEREN

Was Ihr Kind seit Jahren mit Rückendeckung der Familie gelernt hat, kann und muss es nun in steigendem Maße auf eigene Faust erproben – sei es im Umgang mit Gleichrangigen wie Freunden oder gegenüber Autoritätspersonen wie den Lehrern. Ihr Kind kann nun zunehmend Verantwortung für sich und andere übernehmen – etwa indem es sich eigenständig um alle seine Schulangelegenheiten kümmert, sich für die Interessen der Klasse einsetzt oder einem Freund oder Nachbarn nach seinen Möglichkeiten hilft.

Ihr Kind muss außerdem reifere Wege finden, mit Autoritäten umzugehen – es soll sich diesen nicht willenlos unterordnen, aber sich einordnen können. Wenn es das nicht lernt, wird es sich seelisch immer wieder blaue Flecke holen. Diese Gratwanderung beherrschen offenbar viele Erwachsene selbst nicht!

Freunde gehören zum Leben. Sie unterstützen uns in schwierigen Zeiten mit Rat und Tat. Mit ihnen zusammen haben wir eine gute Zeit. Auch wenn hier zunehmend Flexibilität gefragt ist (etwa bei arbeitsbedingten Ortswechseln) – manche Freundschaft erweist sich als stabiler als eine Liebesbeziehung. Jedem Kind sind viele gute Freundschaften zu wünschen, die über die kurzlebigen und oftmals sehr oberflächlichen Internet-Chat-Beziehungen hinausgehen!

Unter Gleichaltrigen gibt es nicht nur freundschaftliche Gefühle – auch Kämpfe und Rangeleien sind an der Tagesordnung. Welche Rolle spielt Ihr Kind dabei? Muss es eher lernen, sich durchzusetzen und sich nicht alles gefallen zu lassen? Oder spielt es zu oft den »Macker«? Helfen Sie ihm dabei, sich zu positionieren – ohne zu oft seine eigenen Bedürfnisse zurückzustellen, aber auch ohne andere zu übervorteilen.

MIT ANDEREN KLARKOMMEN

Welche Werte und Ziele sind beim Zusammenleben wichtig?

Das kann nur jede Familie für sich selbst bestimmen. Dazu hier einige Anregungen:
- Sich für andere engagieren.
- Sozialer Anstand.
- Ehrlichkeit und Offenheit im richtigen Maße.
- Fairness im Umgang mit anderen.
- Gerechtigkeit in der Gesellschaft.
- Friedliches Miteinander aller.
- Schönes gemeinsam genießen.
- Sich selbst verwirklichen.
- Das ganze Leben so viel Spaß wie möglich haben.
- Bestmögliche Leistungen erbringen.
- Leistung um jeden Preis?
- Karrierefrau und/oder gute Mutter?

Sie leben vor. Sie diskutieren miteinander. Sie regen zum differenzierten Nachdenken an. Ihre Kinder probieren aus und müssen dann den passenden Mix für ihr eigenes Leben finden!

Was ist soziale Kompetenz und wie erlernen Kinder sie?

Soziale Kompetenz umfasst die folgenden Fähigkeiten:
- Sich in andere hineinversetzen können.
- Konflikte lösen können.
- Sich durchsetzen können.
- Sich wehren und abgrenzen können.
- Vermitteln können.
- Kooperieren können.

Um diese Kompetenzen zu erwerben, brauchen Kinder Lernmodelle. Sie als Erwachsene sind gefordert, Ihrem Kind Lernerfahrungen zu verschaffen, die auf Fairness

und Kooperation beruhen – schon als Gegengewicht zu
»Tom und Jerry«, »Pokemon« und Computerspielen, bei
denen Gewalt, Siegenmüssen, Schadenfreude und Egoismus vorherrschen. Nicht nur Ihr Beispiel ist gefragt, sondern auch das von nachahmenswerten Persönlichkeiten des
direkten Umfelds, des öffentlichen Lebens oder aus Filmen.
Zum anderen müssen Kinder üben, üben, üben. Leider
können heutzutage viele als Einzelkinder nicht mit
Geschwistern ausprobieren, wie man sich am besten
durchsetzen kann. Was der Preis dafür ist, wenn man dies
mit verbaler oder körperlicher Gewalt tut. Wie man Kompromisse findet und damit zu leben lernt. Umso wichtiger sind Kontakte zu anderen Kindern. Nicht im Schachverein, wo die meisten Interaktionen gesteuert sind, nicht
in der lehrerzentrierten Musikstunde. Sondern im unbefangenen Miteinander, möglichst ohne Erwachsene. Diese
setzen manchmal zu schnell Grenzen, was nachhaltiges
Lernen verhindert. Kinder müssen ausprobieren, wie
das Miteinander gelingt. Dafür brauchen sie Spiel- und
Lebensräume. Setzen Sie sich in Ihrer Gemeinde dafür
ein, dass diese (wieder) geschaffen werden!

 Wie lernen Kinder sozialen Anstand?

Was ist damit gemeint? Helfen statt wegsehen, wenn
jemand in Not ist. Soziales Engagement statt Überheblichkeit denen gegenüber, die es schlechter haben als man
selbst. Ein Gewissen, um nicht auf Kosten anderer zu
leben. Wie wichtig ist Ihnen das?
Wenn Ihnen diese Werte etwas bedeuten, werden Sie das
Ihren Kindern wie bisher täglich vorleben. In Ihren Diskussionen am Abendbrottisch kann Ihr Kind an Ihren
Überlegungen dazu teilhaben, wie ein Miteinander in der
Gesellschaft gelingen kann. Es muss nicht immer Verlierer
und Gewinner geben. Oft werden die Gewinner des
Wohlstandswettkampfs irgendwann zu Verlierern, wenn

die soziale Kluft so groß wird, dass Kriminalität und Aggression ausufern. Es gibt keine Patentlösungen. Überlegen Sie gemeinsam, wie Gesellschaft funktionieren kann! Das kleinste Übungsfeld dafür ist Ihre Familie. Dort sollten Geben und Nehmen eine Einheit bilden. Verständnis, Rücksichtnahme, Fairness und Hilfe auf der einen Seite, Grenzsetzungen, Forderungen und Mitgestalten auf der anderen Seite sollten Ihren Alltag prägen.

Wie lernen Kinder Respekt vor anderen?

Wie sprechen Sie selbst mit dem Obdachlosenzeitungsverkäufer? Über Nachbarn, deren Kinder über die Stränge schlagen? Die Großtante, die wieder so seltsam roch? Über Politiker? Ihre Kinder halten Ihnen den Spiegel vor. Gefällt Ihnen, was Sie sehen? Seien Sie ein gutes Vorbild. Sagen Sie deutlich – und begründen Sie es,

➤ wenn Sie etwas unangemessen finden (»… die mit ihrem Pferdegebiss!«),
➤ wenn Sie etwas für einseitig halten (»Der ist ja nur zu faul zum Arbeiten!«),
➤ wenn die Würde eines Menschen verletzt wird (zum Beispiel Lachen über Behinderte).

Wie lernen Kinder Empathie?

Unter Empathie verstehen wir die Fähigkeit, sich – auch bei einer Auseinandersetzung – in den anderen hineinzuversetzen, seine Perspektive, seine Sicht der Dinge zu verstehen. Seine Botschaften in Mimik und Gestik, in Wortwahl und Stimme zu entschlüsseln. Mitzufühlen. Alles wichtige Voraussetzungen, um konstruktive Auseinandersetzungen führen zu können!
Manche Kinder lernen Empathie quasi nebenbei. Andere brauchen »Nachhilfe«: Machen Sie Ihr Innenleben transparent, indem Sie Ihre Kinder an Ihren Gedanken und

vor allem Gefühlen teilhaben lassen. Sprechen Sie aus, was Sie an Gesicht, Haltung und Verhalten Ihres Kindes ablesen: »Du wirkst, als ob du dich heute über etwas geärgert hast.« Zeigen Sie ihm, dass Sie das ernst nehmen, dass es Ihnen wichtig ist. Fragen Sie ab und an nach, wie sich wohl Freund, Bruder, Filmheld gerade fühlen. Sprechen Sie über aktuelle Ereignisse. Nicht nur über die Fakten, zum Beispiel wie ein Tsunami entsteht. Sondern über die emotionalen Folgen für die Betroffenen.

Wie lernen Kinder gute und zeitgemäße Umgangsformen?

Es gibt allgemein gültige, wie Bitte und Danke zu sagen. Und überholte, wie die Verbeugung oder das Sprechverbot beim Essen. Umstrittene, wie der Frau in den Mantel zu helfen. Diskutieren Sie in der Familie, welche Umgangsformen Ihnen wichtig sind. Wie sollen die Regeln in der Familie sein? Wie bei einer großen Familienfeier? Was ist im Restaurant zu beachten? Was bei einem Ball? Stellen Sie nur Regeln auf, die Sie auch selbst einhalten. Ihr Kind muss letztlich seinen eigenen Verhaltenskodex finden. Sie haben ihm aber etwas fürs Leben mitgegeben, wenn es weiß, wie es sich verhalten sollte.

TIPP

Geht Ihr Kind gern ins Restaurant? Das kann ein Ansporn sein, sich gute Tischsitten anzueignen. Ins Restaurant eingeladen wird nur, mit wem man sich dort nicht blamieren muss. Machen Sie zu Hause Probedurchläufe. Wie sieht der perfekt gedeckte Tisch aus? Wozu benutzt man welches Besteck oder Glas? Welche Höflichkeitsregeln gibt es? Testen Sie beim Restaurantbesuch, was Ihr Kind davon behalten hat.

AUTORITÄT UND ANPASSUNG

 Unser Kind soll kein Duckmäuser sein, sich jedoch mit Autoritäten arrangieren können. Wie vermitteln wir ihm das?

In den letzten Jahren hat Ihr Kind bereits gelernt, mit Autoritäten umzugehen. Dabei lag bisher der Schwerpunkt eher darauf, sich der Autorität in Person der Erzieherin, des Lehrers und natürlich der Eltern unterzuordnen. Es war ganz klar, wer lebenserfahrener ist und wer die rechtliche Befugnis und Pflicht hat zu bestimmen. Mit zunehmendem Alter und wachsender Reife nimmt das Autoritätsgefälle ab. Der Umgang miteinander läuft mehr auf einer gleichberechtigten Ebene ab. Bei anderen Autoritäten bleibt das Gefälle stärker erhalten: beim Chef, bei den Kunden, der Polizei, dem Rechtssystem. Das Miteinander muss jedoch völlig neue Formen annehmen. Kritisches Mitdenken, Argumentieren und Mitgestalten werden zunehmend möglich und gefragt. Es ist eine hohe Kunst herauszufinden, wann eher Unterordnung und Anpassung und wann Selbstbehauptung gefragt ist. Dies lernen Jugendliche in einem ständigen Übungsprozess, durch Rückmeldungen darüber, was funktioniert und was nicht. Grenzen werden deutlich, wenn andere signalisieren: »Bis hierher und nicht weiter!« Oder wenn sich herausstellt, dass sich ein Ziel nicht erreichen lässt. Vielleicht bringe ich den Lehrer dazu, vor der Klasse einen Fehler einzugestehen – was sich jedoch später rächen könnte. Ich kann die elterlichen Anordnungen umgehen und vereinbarte Zeiten nicht einhalten. Das bringt mir für den Moment mehr Spaß mit den Freunden – kann sich aber nachteilig auswirken, wenn ich ihr Vertrauen benötige, um zum Beispiel allein mit Freunden verreisen zu dürfen. Am sichersten passieren diese Lernprozesse im familiären Kontext. Aber anstrengend wird das schon für Sie!

Wie viel Autoritätsgehorsam ist angemessen?

Vielleicht finden Sie das selbst sehr schwierig. Kann man mit dem Chef über eine Anweisung diskutieren? Was muss man sich von Kunden gefallen lassen? Wann und wie sollte man nach einer Gehaltserhöhung fragen? Wann muss man sich auf den Rückzug machen? Für Jugendliche ist all das noch schwieriger. Es gibt keine allgemeinen Regeln. Diskutieren Sie zu Hause viel über diese Themen. Reden Sie ehrlich über Ihre Erfahrungen. Mitdenken, kritisch sein sollte immer erlaubt sein. Niemand muss jedoch alles aussprechen, was er denkt. Die Grenzen muss jeder immer wieder für sich selbst ausloten. Ihr Kind muss Ihre Anordnungen und Verbote nicht gut finden. Es darf stöhnen und murren und einen Diskussionsversuch starten. Es sollte dies jedoch auf angemessene Art tun und wissen, wann Einfügen angesagt ist. Absoluter Gehorsam ist nicht mehr up to date. Das macht es nicht einfacher. Aber eine eigene Meinung zu haben schützt auch vor falschen Autoritäten in Sekten, der rechten Szene oder in einer Clique auf kriminellen Abwegen.

 ### *Warum hat die Autorität vieler Erwachsener so gelitten?*

Gerade in Deutschland war Autorität lange sehr verpönt. Das ist gut so, wenn es sich um eine künstliche Autorität handelt, die auf Angst basiert. Die zu Taten aufruft, die man eigentlich nicht vertreten kann. Schade ist es, wenn es um Autorität geht, die auf einem Vorsprung an Wissen, Erfahrung und Überblick beruht. So eine Autorität bewirkt, dass bestimmte soziale Prozesse überhaupt funktionieren – wie zum Beispiel Erziehung.

Viele Eltern und Pädagogen haben sich verunsichern lassen. Sie strebten eine zu frühe Gleichberechtigung und

Zusammenleben mit anderen

Gleichrangigkeit an. Sie wollten den Kids lieber Freund sein – und selbst jugendlich bleiben. Sie scheuten sich vor dem Grenzensetzen, was unter anderem die »Supernanny«-Welle ausgelöst hat. Autorität zu sein ist anstrengend. Man kann dabei scheitern. Viele verwechseln auch eine glückliche Kindheit damit, alles zu bekommen und zu dürfen, was einem so einfällt.

Lehrer sind verunsichert, wenn sie nicht mit den Eltern, sondern gegen diese kämpfen müssen. Wenn sie kaum noch Konsequenzen in Form von schlechten Noten oder Schulstrafen einsetzen können, weil alles beklagbar und einspruchsfähig ist. Trauen Sie sich! Seien Sie autoritär auf eine moderne Art, die nicht einschüchtert, sondern leitet, anleitet und angemessene Grenzen setzt.

Können Pubertierende noch lernen, sich anzupassen?

Ja. Sie lernen es sogar auf einer höheren Stufe. Ein jüngeres Kind passt sich an, weil es Mama und Papa nicht ärgern will, weil es Angst vor der Strafe hat, weil es dem Erwachsenen (fast) blind vertraut. Ein pubertierendes Kind stellt alles in Frage. Es sucht für sich den angenehmsten Weg. Es testet aus, welche Macht es jetzt mit gewachsenem Wissen und gestiegener körperlicher Kraft hat. Es beginnt aber auch abzuwägen, wie viel Egoismus und wie viel Entgegenkommen angemessen sind. Es kann sich selbst besser steuern oder ist dabei, es zu lernen. Es wird sich bewusst dafür entscheiden, eine Regel einzuhalten – oder eben die Konsequenz in Kauf zu nehmen. Was ist unangenehmer: die Party eher zu verlassen oder wegen der Verspätung Hausarrest zu bekommen? Ist mir der Spaß am Feiern wichtiger als Mamas Sorge? Die Chance der Erwachsenen besteht darin, so sachlich wie möglich zu reagieren. Und zu akzeptieren, dass Kinder sich nicht immer so entscheiden, wie sie es selbst tun oder es sich wünschen würden!

? *Wie setzen wir mehr Partnerschaftlichkeit statt Autorität in dieser Phase des Familienlebens um?*

Partnerschaftlichkeit bedeutet, die vorhandene Überlegenheit – etwa an Wissen, Lebenserfahrung, an finanzieller Unabhängigkeit und rechtlichen Einflussmöglichkeiten – nicht auszunutzen, um den anderen zu etwas zu zwingen, was dieser nicht will. Natürliche Autorität (siehe auch Seite 116) kann auf diesen Zwang verzichten, weil sie anerkannt und geschätzt wird. Sie könnten zum Beispiel Ihr Kind zwingen, in den Familienurlaub mitzufahren. Dann haben Sie garantiert ein ständig über alles murrendes Wesen dabei, und vermutlich wird niemand so recht Spaß an dem Urlaub haben. Sie können auch nach einem Kompromiss suchen, um den Wünschen Ihres Jugendlichen gerecht zu werden: den besten Freund oder die beste Freundin mitnehmen, die Dauer der gemeinsamen Zeit halbieren oder Zugeständnisse am Urlaubsort machen. Oder Sie können einräumen, dass sich die Wege für die Zeit des Urlaubs trennen. Erstaunte Eltern berichten mir immer wieder, dass die Jugendlichen dann plötzlich wieder Lust äußern, doch mitzukommen.

Sie könnten Ihrem Kind eine Aufgabe im Haushalt einfach zuweisen. Oder Sie berufen einen Familienrat (siehe Seite 94 f.) ein, in dem diskutiert wird, wer was übernimmt. Vielleicht stellt sich dabei heraus, dass Ihr Kind etwas ganz Bestimmtes eigentlich gern tut, auf das Sie selbst gut verzichten können, und umgekehrt.

Sie könnten anordnen, dass Ihre Tochter oder Ihr Sohn um 21.00 Uhr zu Hause zu sein hat. Oder Sie können den Jugendlichen auffordern, selbst zu überlegen, wie er am sichersten nach Hause kommt – mit jemandem mitfahren, zusammen gehen, sich mit anderen ein Taxi teilen …
Dann kann über die Zeit des Nachhausekommens noch einmal verhandelt werden.

Sich verantwortlich fühlen und verhalten

Wie lernen Kinder, Verantwortung für ihr Verhalten zu übernehmen?

Eine kaputte Tasse. Keine Ahnung, wie das passiert ist. Eine 6 in Bio. Schuld ist der Lehrer. Kinder müssen lernen, dass Fehler und Missgeschicke jedem passieren können. Einem mehr, dem anderen weniger. Niemand macht absichtlich Fehler! Jeder soll die Möglichkeit der Wiedergutmachung haben (die Tasse ersetzen, sich entschuldigen). Schlechte Noten sollten keine Familienkrise auslösen, auch keine enttäuschten Gesichter bei den Eltern. Analysieren Sie lieber gemeinsam, woran es lag und was man beim nächsten Mal besser machen könnte. Dasselbe gilt, wenn Ihr Kind sich im Ton vergreift, eine Verabredung vergisst, dem Bruder aus Versehen wehtut: Kann alles passieren – wichtig ist es, sich zu entschuldigen und nach möglichen Ursachen und Lösungen zu suchen.

Frech kommt weiter – meint unser Sohn. Hat er Recht?

Manchmal schon. Aber wollen Sie ihm das als Leitlinie fürs Leben vermitteln? Wo sind die Grenzen? Was halten Sie für legitim? Sich verleugnen lassen, wenn der Chef anruft. Spicken bei der Klassenarbeit. Dem Busfahrer eine ungültige Fahrkarte hinhalten. In der zweiten Reihe parken. Eigentlich geht es darum, auf Kosten anderer einen Vorteil zu erlangen. Haben wir alle schon mal gemacht. Es muss immer die Gesamtsituation betrachtet werden: Drängele ich mich im Supermarkt vor, weil ich einen Arzttermin habe? Wie könnte das Ganze dennoch halbwegs höflich vor sich gehen? Loten Sie gemeinsam die Grenzen aus. Fragen Sie sich und Ihren Sohn, wie es ihm in der Position des Benachteiligten gehen würde.

Unsere Tochter lügt und trickst viel – wie gewöhnen wir ihr das ab?

Belügt Ihre Tochter in erster Linie andere oder zunächst einmal sich selbst? Manche Kinder halten die Wahrheit nicht aus, etwa dass sie gerade wieder einmal die Regeln verletzt, eine Arbeit verhauen oder etwas verbummelt haben. Hier ist einerseits Stärkung des Selbstvertrauens gefragt, andererseits konkrete Hilfe bei der Lösung des Grundproblems: Wie kriege ich mich besser in den Griff? Wer könnte mir bei Mathe wirklich helfen? Was hilft gegen Schusligkeit – ein Terminkalender?

Andere Kinder lügen aus Angst vor der Reaktion der Eltern. Das ist meist nicht die Angst vor schweren Strafen. Die Traurigkeit oder Enttäuschung der Eltern ist für Kinder viel belastender, gerade wenn die Beziehung zwischen Kind und Eltern recht gut ist. Auch hier sollten Sie am Grundproblem arbeiten (siehe ab Seite 119).

Einige Kinder suchen für sich jedoch einfach den bequemsten oder leichtesten Weg und mogeln sich um Arbeit und Anstrengung herum. Hier ist Konsequenz angesagt (siehe ab Seite 81 ff.).

Sicher haben Sie schon mehrfach klargestellt, wie wichtig Ihnen Ehrlichkeit ist und wie es Sie kränkt, wenn Sie angelogen werden. Sprechen Sie auch darüber, dass Sie oft nicht wissen, ob Sie Ihrer Tochter glauben können. Dass Sie sie nicht falsch beschuldigen wollen, aber Lügen auch nicht einfach durchgehen lassen. Hilfreich ist der Grundsatz: Im Zweifel für die Angeklagte. Sind Sie unsicher, sprechen Sie dies aus, betonen aber Ihren Grundsatz der Fairness und verzichten auf Strafe/Konsequenz. Ihre Tochter merkt, dass Sie die Sache im Blick behalten. Sind Sie sicher, sollte eine Konsequenz folgen – für das, was vertuscht wurde. Das Lügen an sich zu bestrafen bringt nicht viel. Allerdings sollten Sie Ihre Enttäuschung darüber spüren lassen.

SOZIALES ENGAGEMENT

 Wie lernen Kinder, Verantwortung für andere zu übernehmen?

Leben Sie es ihnen vor! Engagieren Sie sich für andere! In einem Ehrenamt. Durch Nachbarschaftshilfe. Durch politisches Engagement. Erzählen Sie Ihrem Kind davon! Vielleicht mag es Sie ja auch unterstützen? Oder es findet eigene Projekte: den Hund der alten Dame von gegenüber bei Eisglätte Gassi führen. Auf das Baby der Nachbarn aufpassen. Auch bei der Pflege eines Haustieres kann es Verantwortung lernen (siehe Seite 124 f.).

Regen Sie Ihr Kind an, den Schulalltag mitzubestimmen. Wem könnte es helfen? Welche Aufgabe kann es bei der Organisation der Klassenfahrt übernehmen? Wie wäre es mit dem Klassensprecheramt? Oder mit dem Einsatz als Schülerlotse? Wie sieht es mit mehr Mitbestimmung im Fußballverein aus?

Weitere Übungsmöglichkeiten:

- Dem Banknachbarn in der Gipsarm-Zeit als persönlicher Assistent helfen.
- Den kleinen Bruder immer zum Training begleiten.
- Die Freundin während der längeren Krankheit mit Unterrichtsmaterialien und Hausaufgaben versorgen und den Stoff erklären.
- Die Briefkastenleerung für den Nachbarn in der Urlaubszeit übernehmen.
- Sich ehrenamtlich in einem Verein (Tierheim, Umweltschutzverein, Bund Naturschutz, gemeinnützige Hilfsorganisationen der Städte …) engagieren.
- Schülersprecher oder Konfliktlotse an der Schule werden (siehe nächste Frage).
- An einer Demo gegen rechts teilnehmen.
- Einen Brief an den Stadtrat wegen fehlender Bolzplätze schreiben.

Leben Sie vor. Regen Sie an. Geben Sie Anerkennung.

Wie lernen unsere Kinder, sich für die Interessen einer Gruppe einzusetzen?

Hierfür ist die Schulklasse ein hervorragendes Übungsfeld. Wenn es um die Interessen der Klasse geht, ist vor allem die Schule gefragt. Die Lehrer sollten die Schüler so früh wie möglich mitreden lassen. Die Kinder sollten bei der Auswahl der Ziele am Wandertag oder bei der Klassenfahrt mitentscheiden können – etwa durch Vorschläge und Abstimmung. Sie sollten Vorschläge zur Sitzordnung machen dürfen. Oder zur Unterrichtsgestaltung. Die Gestaltung des Klassenraumes ist ebenfalls Schülersache. Beratung und Anregung durch die Lehrer ist dabei erwünscht.

Wichtig ist, dass die gewählten Klassensprecher nicht als eine Art Assistenten des Lehrers fungieren, sich vorrangig um Klassenbuch (also Fehlzeiten), Unterrichtsmaterialien, Vertretungslehrer und Raumverlegungen kümmern oder die Mitschüler beaufsichtigen (und verpetzen) sollen, wie ich es nicht selten erlebe.

Klassensprecher und Schülersprecher sollen für die Schüler und ihre Interessen sprechen – und dabei Hinweise und Anregungen der Klassenkameraden beziehungsweise der gesamten Schülergemeinschaft berücksichtigen. Wenn die Klasse meint, ein Schüler sei ungerecht behandelt worden. Wenn die Schüler Probleme mit einem Lehrer oder seiner Unterrichtsgestaltung haben. Bei der Mitbestimmung der Schulregeln über die Schulkonferenz. Beim Vorschlag zum Inhalt des Getränkeautomaten oder zu den am Schulkiosk angebotenen Speisen. Wichtig ist, dass die Vorschläge der Schüler ernst genommen werden und dass es sich nicht um eine Scheinmitbestimmung handelt, bei der die Schüler durch Lehrerargumente erschlagen werden. Regen Sie eine Diskussion über all diese Dinge in einer Elternversammlung an, und reden Sie mit Ihrem Kind über solche Themen.

Zusammenleben mit anderen

> **?** *Mein Sohn kümmert sich manchmal mehr um seine Banknachbarin als um die eigenen Schulsachen. Ist es richtig, wenn wir ihn da bremsen?*

Die meisten Menschen fühlen sich gut, wenn sie anderen helfen können. Sie können etwas geben. Sie sind in einem Bereich überlegen. Sie werden gebraucht. Und oft gelobt. Helfen schafft Selbstvertrauen! Ihrem Kind ist es gelungen, (mit Ihrer Hilfe) eine sehr wertvolle soziale Verhaltensweise zu entwickeln. Das sollten Sie bei sich und bei Ihrem Sohn anerkennen.

Ein übereifriger Helfer kann aber auch ein Helfersyndrom entwickeln. Darunter versteht man, dass das Helfen zum Lebensinhalt geworden ist. Meist ist es damit verbunden, dass die eigenen Angelegenheiten zu kurz kommen. Mancher scheut sich davor, die eigenen Probleme anzugehen, und lenkt sich mit den Problemen anderer davon ab – das ist durchaus eine Art, andere auf subtile Weise auszunützen! Das Helfersyndrom finden wir mehr oder weniger stark ausgeprägt bei vielen Angehörigen der psychosozialen Berufe.

Als Berater Ihres Sohnes sollten Sie mit ihm über das Wertvolle seines Handelns sprechen, aber auch über Ihre Bedenken und Sorgen. Prüfen Sie für sich, ob Ihr Sohn auf diese Art und Weise Minderwertigkeitsgefühle kompensiert. Dann müssen Sie sein Selbstvertrauen stärken (siehe Seite 37 ff.). Kann er selbst eigentlich Hilfe annehmen? Er sollte sich auch in dieser Rolle erleben. Regen Sie ihn außerdem an wahrzunehmen, wann der Nachbarin seine Hilfe eventuell zu viel wird beziehungsweise wo sie sich darauf ausruht – und eigene Lernerfahrungen verpasst. Da sollte er sich zurücknehmen. Hat er dies gelernt, kann er seine besondere Fähigkeit und Bereitschaft, anderen zu helfen, später sicher auch beruflich für sich nutzen!

Lernen Kinder Verantwortungsgefühl, wenn sie sich um ein Haustier kümmern?

Mit einem Haustier kann Ihr Kind prima lernen, Verantwortung zu übernehmen. Das klappt aber nicht automatisch. Fast alle Kinder wollen irgendwann ein Haustier. Sie denken dabei an Spiel und Spaß, weniger an Verpflichtungen. Schaffen Sie von Anfang an klare Verhältnisse: Wem gehört das Tier? Derjenige ist dann dafür verantwortlich. Er kann andere Familienmitglieder bitten, bestimmte Arbeiten zu übernehmen, trägt aber die Hauptverantwortung. Stellen Sie von Anfang an klar, was das bedeutet: Wie oft muss das Tier gefüttert werden, wie oft Gassi gehen? Wie oft ist der Käfig zu reinigen? Wer besorgt Futter, Heu, Katzenstreu …? Wer bezahlt es? Wer bezahlt den Tierarzt? Stellen Sie Regeln auf. Ein Tier ist ein Lebewesen und hat das Recht auf ein würdiges Dasein. Dazu gehört, dass es wie ein Familienmitglied nicht durch ein anderes ersetzt wird, wenn es sich nicht wie erwartet verhält oder weil ein anderes mehr Spaß verspricht.

 Und wenn die Versorgung des Haustieres nicht wie abgesprochen funktioniert?

Damit müssen Sie rechnen. Kaum ein Kind hat von Anfang an alles im Griff und hält das für die gesamte Lebenszeit des Tieres durch. Gerade das muss es ja erst lernen. Das bedeutet, dass Sie gefragt sind. Als Tierschutzbeauftragter und Berater. Manchmal sind nur Minimalforderungen durchsetzbar, um die Gesundheit des Tieres abzusichern und die allgemeine Hygiene in Ihrem Zuhause zu gewährleisten. Besprechen Sie das mit Ihrem Kind. Machen Sie klar, dass Sie nicht dulden werden, dass in Ihrer Familie jemand leidet – auch kein Tier. Besprechen Sie, inwieweit Sie Erinnerungen und Hilfen übernehmen und was Sie von Ihrem Kind erwarten.

Zusammenleben mit anderen

Überlegen Sie, was Sie unternehmen werden, wenn das nicht funktioniert. Können oder wollen Sie bestimmte Drohungen wirklich durchsetzen – etwa das Tier ins Tierheim bringen? Finden sich neue Tiereltern? Was Sie ankündigen, müssen Sie auch tun. In absehbarer Zeit wird es dann kein neues Tier geben, bis Ihr Kind eine neue Chance bekommt zu zeigen, dass es etwas dazugelernt hat. Übernehmen Sie die Versorgung, so erklären Sie das offiziell und mit der Begründung, dass das Kind offenbar noch nicht in der Lage war, sich verantwortungsvoll zu kümmern. (Lassen Sie das ruhig wirken!) Dauernörgeln und Streit haben noch kein Kind verantwortungsbewusster gemacht. Schaffen Sie lieber klare Verhältnisse und betreiben Sie Schadensbegrenzung. Geben Sie Ihrem Kind in anderen Zusammenhängen die Chance, verantwortungsbewusstes Handeln zu lernen (siehe Seite 121).

Warum Haustiere für Kinder so wichtig sind

Kinder lernen mit der Betreuung eines Haustieres, Verantwortung für Schwächere zu übernehmen, und trainieren ihr Durchhaltevermögen. Am Anfang ist die Pflege des Tieres noch spannend. Doch irgendwann kommt der Moment, da haben Kinder tausend andere Ideen im Kopf, was sie lieber tun würden. Trotzdem muss für frisches Wasser gesorgt, der Käfig geschrubbt oder Heu gekauft werden. Wollen Sie in den Ferien wegfahren, muss Ihr Kind sich beizeiten um einen Tiersitter kümmern. Ein erkranktes Tier braucht intensive Zuwendung. Auf der anderen Seite ist jemand zum Kuscheln da, wenn gerade sonst niemand Zeit hat oder das Kind sich zu groß dafür fühlt, in Mamas Armen Trost zu suchen. Haustiere hören wohl so manche Sorge »ihres« Kindes. Und nicht zuletzt kommt irgendwann der letzte Tag mit dem Tier. Ein großer Kummer ist dann zu bewältigen. Das alles in den Griff zu bekommen macht stolz und stark!

Freunde und Gruppen

 Warum ist die Clique von Gleichaltrigen eigentlich so wichtig?

Aus der Freundesgruppe, der sogenannten Peergroup, heraus ist es sicherer, erste Flirts und Kontakte zum anderen Geschlecht anzuknüpfen. Die Gruppe bietet emotionalen Halt. Die Jugendlichen tauschen sich aus. Über Schminke und Antipickelcremes. Über Läden, wo man »unpeinlich« Kondome kaufen kann. Über die nervenden Eltern und wie man ihre Forderungen am besten umgeht: Was soll eigentlich der Quatsch mit dem Staubsaugen? Totale Zeitverschwendung! Die Mitglieder der Gruppe haben Spaß miteinander, teilen Interessen und Geschmäcker, wie es mit den Eltern lange nicht mehr der Fall sein kann. Erwachsenes Verhalten (oder was die Kinder dafür halten) wird ausprobiert, ohne dass die Erwachsenen einen dafür zurechtweisen können. Kinder bekommen so die Selbstbestätigung, die sie dringend brauchen.

 Was lernen die Jugendlichen in diesen Gruppen? Nur Dussligkeiten?

Durchaus nicht. Eher, wie weit sie es mit den Dussligkeiten treiben dürfen. Die eine oder andere gehört zum Erwachsenwerden dazu – oder waren Sie immer ein Musterkind? Erlernt werden soziale Spielregeln: Wie komme ich in eine Diskussion hinein, ohne jemandem ins Wort zu fallen? Wer bestimmt die Regeln in der Gruppe? Was passiert bei Regelverletzungen? Wie viel Individualität ist erlaubt? Wie viel Ehrlichkeit ist nützlich? Wem kann ich wie weit vertrauen? Wem bin ich wichtig und wodurch? Will ich mich eher einordnen oder den Ton angeben? Und wie mache ich das? Die Jugendlichen beraten sich untereinander: »Wie verhüte ich am besten?« – »Wie krieg ich Susan als Freundin?« – »Soll ich ihn schon küssen?« In diesen und

Zusammenleben mit anderen

anderen wichtigen und unwichtigeren Fragen sind sie zum Teil kompetenter als die Erwachsenen. Zumindest fühlen sie sich in ihrer Rolle des Beraters anerkannt und wichtig. Jugendliche lernen in der Gruppe andere Wertesysteme und Lebensstile kennen und erweitern ihr Weltbild. Sie philosophieren über den Sinn des Lebens. Sie vergleichen eigene Lebenserfahrungen mit denen der anderen. Und unterziehen die Erwachsenenwelt einer radikalen Gütekontrolle, um ihren eigenen Weg und Stil zu finden.

Wie helfe ich meinem Sohn, dessen Freunde ständig wechseln?

Offenbar hat Ihr Sohn die besondere Stärke, gut Kontakte knüpfen zu können. Nun muss er noch lernen, sie auch zu pflegen. Sammelt er Freunde wie Trophäen, um sich begehrt und wichtig zu fühlen? Laufen die Freunde davon, weil er dominieren will? Gibt er vor, etwas zu sein, das sich beim näheren Kennenlernen als »Show« herausstellt? Kann er sich schwer auf Kompromisse einlassen, sodass es zu oft zu Streit kommt? Hat er überhaupt das Bedürfnis nach festen Freundschaften, oder ist er ganz zufrieden so? Sie brauchen etwas Gespür, um die Wahrheit zu erkennen. Beraten Sie ihn, wenn er sich eine Veränderung wünscht. Und erinnern Sie ihn immer wieder an seine Stärken und wie er diese besser nutzen kann.

Freundesduo oder Gruppe?

Es scheint, als würden feste Zweierfreundschaften immer seltener. Vielleicht ein Ergebnis der von Familien heute geforderten Flexibilität: In einer Freundesgruppe ist es eher zu verschmerzen, wenn jemand wegzieht. Hat Ihr Sohn schon einmal so einen Abschied erlebt und schützt sich möglicherweise durch lose Beziehungen vor diesem Schmerz?

Wie unterstütze ich meine Tochter, die schwer Freunde findet?

Forschen Sie nach den Ursachen: Ist sie zu schüchtern zur Kontaktaufnahme oder ungeschickt im Umgang mit anderen? Hält sie sich für nicht attraktiv und liebenswert und zieht sich deshalb zurück? Stärken Sie das Selbstvertrauen Ihres Kindes (siehe Seite 37 ff.)!

Überlegen Sie, wer in der Schulklasse einen angenehmen Eindruck macht. Regen Sie Ihre Tochter einmal dazu an, die Mitschüler genauer zu beobachten. Sicher erweist sich das oft geäußerte »Die sind alle doof oder so anders!« oder das »Keiner mag mich!« hier und da als gar nicht zutreffend. Wer gibt den Ton an? Wer findet dagegen vielleicht auch nicht so toll, was gerade angesagt ist, und geht seinen eigenen Weg? Wer könnte ähnliche Interessen und Ansichten haben? Wer ist noch nicht an eine beste Freundin/einen besten Freund gebunden?

Prüfen Sie gemeinsam auch, wer im außerschulischen Bereich in Frage käme. Bei Hobbys, etwa im Sportverein oder in der Musikschule, können über das gemeinsame Interesse und das Teamwork nebenbei Kontakte geknüpft und dann gefestigt werden.

Vielleicht kann Ihre Tochter ein sympathisches Mädchen ja einmal zu einem besonderen Ereignis einladen? Konzertbesuch, Pizzaessen, Bowlen … Ermöglichen Sie Ihrer Tochter solche Unternehmungen. Falls die Kinder es möchten, können Sie ja auch mitgehen – eine gute Gelegenheit, um eventuelle Ungeschicklichkeiten Ihrer Tochter im Umgang zu beobachten und auszugleichen. Gibt es Streitereien und Unzufriedenheit, können Sie zum Beispiel ein lockeres Gespräch bei einem gemeinsamen Drink oder Snack anbieten. Teilen Sie Ihrer Tochter nach dem Treffen – und auch sonst immer wieder – behutsam mit, wie Sie sie im Umgang mit anderen erleben. Zu Schüchternheit siehe Seite 38.

Zusammenleben mit anderen

 Meine Tochter zieht sich immer mehr von Gleichaltrigen zurück. Was kann ich tun?

Sprechen Sie mit ihr darüber: Wurde sie verletzt, weil sich eine Freundin von ihr abgewandt hat? Hat sie Interessen und Hobbys, die sich sehr von denen der anderen unterscheiden? Fühlt sie sich den anderen unterlegen? Kann sie mit Streit und Enttäuschung schlecht umgehen? Suchen Sie immer wieder das Gespräch darüber. Ihre Tochter muss sich mit den Kindern ihrer Klasse arrangieren lernen. Auch wenn sie Freunde eher außerhalb findet. Der Kontakt zu Gleichaltrigen ist in diesem Alter für die Entwicklung sehr wichtig. Bleiben Sie als Gesprächspartner präsent – signalisieren Sie andererseits, dass Jugendliche in einigen Dingen sicher besser geeignete Partner wären. Manche Kinder fühlen sich mit Erwachsenen, die sich ganz auf sie einstellen, einfach zu wohl.

 Wie helfe ich meinem Kind, am neuen Wohnort Freunde zu finden?

Organisieren Sie gemeinsam eine Begrüßungsparty. Bieten Sie an, andere Kinder einzuladen, sie bei Ihnen übernachten zu lassen, zu Familienausflügen mitzunehmen. Fragen Sie einmal den Lehrer nach einem Kind in der Klasse, das noch nicht voll ausgebucht ist, was Freundschaften betrifft. Die zwei können vielleicht nebeneinander sitzen oder gemeinsam Aufträge bearbeiten. Damit Ihr Kind auch beim Lernen den Anschluss bekommt, ist eine »Lernpatenschaft« denkbar, bei der ein Kind aus der Klasse Ihrem Kind hilft, den Stoff aufzuarbeiten. Wichtig sind in diesem Alter auch die Kontakte, die im Freizeitbereich, also im Verein, in der Gemeinde, im Chor, entstehen. Schauen Sie gemeinsam nach Angeboten in Ihrem neuen Wohnumfeld.

RANGORDNUNGEN, STÄNKEREIEN UND KÄMPFE

 Mein Sohn gibt in seiner Gruppe den Ton an. Könnte aus ihm eine gute Führungspersönlichkeit werden?

Er hat zumindest eine gute Ausgangsbasis. Aufgrund von Fähigkeiten, besonderen Talenten und sozialer Kompetenz wird eine Führungspersönlichkeit respektiert und kann so die Gruppe lenken. Dabei sollte sie sich nicht zu sehr in den Vordergrund spielen. Wichtig ist, dass Ihr Sohn weitere Eigenschaften einer guten Führungspersönlichkeit entwickelt:

➤ Fair und gerecht sein. Es sollte in einer Gruppe keine Dauerverlierer geben.
➤ Der Gruppe helfen, Konflikte zu lösen und mit Meinungsverschiedenheiten umzugehen.
➤ Die Gruppe dazu führen, ihr Ziel zu erreichen. Und wenn das erst einmal nur Spaßhaben ist.
➤ Ideen haben und diese sprachlich gut vertreten können.

Diese Verhaltensmuster bilden sich weitgehend spontan heraus. Je mehr das Verhalten des Kindes von seiner Vernunft gesteuert wird, desto mehr können Sie miteinander diskutieren, wie sich ein guter Chef verhalten würde.

 *Unser Sohn zeigt in der Schule häufig aggressives Verhalten seinen Mitschülern gegenüber. Gespräche fruchteten nicht. Was sollen wir tun?*

Machen Sie sich auf die Ursachensuche, und arbeiten Sie an den Grundproblemen. Mögliche Ursachen:

➤ Ihr Sohn hat noch nicht ausreichend gelernt, sein Verhalten zu kontrollieren. Lesen Sie weiter auf Seite 103 f.
➤ Spannungen und Frust aus anderen Lebensbereichen reagiert er an seinen Mitschülern ab. Lesen Sie weiter auf Seite 106 f.

Zusammenleben mit anderen

- Oft steckt hinter aggressivem Verhalten eine erhöhte allgemeine Ängstlichkeit. Wie ängstlich war Ihr Sohn als Kind? »Ehe die anderen mich angreifen, schlage ich lieber selbst zu.« – Könnte dieser Satz auf ihn zutreffen?
- Machen Sie ab und an minutiöse Situationsanalysen. Die können Sie als Strichmännchencomic aufmalen. Wo warst du? Was tatest du? Wer war noch dabei? Wo? Was taten die? Was passierte 10 Sekunden später? (Siehe auch Seite 104.) Helfen Sie Ihrem Sohn zu erkennen, ob er die Signale richtig gedeutet hat. Beziehen Sie dabei möglichst Lehrer und Mitschüler mit ein.
- Hat Ihr Sohn ein eher feindseliges Weltbild? Erwartet er förmlich, angegriffen und fertig gemacht zu werden, weil die Menschen und die Welt schlecht sind? Überlegen Sie: Was vermitteln Sie ihm von der Welt? Was lernt er in Filmen, PC-Spielen, Comics, Liedtexten darüber? Machen ihn unerfüllte Bedürfnisse so aggressiv?
- Kompensiert er mit seinem Gehabe eigene Minderwertigkeitsgefühle? Sollen ihn die anderen wenigstens aufgrund seines Wesens respektieren, wenn sie es schon nicht aufgrund seiner Leistungen tun? Welche Alternativen gibt es: Respekt aufgrund von Sporterfolgen? Ein »Job« als offizieller Konfliktlotse in der Schule? Als Berater in Schuldingen für jüngere Schüler?

HINWEIS

Aggressives Verhalten sollte immer Konsequenzen haben. Zunächst einmal reagiert ja die Schule nach ihrem Strafkatalog. Sie können zusätzlich auf Wiedergutmachungen drängen: Entschuldigungen, mündlich oder schriftlich. Dem anderen etwas schenken. Ihm beim Lernen helfen.

Kann man etwas gegen Zickenterror in der Klasse tun?

Nicht viel. Meist geht es darum, die eigene Position in der Rangordnung zu verbessern. Gewalt unter Mädchen ist viel subtiler als die lauten Raufereien der Jungen, kann aber mindestens so wehtun. Doch je mehr die Erwachsenen sich einmischen, desto mehr können sich Einzelne in den Vordergrund spielen. Vorsicht bei Petzereien und »Storys«! Behalten Sie aber ein Auge auf das Ganze, damit nicht jemand auf der Strecke bleibt – tauschen Sie sich dazu auch mit den anderen Eltern aus.
Manche Lehrer oder Schulsozialarbeiter nehmen die Hauptkontrahenten beiseite und versuchen, im Gespräch die unterschiedlichen Sichtweisen und Gefühle zu klären, Missverständnisse zu bereinigen und Spielregeln für Konflikte auszuhandeln. Das entspannt die Lage etwas und holt den Konflikt in den beobachteten Raum. Es kann so mancher Oberzicke helfen, den Bogen nicht zu überspannen. Solche Schulmitarbeiter geben Ihnen sicher auch gern hilfreiche Ratschläge.
Auch gemeinsame Freizeitaktionen haben schon manche Fehde entschärft. Plötzlich merken die Kinder, dass die andere nicht so oberdoof ist wie gedacht. Gut, wenn alle an einem Strang ziehen müssen, damit die Sache gelingt: bei Mannschafts-Sportspielen, beim Bau einer Hütte …

 Meine Tochter ist beim »Mädchenkrieg« eher das Opfer – wie helfe ich ihr?

Hören Sie sich ihre Geschichten an. Trösten Sie sie in dieser schweren Zeit. Suchen Sie mit ihr nach Situationen, in denen sie sich erfolgreich geschützt oder gewehrt hat. Sprechen Sie ihr immer wieder Mut zu, das Problem zu lösen oder zumindest irgendwie durchzustehen. Die Zickerei wird irgendwann wieder unattraktiv.

Zusammenleben mit anderen

Mit wem aus der Gruppe kann sie sich zusammentun, damit sie nicht ganz allein dasteht? Oft ist jedoch gerade die Oberzicke als Freundin so attraktiv, sodass der Kontakt zu ihr immer wieder gesucht wird. Zeigen Sie auch dafür Verständnis! Mit welchem coolen Spruch – gedacht oder ausgesprochen – kann Ihre Tochter sich wehren? Mit welchem Fantasiebild kann sie sich schützen? Sie könnte sich zum Beispiel immer vorstellen, wie ihrer Lieblingsfeindin ein Zickenbart wächst … Achten Sie darauf, dass Sie nicht nur noch über den Zickenterror reden, sondern wenden Sie sich verstärkt den schönen Dingen des Lebens zu. Sonst bekommt die ganze Angelegenheit viel mehr Aufmerksamkeit im Denken und Fühlen Ihrer Tochter, als sie wert ist.

Stärken Sie das Selbstvertrauen Ihres Kindes. Lesen Sie dazu noch einmal auf Seite 37 nach. Vielleicht kann Ihre Tochter dann eine »Na-und-Haltung« entwickeln, die ihr hilft, sich von der Zickerei abzugrenzen.

 *Meine Tochter scheint sich aktiv am Zickenterror zu beteiligen – wie helfe ich ihr?*

Machen Sie ihr klar, wie sehr sie mit ihrem Verhalten andere verletzt. Fragen Sie, was für sie der »Kick« an ihrem Verhalten ist. Sagen Sie klar, dass Sie das Verhalten nicht akzeptabel finden. Auch wenn das »Opfer« meist Mitschuld trägt – nichts rechtfertigt es, andere zu verletzen oder zu demütigen. Zeigen Sie Ihre Erwartung, dass Ihre Tochter ihr Verhalten umgehend verändert und sich zurücknimmt. Beobachten Sie, ob sie dies auch tut. Sprechen Sie immer wieder darüber, was nicht zu tolerieren ist. Sie muss die andere nicht mögen, aber sie sollte sie fair behandeln. In krassen Fällen: verlangen Sie von Ihrer Tochter eine Entschuldigung bei ihrem Opfer. Mit Worten, einem Geschenk, einem Brief.

> **?** *Mädchen versuchen, sich gegenseitig die Freunde auszuspannen. Worum geht es dabei?*

Viele Mädchen geraten irgendwann in Streit um einen Jungen. Natürlich möchte jede irgendwann einen Freund haben. Wer einen hat, der scheint mehr wert, liebenswerter, begehrter zu sein, als wer noch solo ist. Bei den Streitigkeiten zwischen den Mädchen geht es jedoch oft gar nicht um die konkrete Person des Jungen, sondern mehr um das Austesten des eigenen Marktwertes und um Macht. Die Mädchen beginnen dann mit aller Kraft daran zu arbeiten, einer anderen den Freund auszuspannen. Sie hintertreiben die Beziehung der beiden oder flirten ganz offen. Nicht selten lassen sie den Jungen aber ganz schnell wieder fallen, sobald sie ihr Ziel erreicht haben.

Mädchen, denen auf diese Weise eine Beziehung zu Bruch gegangen ist, brauchen eine Schulter zum Ausweinen, viel Trost und die Sicherheit, trotzdem besonders liebenswert zu sein. Vielleicht können sie diese grausamen Spiele als Test sehen, den leider nicht jede Beziehung besteht. Natürlich tut es trotzdem sehr weh. Aber bei allem Mitgefühl – solche Kränkungen durchzustehen macht stark für die Klippen des Lebens.

Sprechen Sie in der Familie immer wieder über die Spielregeln von Beziehungen und Freundschaften: Dass die Gefühle der Mitmenschen nicht mit Füßen getreten werden dürfen. Dass man mit Menschen nicht spielt. Wie man sich in bestimmten Situationen verhalten könnte. Etwa wenn man sich wirklich in den Freund der Freundin verliebt hat. Wenn man jemandem sagen will, dass man seine Gefühle nicht erwidert. Wie eine Beziehung fair beendet. Regen Sie Ihr Kind immer wieder an zu überlegen, wie es selbst in einer solchen Situation gern behandelt werden würde.

Zusammenleben mit anderen

Wie lernt mein Sohn, sich nicht ständig von anderen provozieren zu lassen?

Gerade wenn Kinder merken, dass der andere abgeht wie eine Rakete, wenn man »Hurensohn« zu ihm sagt, macht das so richtig Spaß. Eltern sagen dann gern: »Geh doch einfach weg« – »Hör einfach nicht hin!« Aber könnten Sie das, wenn Ihre Kollegin Sie so beschimpft? Sprechen Sie über Ihre Erfahrungen: Wie es Ihnen ergangen ist, als Sie unlängst in der Bahn angepöbelt wurden, was Sie erwogen und getan haben. Was Sie vielleicht außerdem hätten tun können. Ob es Ihnen schwerfiel, nicht auf die Provokationen einiger Jugendlicher einzugehen. Wie Sie sich dabei gefühlt haben, sich nicht zu wehren – und wie Sie wieder ins Gleichgewicht gekommen sind.

Machen Sie Ihrem Sohn klar, dass es am wirksamsten ist, den anderen mit seiner Beschimpfung ins Leere laufen zu lassen: Das ist wie Boxen in Watte. Hilfreich ist auch, sich bildlich vorzustellen, wie man innerlich einen Schutzschalter gegen Wut umlegt. Dann fühlt man sich nicht so ohnmächtig ausgeliefert. Oft wirkt auch ein lautes, entschiedenes »Fass mich nicht an!«. Üben Sie das zusammen im Rollenspiel, es muss wirklich mit viel Energie und Entschlossenheit ausgesprochen werden, um zu wirken.

TIPP

Vielleicht entwickelt Ihr Kind auch Kreativität für Nonsensbeschimpfungen, die den anderen völlig verblüffen oder zum Lachen bringen: »Du hast wohl ein eckiges Ei gefrühstückt!« Sammeln Sie gemeinsam Ideen. Solche Sprüche haben natürlich nur dann einen Sinn, wenn der Kampf noch nicht zu aggressiv und heftig tobt.

> **?** *Gestern beobachtete ich auf dem Schulhof »Spiele« der Sechstklässler, bei denen mir die Haare zu Berge standen. Wo sollten Erwachsene Grenzen setzen?*

Zu Beginn der Pubertät tauchen plötzlich sehr merkwürdige Spiele zwischen Jungen auf: Schubsen, sich ins Gebüsch stoßen, sich gegenseitig auf die Schuhe springen, Mützen von anderen aufs Vordach oder auf Bäume werfen, »Eierboxen« (sich gegenseitig in die Genitalien schlagen), Wetturinieren. Jungen messen dabei ihre Kräfte, testen ihre Geschicklichkeit und definieren die Hackordnung – die soziale Ordnung, die besagt, wer bestimmen darf und wer sich fügen muss. Erwachsene können dem mit Geduld und Fassung begegnen: Es gibt sich von allein wieder. Nur wenn die Spiele auf Kosten Einzelner ausarten, sollten sie sich einmischen.

Ein ähnliches Spiel ist der Wettkampf der Schimpfworte. Derzeit sehr beliebt auf manchen Schulhöfen sind »Hurensohn« und »Hurentochter«. Dabei geht es nicht um Inhalte, sondern um die empfindlichsten Kränkungen, die man jemandem zufügen kann. Inhaltliche Diskussionen darüber sind völlig sinnlos. Sätze wie »Weißt du überhaupt, was das bedeutet?« machen das Ganze manchmal nur noch spannender und attraktiver. Sagen Sie aber ganz klar Ihre Meinung!

> **?** *Wie lernt mein Sohn, sich auf dem Schulhof zu behaupten, ohne zum Haudegen zu werden?*

Er muss als Erstes lernen, sich nicht verbal oder durch Gesten provozieren zu lassen (siehe Seite 135). Stärke zeigt sich nicht in körperlicher Gewalt, sondern im Umgang mit schwierigen Situationen, in Handlungskompetenz bei Konflikten. Machen Sie Ihrem Sohn dies klar.

Entwickeln Sie gemeinsam Ausweichstrategien:
- Mit Freunden zusammen sein.
- Dem Provokateur aus dem Weg gehen.
- Gerade furchtbar mit etwas anderem beschäftigt sein, wenn der Stänkerer kommt.
- Bestimmte Orte für eine Weile meiden.

Stellen Sie gemeinsam Regeln auf, welche Art der Gegenwehr nicht mehr akzeptabel ist. Was zählt als Notwehr? Welche Gegenwehr wäre unangemessen und könnte bestraft werden? Eher problematisch ist es in diesem Alter, sich Hilfe bei den Erwachsenen zu holen. So verschafft man sich keinen Respekt! In Gefahrensituationen ist es jedoch natürlich gefordert.

Viele Aggressionen entstehen dadurch, dass Kinder sich bedroht oder provoziert fühlten und aus Angst nach dem Motto vorgehen »Ehe mir der andere etwas tut, fange ich lieber selbst an«. Sie interpretieren dann oft banale Situationen, wie ein Anrempeln beim Spiel auf dem Schulhof, als Angriff oder Einladung zum Kräftemessen. Helfen Sie Ihrem Sohn, solche Situationen differenzierter einzuschätzen. Natürlich ist auch die Schule gefordert, immer wieder über die Regeln des Umgangs zu sprechen und bei Entgleisungen Grenzen zu setzen!

Die andere Wange hinhalten?

»Man darf sich nicht alles gefallen lassen« – ist dieser Spruch hilfreich? Überlegen Sie einmal gemeinsam: Niemand sollte alles einfach hinnehmen. Sich nichts gefallen zu lassen heißt aber auf der anderen Seite auch nicht, dem anderen mit gleichen Mitteln zu begegnen. Manche Kinder sind geradezu spezialisiert darauf, andere zum Ausrasten zu bringen. Sie freuen sich im Stillen, wenn diese Ärger dafür bekommen. Was wäre hier ein Sieg: wenn der Provokateur sein Ziel erreicht? Oder wenn sein »Spiel« ins Leere läuft?

IM ALLTAGSLEBEN SELBSTSTÄNDIG WERDEN

Um im Leben gut klarzukommen, müssen unsere Kinder im Laufe der Jahre immer selbstständiger werden. Sie müssen Entscheidungen fällen können, mit Zeit und Geld umgehen lernen und auf das eigene seelische und körperliche Wohl achten. Ob Hauptschüler oder Gymnasiast: Ich lerne viele junge Leute kennen, die nicht wirklich lebenstüchtig sind. Die bei Hindernissen alles hinwerfen. Die physisch und psychisch wenig belastbar sind und sich ständig überfordert fühlen. Die sich treiben lassen und hoffen, dass es irgendwer schon richten wird. Die in Wehwehchen und Krankheiten ausweichen. Oder in wütendes Schimpfen auf die Gesellschaft und die Ungerechtigkeit des Lebens. Forderten wir zu wenig von ihnen? Packten wir sie zu sehr in Watte? Ließen wir sie ein Schlaraffenland erleben, in dem bedingungslos Handys, Klamotten oder Geld geflogen kamen? Gingen wir Auseinandersetzungen und Machtkämpfen aus dem Weg? Haben wir aus falscher Schonung manche Kompetenz verkümmern lassen?

In der Familie soll ein Kind das Handwerkszeug erwerben, um sich im Alltag zurechtzufinden und selbst Entscheidungen zu treffen. Es soll lernen, was Geld wert ist und wie viel man arbeiten muss, um ein Handy oder Klamotten zu bezahlen. Es soll aber auch lernen, auf sich selbst zu achten. Gut mit Stress umzugehen und seine Zeit gut einzuteilen. Eine gesunde Mitte zwischen Anspannung und Entspannung zu finden. Die Erwartungen an sich selbst den eigenen Fähigkeiten anzupassen. Für sein seelisches und körperliches Wohl zu sorgen.

Ihre Unterstützung ist nach wie vor gefragt. Nehmen Sie Ihrem Kind aber nicht zu viel ab. Als es laufen lernte, haben sie es ja auch nicht herumgetragen, sondern es bei der Hand genommen und eigene Schritte tun lassen!

ALLES IM GRIFF?

 Wie lernen Kinder, ihr Leben selbst zu organisieren?

Kinder trainieren, Verantwortung für sich zu übernehmen, wenn sie

- auf das Wetter achten und entsprechende Kleidung wählen, um nicht krank zu werden.
- die Schulmappe so packen, dass alle für den Tag benötigten Arbeitsmaterialien parat sind, sowie Fehlendes rechtzeitig ersetzen.
- so viel zu essen und zu trinken in die Schule mitnehmen, dass sie arbeitsfähig sind, aber nichts weggeworfen werden muss.
- ihre Zeit so einteilen, dass genug für die schulischen Dinge übrig ist.
- sich ein Bild davon machen, wie viel für eine akzeptable Note in jedem einzelnen Fach jeweils getan werden muss.
- selbstständig an ihre Termine denken, gegebenenfalls absagen oder sich entschuldigen.
- sich selbst schützen lernen, indem sie gefährliche Bereiche und Orte meiden.

Entscheiden Sie, wo Sie Verantwortung aus der Hand geben möchten. Als Richtschnur dafür kann gelten: Mit 18 Jahren sollte Ihr Kind mit Ihrer Unterstützung so weit gekommen sein, dass es diese Dinge alle im Griff hat. Das passiert jedoch nicht auf einen Fingerschnipp, sondern muss langsam aufgebaut werden. Prüfen Sie, ob Ihr Kind die Voraussetzungen dafür hat, diese Verantwortungsbereiche bereits selbst zu übernehmen. Checken Sie die Risiken, falls das nicht klappen sollte. Teilen Sie ihm mit, was Sie von ihm erwarten. Besprechen Sie gemeinsam, wie es funktionieren kann. Lassen Sie los und lassen Sie Ihr Kind aus seinen Fehlern, Missgeschicken und Fehlschlägen lernen.

Wie lernen Kinder, richtige Entscheidungen zu treffen?

Aus Erwachsenensicht ist es optimal, sich in der Schule um Bestnoten zu bemühen. Aus Kindersicht kann es eine bessere Entscheidung sein, den Ehrgeiz etwas zurückzunehmen, um nicht als Streber zu gelten und isoliert zu sein – und dann auch nicht mehr optimal lernen zu können. Richtig ist eine Entscheidung, wenn sie überlegt getroffen wurde. Auch wenn man später feststellt, dass man jetzt klüger ist. Üben Sie gemeinsam, die einzelnen Argumente dafür und dagegen zu gewichten: Machen Sie Plus-Minus-Listen, zum Beispiel wenn Ihr Kind überlegt, ob es das Reiten aufgibt.

 Wie wird mein Kind fit fürs Straßenleben?

Die Vorbereitung sollte dreiteilig verlaufen:
- Verhaltensregeln aufstellen und diskutieren.
- Diese ausprobieren, eventuell auch im Rollenspiel zu Hause (»Dir kommt eine Gruppe Jugendlicher entgegen, was tust du?«).
- Motivieren, sich entsprechend den Regeln zu verhalten, und dies auch ab und an kontrollieren.

Das sollte Ihr Kind können:
- Fit sein für den Straßenverkehr. Zu Fuß. Auf dem Rad. Mit dem Mofa. Als Beifahrer. Verkehrsregeln einhalten, sich umsichtig verhalten, für andere gut sichtbar sein, auf Alkohol und andere Drogen verzichten.
- Sich vor sexuellen und gewalttätigen Übergriffen schützen können. Sich nicht provozieren lassen. Abwägen, wann man sich einmischen darf/muss, wenn jemand anderes von Gewalt bedroht ist.
- Sich orientieren können. Inklusive Notfalltraining – was tun, wenn der Bus ausfällt, wenn Fahrschein und Fahrgeld weg sind, wenn man sich verlaufen hat …

Im Alltagsleben selbstständig werden

 Was kann ich meinem Kind wann zutrauen?

Ihr Kind soll eigenständig werden, ohne durch seine Fehler in ein zu großes Schlamassel zu geraten (siehe Seite 29). Beratung durch die Eltern ist immer erlaubt. Sie wird am ehesten akzeptiert, wenn sie dem Kind die Freiheit lässt, den Rat anzunehmen oder abzulehnen. Wer sich entscheidet, macht Fehler. Aus diesen können Kinder nur lernen. Das gelingt ihnen übrigens besser, wenn sie sich nicht gegen ein »Siehste!« verteidigen müssen.

Mit 12 Jahren sollte ihr Kind dazu in der Lage sein,
- früh allein aus dem Bett zu kommen.
- sich sein Schulbrot allein fertig zu machen.
- Wäsche und Kleidung täglich auszuwählen, zum Waschen zu legen, mit Ihrer Beratung zu besorgen.
- im 1-Stunden-Weg-Bereich allein unterwegs zu sein.
- zu einer abgesprochenen Zeit zu Hause zu sein.
- sich um eine Haushaltspflicht zu kümmern.
- sein Taschengeld allein zu verwalten.
- sich Schulmaterialien selbstständig zu besorgen.
- Arztbesuche allein zu tätigen.

Schritt für Schritt kommt Weiteres hinzu.

Mit 16 Jahren kann Ihr Kind selbst entscheiden,
- wie sein Zimmer eingerichtet sein soll (Möbel, Wände, Wandschmuck).
- welche Frisur es tragen will.
- welche Art Kleidung es tragen möchte.
- wie lange es nach der Schule eine Pause braucht, um dann optimal die Hausaufgaben erledigen zu können.
- was es unter Ordnung in seinem Zimmer versteht.
- was es mit geschenktem Geld anfangen will.
- erste Ämtergänge allein zu erledigen
- ob es zum Familienbesuch mitkommt oder nicht.
- ob es zum Familienurlaub mitkommt oder nicht.

Wie lernt mein Kind, seine Termine selbst zu organisieren?

Regen Sie Ihr Kind an, selbst einen Kalender zu führen. In diesen werden eingetragen:
- Termine beim Arzt, zum Einkauf mit Mama, Training, Musikschule …
- Ereignisse wie Geburtstage, Urlaub, Ferien, Klassenarbeiten, Familienunternehmungen, Wandertage …
- Längerfristig zu erledigende Dinge wie Kleid für Schulball besorgen, Geburtstagsgeschenk für Oma basteln oder kaufen, Fotos für Ausweis machen lassen, nach Minijob suchen, Laub wegharken …
- Eventuell auch regelmäßige Arbeiten wie Montag und Donnerstag saugen, am Wochenende Meerschweinkäfig säubern, Samstag ist Aufräumtag …
- Für längerfristige Lernaufgaben und -ziele eignet sich ein »Schwarzes Brett« mit abwischbarem Stift.

Bringen Sie Ihrem Kind bei, regelmäßig in seinen Kalender zu schauen, neue Termine nachzutragen und abzuhaken, was erledigt ist. Parallel dazu nehmen Sie sich als Planer und Erinnerer zurück. Wurde ein Termin vergessen, muss Ihr Kind selbst anrufen und sich entschuldigen. Das heißt, Sie lassen Ihr Kind auch schon einmal »auflaufen«. So wird ihm bewusst, dass es von nun an wirklich selbst zuständig ist. Das gilt natürlich nur, wenn das Risiko, den Termin zu verpassen, vertretbar ist. Manche Kinder sind sehr bequem: »Wieso sollte ich mich anstrengen und an etwas denken, wenn ich mich doch immer auf Mama verlassen kann?« Machen Sie Vorschläge aus Ihrer eigenen Erfahrung: Wie organisieren Sie Ihren Alltag, damit Sie nichts vergessen und zur richtigen Zeit am rechten Ort sind? Haben Sie einen Familientimer, in den sich alle eintragen? Gibt es einen Geburtstagskalender, damit niemand vergessen wird? Machen Sie Vorschläge für Erinnerungshilfen (siehe Seite 149).

Im Alltagsleben selbstständig werden

 Wie lernt mein Sohn Pünktlichkeit?

Leben Sie diese vor. Machen Sie die Folgen von Unpünktlichkeit deutlich. Vereinbaren Sie im Familienalltag feste Zeiten – mit zwei Toleranzbereichen.
- Toleranzbereich 1: vor der Zeit oder auf die Minute genau da sein. Morgens bei Schulbeginn. Zu einem Termin im Amt oder beim Arzt. Um einen Zug zu erreichen.
- Toleranzbereich 2: ein »akademisches Viertel«, das noch in Ordnung ist. Die Nachhausekomm-Zeit. Omas Geburtstagsfeier. Ihre Verabredung zum Einkaufen.

Verspätungen haben Konsequenzen: den Ärger des Mitmenschen. »Striche« im Klassenbuch, die irgendwann zum Verweis führen. Bei Pubertätsbeginn können Sie noch nach dem Wenn-dann-Prinzip verfahren: »Wenn du heute deine Zeit um eine halbe Stunde überschreitest, musst du morgen die halbe Stunde eher zu Hause sein.« Zeigen Sie Ihrem Kind, wie Sie es schaffen, pünktlich loszugehen. Üben Sie mit ihm einzuschätzen, wie lange es für Wege braucht. Wo und wie es sich Fahrverbindungen mit öffentlichen Verkehrsmitteln zusammenstellen kann. Regen Sie es an, mit Wecker oder Handyerinnerung zu arbeiten. Vielleicht müssen Sie auch das Zeitgefühl noch trainieren: Wie lang sind 5, 10, 30 Minuten?

 Wie kommt mein Langschläfer früh am besten aus dem Bett?

Ist Ihr Kind ein Morgenmuffel? Dann können Sie es kaum in einen morgendlichen Sonnenschein verzaubern. Mit dem Muffeln müssen Sie leben – lassen Sie sich den Morgen aber nicht verderben! Sie können auf Grundregeln des höflichen Miteinanders bestehen.
Es gibt aber auch Kinder ohne das »Morgenmuffelsyndrom«, die ihre Probleme mit dem rechtzeitigen Aufstehen

haben. Fragen Sie sich, was Sie genau von Ihrem Kind erwarten: Soll es wie Sie rechtzeitig aufstehen, um sich in Ruhe auf den Tag vorzubereiten? Oder zeitig genug, dass es nicht unpünktlich ist? Im Jugendlichenalter ist eher das Letztere realistisch. Auch wenn jeden Morgen ein neuer Zeitrekord für das Fertigmachen aufgestellt wird. Jeder hat das Recht, sein Leben so zu gestalten, wie es ihm gefällt. Wie sichern Eltern nun aber das pünktliche Erscheinen in der Schule oder bei der Lehrstelle? Indem sie rechtzeitig die Verantwortung an ihr Kind übergeben. Es wird sonst nicht lernen, den morgendlichen inneren Schweinehund zu besiegen. Es wird sich ganz auf Sie verlassen. Das funktioniert lange ohne größere Pannen, allerdings oft mit morgendlichen Kämpfen. Irgendwann erwacht jedoch der Widerspruchsgeist, oder nennen wir es einen gesunden Drang nach Selbstbestimmung. Ihr Kind wird sich nicht mehr durch Sie aus dem Bett werfen lassen, weder mit 100 Küssen noch mit nassem Waschlappen, Trillerpfeife oder Bestechungsgeld. Dann hat es ein Problem, weil es nicht gelernt hat, sich selbst zu steuern. Sorgen Sie also rechtzeitig für Lernmöglichkeiten, selbst wenn Ihr Kind dann erst einmal ein paar Mal zu spät kommt. Das wird ihm peinlich genug sein, so dass es schnell das Nötige lernt.

 Wie kann meine Tochter lernen, ihre Zeit vernünftig einzuteilen?

Machen Sie einen groben Zeitplan, der sichtbar im Zimmer Ihrer Tochter aufgehängt wird. Darüber hinaus sollte sie sich regelmäßig (etwa jeden Abend) einen Überblick darüber verschaffen, was zu tun ist – mit einer Rangfolge der Prioritäten. Für die Hausaufgaben kann sie vorher Zeitanteile festlegen: 30 Minuten Deutsch, dann fünf Minuten Pause. Dann Mathe, auch wenn Deutsch noch nicht fertig sein sollte. Oder sie entscheidet: Deutsch muss unbedingt fertig werden. Lieber bitte ich bei Mathe um

einen Terminaufschub. Üben Sie mit ihr Zeitschätzungen: Wann ist 1 Minute vorbei, wann 5, wann 10? Es gibt Menschen, bei denen gefühlsmäßig die Zeit schneller zu vergehen scheint. Sie überschätzen oft den Zeitbedarf und setzen sich selbst unter unnötigen Zeitdruck. Andere haben ein eher verlangsamtes Zeitgefühl, kommen oft zu spät und verärgern damit ihre Mitmenschen.
Regen Sie Ihre Tochter dazu an, die Uhr immer im Blick zu haben. Und mit Handyton oder Kurzzeitwecker zu arbeiten, um mit bestimmten Beschäftigungen aufhören zu lernen: Telefonieren, Computerspielen, Lesen ...

> **?** *Unser »zerstreuter Professor« ist oft zur falschen Zeit am falschen Ort – mit dem falschen Zubehör. Wie begrenzen wir das Chaos?*

Bilden Sie eine Ampeleinteilung:
- Rot: Es entsteht bei einem Missgeschick ein schwerer Schaden (Urlaubsflieger ist weg, die Chance eines Bewerbungsgesprächs ist vertan ...).
- Gelb: Es entsteht ein noch erträglicher materieller oder menschlicher Schaden (Arzttermin verpasst, die Fußballmannschaft muss ohne ihn starten, er bekommt Ärger im Sportunterricht wegen der fehlenden Sportschuhe ...).
- Grün: Er schneidet sich lediglich ins eigene Fleisch (Kinobesuch ohne ihn, er muss allein zu Omas Geburtstag nachkommen, er verpasst seinen Freund, muss im Urlaub auf den MP3-Player verzichten ...).

Übernehmen Sie Verantwortung nur für den roten Bereich! Sammeln Sie für den gelben Bereich gemeinsam Möglichkeiten, sich gut zu organisieren: Kalender, To-do-Liste, Klebezettel, ein klares Ordnungssystem, Handyerinnerungen. Lassen Sie aber die Verantwortung bei Ihrem Kind: Es darf Sie bitten, es an etwas zu erinnern.

DEN UMGANG MIT GELD UND WERTEN ÜBEN

 Wie viel Taschengeld ist angemessen?

Das hängt von Ihren finanziellen Verhältnissen ab und davon, was vom Taschengeld bezahlt werden soll. Handelt es sich nur um das Geld für die Hosentasche: für einen Schokoriegel, eine Zeitschrift? Oder kommt anderes dazu wie Kinoeintritt, Geburtstagsgeschenk für die Freundin, Brotzeit am Wandertag? Oder sogar Fahrgeld, Schulsachen, Gitarrensaiten, Kosmetika, Unterwäsche? Rechnen Sie gemeinsam durch, wie viel an Ihrem Wohnort nötig ist, um die Dinge in angemessenem Umfang bezahlen zu können. Steigern Sie die Zahl der vom Taschengeld zu finanzierenden Sachen von Jahr zu Jahr. So lernt Ihr Kind, mit Geld umzugehen, es einzuteilen und zu sparen. Über- und unterfordern Sie es nicht.

Regeln fürs Taschengeld

1. In den Bereichen, für welche das Geld bestimmt ist, soll Ihr Kind sich nicht weniger, aber auch nicht mehr leisten können als Sie. Pauschalisierte Taschengeldtabellen halte ich dagegen nicht für sinnvoll!

2. Ihr Kind darf allein bestimmen, wie es sein Geld ausgibt. Sie dürfen beraten. Ihnen müssen die Dinge nicht gefallen, die es erwirbt – auch Sie kaufen sich ab und an etwas, das andere nicht so sinnvoll finden.

3. Hat ein Kind große Schwierigkeiten damit, sein Geld einzuteilen, sollte öfter als einmal monatlich Zahltag sein. Oder Sie teilen in zwei Beträge auf: Einer für kleine Wünsche, der andere wird nur nach Rücksprache ausgegeben, zum Beispiel alles über 10 Euro. Denken Sie dabei aber an Punkt 1. Oder Sie lassen die größeren Ausgaben in einem Haushaltsbuch aufschreiben und gehen sie einmal monatlich gemeinsam durch: Welche Ausgabe war okay, wo hätte man sparen können?

Im Alltagsleben selbstständig werden

❓ *Wie lernen Kinder das Sparen?*

Um sparen zu können, muss ein Kind gelernt haben, spontane Bedürfnisse hier und da zurückzustellen und zu warten. Wenn Ihr Kind hier noch Nachholbedarf hat, wird es höchste Zeit. Sonst gehört es vielleicht einmal zu den vielen verschuldeten Menschen. Machen Sie ihm vor, wie toll es ist, sich von Gespartem etwas Größeres kaufen zu können. Regen Sie es an, zu seinen größeren Wünschen und Anschaffungen etwas vom Geburtstagsgeld dazuzugeben. Wenn sich selbst die großen Wünsche wie von allein erfüllen, wozu sollte es dann sparen?

Wir haben wenig Geld zur Verfügung. Sind unsere Kinder dadurch benachteiligt?

Das Maß an Liebe und Zuwendung hängt nicht vom Einkommen der Eltern ab. Beides ist das Wichtigste, was ein Kind für seine Entwicklung braucht. Es ist sicher schwierig, wenn das Geld knapp ist. Eltern müssen sich mehr Gedanken darüber machen und öfter nach immer rarer werdender staatlicher Unterstützung suchen. Oft gibt es in der Familie Auseinandersetzungen ums Geld. Leider gibt es Familien, die sehr wenig Geld zur Verfügung haben. Nutzen Sie Ihre Handlungsspielräume!

Welche Menge an Geschenken fördert die Entwicklung meines Kindes?

Manche Kinder leben in Verhältnissen, die sie später vermutlich nie halten können, da ihre Eltern versuchen, ihr schlechtes Gewissen wegen des Zeitmangels durch ein Überschütten mit Gaben zu beruhigen. Sie sollten besser versuchen, gemeinsame kleine, aber wertvolle Zeitinseln im Alltag zu finden oder Ihre Mittel lieber in gemeinsame Aktivitäten zu investieren.

Müssen es immer Markenklamotten sein?

Wie wichtig sind Ihnen selbst äußerliche Statussymbole? Wie weit passen Sie sich den Spielregeln in Ihrem Wohnumfeld an oder suchen nach eigenen Maßstäben? Ihr Kind muss seinen eigenen Weg finden. Es braucht Selbstbewusstsein, um andere als die üblichen Wege zu gehen. Suchen Sie gemeinsam nach Kompromissen.
Sie müssen nicht alles finanzieren, selbst wenn Sie das könnten. Ihr Kind muss lernen, dass es sich nicht ohne Anstrengung jeden Wunsch erfüllen kann. Will das Kind Markenware, muss es den Mehrpreis selbst tragen.
Kinder mit wenig Selbstvertrauen benötigen jedoch teilweise diese Krücke, um gut durch diese schwierige Zeit zu kommen. Machen Sie hier auch mal Zugeständnisse.

 Was tue ich, wenn die Telefonrechnung wieder einmal gigantisch ist?

Vereinbaren Sie schleunigst einen Betrag, den Sie tragen. Alles was darüber liegt, muss Ihr Telefonjunkie selbst finanzieren. Durch Abzug vom Weihnachtsgeld, in Raten vom Taschengeld, Verkauf von PC-Spielen per Secondhand, durch Jobben. Oder Ihr Kind muss es abarbeiten, etwa im Haushalt oder beim Einkaufen. Sie legen fest, was jede einzelne Arbeit wert ist, und tragen in einer Liste diesen Wert von den Schulden ab.

 Wie können wir die Handykosten eindämmen?

Viele Jugendliche verschulden sich durch exzessive Handynutzung, besonders bei »supergünstigen« Handys mit Vertragsbindung, die richtig teuer werden kann. Entscheiden Sie sich für ein Pre-paid-Gerät! Ist die Karte vertelefoniert, muss sich Ihr Kind um eine neue bemühen.

Im Alltagsleben selbstständig werden

? Sollten Kinder jobben?

Wie mühsam es sein kann – und wie stolz es macht –, sich 5 Euro zu erarbeiten, kann ein Kind nur erleben, wenn es das einmal getan hat. Darüber hinaus erhält es Einblick in die Welt der Eltern. Und es kann Zuverlässigkeit, Ausdauer und Pünktlichkeit trainieren und lernen, mit Konflikten umzugehen. Im Rahmen der gesetzlichen Möglichkeiten und passend zum Zeitplan Ihres Kindes können Sie gemeinsam nach einem Minijob suchen – ob Baby- oder Hundesitten, etwas austragen, im Buchladen auspacken helfen … Denkbar ist ein Job von wenigen Stunden in der Woche, aber auch ein Praktikum (bezahlt oder unbezahlt) in den Ferien, um in ein mögliches zukünftiges Arbeitsfeld einmal hineinzuschnuppern.

? Mein Schussellieschen vergisst oder verliert ständig irgendetwas. Kann man das ändern?

Helfen Sie Ihrem Kind, Erinnerungsstrategien zu erfinden. Der Sportbeutel kann abends bereits an die Wohnungstür gehängt werden. Auf die Innenseite des Mappendeckels kann ein Zettel geklebt werden mit einer Kontrollliste: Turnzeug, Mütze, Schal, Jacke. Auf dem Arbeitsplatz kann ein Zettel liegen mit einer Checkliste fürs Mappepacken. Ein paar Merkzettel können am Spiegel kleben. Sie funktionieren besser, wenn Ihr Kind sie selbst anfertigt und wenn sie kurz und knapp sind.
Füller, Handschuhe und Turnsachen sollten nicht wie von selbst nachwachsen, sondern müssen durch das Taschengeld zumindest bezuschusst werden. Das Kind muss in seiner Freizeit noch einmal in die Schule oder zu einem Freund zurücklaufen, wenn es dort etwas vergessen hat. Loben Sie viel, wenn etwas geklappt hat – für Ihr Schussellieschen war das eine Leistung!

MIT STRESS UMGEHEN LERNEN

 Was müssen Kinder für einen gesunden Umgang mit Stress lernen?

Jeder Mensch muss für sich herausfinden, mit wie viel Stress er gut umgehen kann. Zu wenig Stress (im Sinne von Herausforderungen, Aktivität) kann uns genauso krank machen wie zu viel. Wie viel Stress ein Mensch verträgt, ist unterschiedlich. Einer kann die ganze Nacht durchtanzen und ist morgens relativ fit. Ein anderer muss täglich darauf achten, früh genug ins Bett zu kommen. Der eine schafft locker drei Termine am Tag, der andere ist nach einem bereits völlig erschöpft. Was ihnen gut tut, müssen Jugendliche erst ausprobieren. Sie müssen lernen, körperliche Signale der Überforderung rechtzeitig wahrzunehmen. Herausfinden, wie sie am besten wieder auftanken und regenerieren können. Und sie müssen die Verantwortung dafür übernehmen, dies auch zu tun.

 Wie können wir den Stress für unser Kind möglichst gering halten?

Ziehen Sie eine Stressbilanz. Wie viele Termine hat Ihr Kind in der Woche? Auch wenn es sich dabei um schöne Dinge handelt: Ihr Kind muss zu einer bestimmten Zeit irgendwo sein, es muss sich innerlich darauf einstellen und bestimmte Regeln einhalten. Mindestens ein Nachmittag sowie Zeiten am Wochenende und im Urlaub sollten terminfrei bleiben: für Verabredungen mit Freunden und Freundinnen, zum Nichtstun, Träumen, die Seele baumeln lassen. Dabei kommt man auf die besten Ideen. Achten Sie auf versteckten Stress durch zu hohe Erwartungen, die Sie an Ihr Kind stellen. Im Allgemeinen kann man etwa von einem Sechstklässler erwarten, sich selbstständig um alle Schulsachen zu kümmern. Für so manches Kind kann es jedoch unter Umständen eine Über-

Im Alltagsleben selbstständig werden

forderung darstellen, sodass es mehr Hilfe benötigt. Vermeiden Sie zu hohen Leistungsdruck in schulischen Dingen – durch die passende Wahl der Schulform, eine angemessene Zeit für Hausaufgaben und Üben. Schenken sie den Erfolgen Ihres Kindes mehr Aufmerksamkeit als den Misserfolgen. Prüfen Sie außerdem die Erwartungen, die Ihr Kind an sich selbst hat (siehe Seite 214).
Auch ungelöste Probleme, die jemand mit sich herumträgt, machen Stress. Helfen Sie Ihrem Kind als Berater bei der Suche nach Lösungen!

Was ist eigentlich Stress?

Stress beschreibt Anpassungsreaktionen des Körpers auf Anforderungen aus der Umwelt. Durch eine Hormonausschüttung werden Körper und Geist darauf vorbereitet, aktuell erforderliche Leistungen zu erbringen. Auf die Anspannung folgt eine Entspannungsphase, in welcher der Körper wieder »heruntertourt« und sich erholt. Diese automatisch ablaufenden Regulationsprozesse sind an sich sehr sinnvoll und halten uns fit und funktionsfähig (man spricht auch vom gesunden Eustress).
Problematisch, ja krank machend (Disstress), wird es, wenn die Menge der realen und vermeintlichen Anforderungen zu hoch ist oder zu lange anhält. Der Körper ist dann ständig in Startposition für Höchstleistungen, die niemand in dieser Intensität und Menge erbringen kann. Das laugt aus.
Die Anforderungen können objektiv zu hoch sein. Manche Menschen sind aber anscheinend darauf spezialisiert, sich selbst unter zu hohen Druck zu setzen. Außerdem unterscheiden sich die Menschen darin, wie viel Stress sie vertragen können. Dieses Maß kann durch Training erhöht werden, ist jedoch nicht unbegrenzt ausweitbar.

Was macht stark gegen Stress?

Sorgen Sie für eine ausgewogene Mischung von geistigen und körperlichen Anforderungen. Bewegung baut am wirkungsvollsten angestaute Energien ab. Achten Sie auf eine gesunde Lebensweise rund um Schlafen, Essen und Bewegung (siehe nächste Frage). Regen Sie Ihr Kind dazu an, auf die Signale seines Körpers zu achten und sie ernst zu nehmen. Schränken Sie Situationen der Reizüberflutung ein (siehe Seite 165 ff.). Üben Sie gemeinsam Entspannung: zu ruhiger Musik, als Fantasiereise, mit Yoga, autogenem Training oder Massagen. Verzichten Sie auf Doping durch konzentrationsfördernde und leistungssteigernde Medikamente (siehe Seite 199).

 Unser Kind ist sehr nervös. Ist das ein Zeichen für Überforderung?

Ursachen für Nervosität können vielfältig sein:
- Schulische Überforderung durch neue Bedingungen oder erhöhte Erwartungen an die Leistungsfähigkeit.
- Überforderung durch zu viele Termine und Pflichten.
- Selbstunsicherheit.
- Überreizung durch TV, Computer, Gameboy und Co.
- Bewegungsmangel.
- Anspannung aufgrund ungelöster Konflikte: familiäre Veränderungen, Probleme mit Gleichaltrigen, mit dem Lehrer, das Gefühl, sich selbst nicht mehr zu mögen.

Oft kommen mehrere Faktoren zusammen. Tun Sie etwas gegen die ursächlichen Probleme. Üben Sie auch das Entspannen (siehe vorige Frage). Sorgen Sie für viel frische Luft und ausreichend Schlaf. Drehen Sie gemeinsam eine Fahrradrunde am Abend, oder joggen Sie zusammen. Vermeiden Sie Reizüberflutung. Führen Sie Ruhemomente ein: eine gemeinsame Tasse Tee am Nachmittag, ein gemütliches Abendessen, ein Tagesbeginn ohne Hektik …

AUF DAS EIGENE WOHLBEFINDEN ACHTEN

 Wie lernt unser Kind, mit Kummer klarzukommen?

Wenn Ihr Kind Kummer hat, braucht es Ihren Zuspruch. Oft ist ein Problem außerhalb der Familie entstanden. Dann fällt es Ihnen sicher leichter, sich Ihrem Kind zuzuwenden. Wenn Eltern selbst in den Konflikt verwickelt sind, muss vielleicht jemand anderes den Part übernehmen. Wenn Sie Ihrem Kind helfen möchten, sollten Sie zunächst einmal aufmerksam und verständnisvoll zuhören, um sich ein Bild von der Sache zu machen. Werten Sie nicht, bieten Sie noch keine Lösungen oder Hilfen an. Bestätigen Sie Ihr Zuhören nur durch Ihre volle Konzentration und Zuwendung, durch gelegentliches Nicken, ein »Hm« oder eine Frage. Versuchen Sie zu erfassen, welche Gefühle gerade in Ihrem Kind dominieren: Angst, Enttäuschung, Ärger, Scham, Schuldgefühl, Neid … Sagen Sie, wie Sie seine Situation verstanden haben, und fragen Sie nach, ob Sie richtig liegen. Schon durch geschicktes Fragen können Sie Ihr Kind auf den Weg zu einer Lösung bringen. Wenn es diese selbst findet, stärkt das sein Selbstvertrauen und seine Selbstständigkeit. Sammeln Sie dann Lösungsvorschläge, auch etwas verrückte, bei denen Sie vielleicht beide lachen können. Das entspannt. Damit verraucht schon ein Teil des Zorns. Manchmal wollen Kinder gar keine Ideen von außen.
Es reicht ihnen, verstanden worden zu sein, sich den Kummer von der Seele geredet zu haben. Oder sie haben selbst die passende Lösungsidee.
Ansonsten unterziehen Sie die gemeinsamen Ideen einem Qualitäts-TÜV. Welche Folgen hätte es, die Lehrerin zu informieren oder einen Störenfried ins Gebet zu nehmen? Was könnte Ihr Kind selbst probieren? Geben Sie ihm die Zuversicht, die Sache lösen zu können, auch wenn das möglicherweise nicht leicht wird!

Unsere Tochter scheint immer mehr in Traumwelten abzudriften. Wie kommt sie auf den Boden der Tatsachen zurück?

Prüfen Sie zunächst, warum und wohin Ihre Tochter entfleucht. Gibt es Dinge, die das reale Leben für sie derzeit schwer erträglich machen (mangelnde Erfolge in der Schule oder in Beziehungen, Konflikte, Ängste)? Fühlt sie sich überfordert, oder bestehen tatsächliche Überforderungssituationen? Hat sie etwas erlebt, das sie noch nicht gut verarbeiten konnte? Oder entflieht sie auf diese Weise Anstrengung und Pflicht, hat also den inneren Schweinehund nicht ausreichend im Griff? Leidet Ihre Tochter vielleicht unter Fanitis (siehe Seite 46)? In all diesen Fällen braucht sie Ihre Hilfe, Ihr Zuhören und Ihren Rat.
Sich in schwierigen Zeiten an einen Strand wegbeamen zu können ist ein tolles Talent – wenn man den Rückweg rechtzeitig findet. Stellen Sie klare Forderungen auf, was Ihre Tochter bis wann erledigen muss, damit ihr das Zurückkommen leichter gelingt. Kündigen Sie Konsequenzen an für den Fall, dass sie ihre Aufgaben nicht erfüllt. Setzen Sie die Konsequenzen in diesem Fall auch ein.

 *Unser Sohn kommt abends ewig nicht zur Ruhe und ist morgens todmüde. Wie können wir ihm helfen?*

Hat Ihr Sohn schon immer Einschlafprobleme oder erst seit Kurzem? Letzteres könnte ein Hinweis darauf sein, dass ihn irgendein Problem nicht schlafen lässt. Suchen Sie das Gespräch mit ihm. In jedem Fall ist es bei einem Jugendlichen nicht anders als mit kleinen Kindern: Ihr Sohn sollte ein Einschlafritual für sich finden – das jetzt natürlich anders aussieht als bei einem kleinen Jungen. Er trainiert seinem Körper auf diese Weise einen Reflex an: Immer nach einer bestimmten Abfolge kommt die

Im Alltagsleben selbstständig werden

Schlafphase. Am Tag sollte Ihr Sohn sich nicht zum Lernen oder Musikhören im Bett aufhalten. Der Körper soll daran gewöhnt werden, dass dies der Ort des Schlafes ist. Der Abend soll eher ruhig verlaufen, vor allem die letzte Stunde vor dem Zubettgehen. Ihr Sohn sollte auch auf elektronische Überreizung, etwa durch Fernsehen oder Computerspiele, vor dem Schlafengehen verzichten. Leise, ruhige Musik nach Geschmack dagegen kann hilfreich sein, um »runterzutouren«. Er sollte allgemein auf eine gesunde Lebensweise achten: am Abend nicht zu spät oder zu schwer essen, viel frische Luft, Bewegung, Pausengestaltung. Vielleicht hilft es Ihrem Sohn auch, eine Entspannungsmethode wie das Autogene Training zu erlernen. Fragen Sie bei Ihrer Krankenkasse oder in der Volkshochschule nach Angeboten.

 Wie helfen wir unserer Tochter, das Durchschlafen wieder zu erlernen?

Viele Menschen werden nachts wach. Manche besuchen das Bad, andere die Küche für einen Mitternachtssnack. Wieder andere kuscheln sich gemütlich ein und träumen selig weiter. Das alles ist in der Regel überhaupt kein Problem. Schwierig wird es, wenn die Schlafdauer sinkt – weil man zu häufig nachts aufwacht und längere Zeit nicht mehr einschlafen kann. Was Ihr Kind nicht wieder einschlafen lässt, kann Angst sein oder ein Problem. Vielleicht liegt es wach und grübelt, weil es keine Lösung findet. Auch Kinder können lernen, das Grübeln zu durchbrechen: durch ein Stoppsignal, das sie sich selbst geben (die Vorstellung eines Stoppschilds aus dem Straßenverkehr, eines roten Handschuhs mit der Aufschrift »Stopp« oder eines »Aus«-Schalters), oder durch Umschalten auf ein Wohlfühlbild (Sonnenuntergang am Strand, eine angenehme Urlaubserinnerung …).

Wenn Ihr Kind sich nachts oft hellwach fühlt, geben Sie

ihm den Rat mit, sich nicht ewig herumzuwälzen. Der Druck, unbedingt einschlafen zu müssen, um am Morgen fit zu sein, würde es nur immer mehr aufputschen. Es ist bei Schlaflosigkeit besser, aufzustehen, etwas zu trinken, in einem Buch zu lesen und sich erst wieder hinzulegen, wenn ein neues Müdigkeitsgefühl verspürt wird. Besser vier Stunden gut schlafen, als die Nacht im Halbschlaf zu verbringen! Wenn Ihr Kind nicht schlafen kann, sollte es sich selbst helfen, es ist alt genug dafür. Sie müssen sich nicht mit ihm in die Küche setzen, bis Ihnen die Augen zufallen.

 Was hilft unserer Tochter gegen Albträume?

In Träumen verarbeiten wir das am Tag Erlebte. Träume sind wichtig, um psychisch gesund zu bleiben. Das Gedächtnis baut sich um und erfindet dabei die kuriosesten Kombinationen von Bildern und Gefühlen. Schlagen wir uns mit Problemen herum, können Träume recht unangenehm werden. Oft sind sie von Hormonausschüttungen im Körper begleitet, sodass wir Gefühle wie im echten Leben empfinden: Wut, Stress, Angst ... Dadurch, dass die gesamte Muskulatur auf Ruhezustand eingestellt ist, können belastende Traumsequenzen entstehen, in denen wir weglaufen oder schreien wollen und es nicht können. Erklären Sie das Ihrer Tochter. Sie ist nicht krank. Die Albträume legen sich nach einer Weile von selbst. Sagen Sie ihr, wie sie sich orientieren und wieder einschlafen kann (Licht an, entspannen, an etwas Schönes denken). Wenn Albträume nach einem traumatischen Erlebnis auftreten (siehe Seite 188 und 238), über mehrere Wochen anhalten und die Schlafqualität deutlich beeinträchtigen, sollten Sie sich mit professioneller Hilfe auf Ursachensuche machen. Fragen Sie in einer Erziehungsberatungsstelle nach (Adressen siehe Seite 249).

Im Alltagsleben selbstständig werden

? *Unser Kind hat oft Kopfschmerzen, für die der Arzt keine körperliche Ursache finden kann. Was hilft?*

Was bereitet Ihrem Kind Kopfzerbrechen? Gibt es ungelöste Probleme? Hat es etwas noch nicht ausreichend verarbeitet, das ihm passiert ist? Fühlt es sich in der Schule unwohl? Ist es über- oder unterfordert? Gibt es Probleme mit Gleichaltrigen? Es ist wichtig, dass Sie Ideen dazu entwickeln und gemeinsam nach Lösungen suchen. Oft steht hinter solchen Kopfschmerzen ein Zuviel an Stress und Anspannung. Das muss nicht in der Schule liegen, sondern kann ebenso den familiären oder Freizeitbereich betreffen. Prüfen Sie einmal kritisch den Zeitplan Ihres Kindes. Wie viele außerschulische Termine gibt es, etwa Musikunterricht oder Sport? Die Gesamtsumme macht es. Wie Sie auf Seite 169 lesen können, braucht das jugendliche Gehirn unbedingt Leerlaufzeiten, um sich neu zu strukturieren. Unter Umständen müssen Sie beim Terminplan Ihres Kindes gemeinsam den Rotstift ansetzen.

HINWEIS

Verzichten Sie weitgehend darauf, Ihrem Kind Schmerzmittel zu geben. Schmerzen sind ein Warnsignal des Körpers oder der Seele, dass es ein Problem gibt. Sie sollten es nicht ständig überhören! Die Verwendung von Kopfschmerztabletten ist eine der häufigsten (und am wenigsten bekannten) Ursachen von Kopfschmerzen. Es lohnt sich, die Lebensweise einem Gesundheitscheck zu unterziehen: Reicht der Schlaf aus? Wird regelmäßig und gesund gegessen und ausreichend getrunken? Gibt es genug frische Luft und Bewegung? Tun Sie alles, was möglich ist, für den Körper, auch das macht stark gegen Stress. Auch das Erlernen von Entspannungsmethoden kann sinnvoll sein. Fragen Sie Ihren Arzt!

> **?** *Unsere Tochter klagt fast jeden Morgen über Bauchschmerzen. Körperliche Ursachen sind ausgeschlossen worden. Was können wir tun?*

Bauchschmerzen können ebenso wie Kopfschmerzen stressbedingt sein. Bauchschmerzen vor der Schule weisen jedoch eher auf ein Problem im schulischen Bereich hin. Was liegt Ihrer Tochter so schwer im Magen? Wie ist gegenwärtig der Kontakt zu Ihrem Kind, würde es sich Ihnen anvertrauen, wenn es ein größeres Problem gäbe? Wer käme ansonsten als Vertrauensperson in Frage? Tante Lina oder eine neutrale Fachperson (ein Kinder- und Jugendlichentherapeut oder eine Erziehungsberatungsstelle)? Ihre Tochter versucht, über ihre Symptome Konflikten oder Problemen aus dem Weg zu gehen. Diese werden dadurch meist nur noch größer. Versuchen Sie, ihr Folgendes zu vermitteln:

- Ich glaube dir deine Schmerzen. Es tut mir leid, dass es dir zur Zeit so geht.
- Schulbesuch ist Pflicht. Deine Probleme werden größer, wenn du nicht gehst: Du musst später alles nachholen. Ich kann dich nur ausnahmsweise befreien lassen.
- Wir tun etwas dafür, damit du deine Probleme lösen kannst. Vielleicht kannst du in einer Therapie lernen, mit Stress umzugehen. Du kannst verschiedene Sachen ausprobieren, damit es dir besser geht.
- Du hast keine körperliche Krankheit. Du brauchst Hilfe, aber du kannst versuchen, die Bauchschmerzen erst einmal auszuhalten.

Nutzen Sie Hausmittel: beruhigenden Tee, etwa Fenchel, Kümmel, Schafgarbe. Wärmflasche auf den Bauch. Den Bauch sanft im Uhrzeigersinn reiben. Leichte Kost. Regelmäßige, kleine Mahlzeiten. Vielleicht bekommt Ihr Kind vom Lehrer die Erlaubnis, während des Unterrichts Tee zu trinken. Vermeiden Sie allzu viel Zuwendung!

Körperpflege und Gesundheit

 Welches sind die hygienischen Minimalanforderungen?

Der Körper sollte so sauber gehalten werden, dass er nicht krank wird. Daneben sind saubere Hände, gepflegte Fingernägel und Haare sowie ein angenehmer Körpergeruch Voraussetzungen dafür, dass wir von anderen nicht abgelehnt werden. Sie müssen hier wieder einmal einen pädagogischen Spagat machen: Einerseits haben Sie mit zunehmendem Alter Ihres Kindes immer weniger das Recht, sich in die seinen Körper betreffenden Dinge einzumischen, und auch immer schlechtere Chancen dazu, dies erfolgreich zu tun. Andererseits fällt es schwer, einem großen Dreckspatz die körperliche Zuwendung zu zeigen, die er eigentlich braucht. Ein kleines oder größeres Stinktier kann einem ganz schön den Appetit verderben. Vielleicht sorgen Sie sich auch um die Reaktionen der Mitmenschen von Oma bis Freundin. Manchmal besteht der Kompromiss darin, um hygienische Minimalanforderungen zu kämpfen (siehe nächste Frage).

 Mein Sohn ist ein Stinktier geworden. Wie halte ich ihn zu mehr Körperhygiene an?

Kinderschweiß riecht kaum, im Vergleich zu den Ausdünstungen der Erwachsenen. Außerdem riecht Schweiß, der aufgrund psychischer Anspannung wie bei Angst und Erregung entsteht, deutlich unangenehmer als der nach einer körperlichen Anstrengung. Jugendliche in der Pubertät kommen besonders häufig in solche psychischen Stresssituationen. Während sich Kinder leicht um das langweilige Waschen herummogeln konnten, wenn sie nur allzu offensichtliche schwarze Ränder vermieden, so ist eine lasche Körperpflege in der Pubertät nicht mehr zu überriechen. Und selbst gründliches Waschen schützt nicht unbedingt davor, nach zehn Minuten schon wieder verschwitzt zu riechen. Schuld daran sind die hormonellen Veränderungen.

Ihr Sohn muss also umlernen. Da Menschen sich schnell an ihren Eigengeruch gewöhnen, riecht Ihr Sohn wahrscheinlich selbst oft gar nicht mehr, was seine Mitmenschen die Nase rümpfen lässt. Besser Sie sagen es Ihrem Sohn auf taktvolle Weise, als dass er es weniger taktvoll von Mitschülern und Freunden zu hören bekommt. Meist reicht es nicht aus, ihm ein Deo oder ein schönes Männer-Pflegeset zu schenken. Sagen Sie klar, was Sie »anstinkt«. Weder möchten Sie mit einem Stinktier einkaufen gehen, noch wollen andere ihm zu nahe kommen. Das stinkt dann Ihrem Pubertierenden, und er greift vielleicht doch zu seinem Deo. Lassen Sie ihn ruhig ein wenig beleidigt sein, das legt sich wieder.

Manchmal liegt das Problem allerdings auch im gegenteiligen Bereich: Die das Kind umgebenden Duftwolken von Deo, Aftershave oder Parfüm bringen die Eltern zum Niesen oder Flüchten. Was die Kosmetikindustrie freut, ist für die Mitmenschen nicht immer angenehm. Weisen Sie diskret darauf hin, dass weniger manchmal mehr ist.

> **?** *Meine Tochter sperrt jeden Morgen für 45 Minuten das Bad. Die Kosmetikbranche hat eine gute Kundin gewonnen. Wie bringe ich ihr bei, dass weniger mehr ist?*

Stellen Sie Regeln für die Badzeiten auf, denn auch die anderen Familienmitglieder wollen ins Bad. Extrem lange Badzeiten dienen oft dazu, Pickel zu übertünchen und mit dem Aussehen zu hadern. Jeden (vermeintlichen) Makel nehmen Jugendliche umso dramatischer wahr, je geringer ihr Selbstbewusstsein ist. Stärken Sie dieses. Und hängen Sie einen zweiten Spiegel mit Ablage außerhalb des Bades auf. Sprechen Sie darüber, was Sie schön finden und was nicht. Schauen Sie sich gemeinsam andere Frauen in Film und Fernsehen und »in echt« an, und diskutieren Sie über Ihre unterschiedlichen Geschmäcker und über Individualität. Ihre Jugendliche muss erst herausfinden, was ihr steht. Mischen Sie sich dabei nicht zu sehr ein.

? *Was wirkt gegen Hautunreinheiten?*

Grundsatz ist, die Haut rein zu halten und dabei so wenig wie möglich zu reizen. Hilfreich ist dabei viel klares Wasser. Wenn sich Pickel zeigen, hilft das Betupfen mit Teebaumöl. Das ständige Herumdrücken an Pickeln und Mitessern macht alles noch viel schlimmer. Und das Überdecken mit speziellen Stiften hebt die Pickel meist eher noch hervor. Versuchen Sie Ihrem Kind Gelassenheit gegenüber einzelnen Unreinheiten beizubringen. Werden die zur Epidemie, sollten Sie einen Fachmann (Hautarzt oder Kosmetikerin) befragen. Achten Sie allgemein auf eine gesunde Lebensweise mit ausgewogener Ernährung, ausreichendem Schlaf und viel frischer Luft.

? *Wie helfe ich meiner Tochter bei Regelbeschwerden?*

Bei der ersten Regelblutung geht es um viel mehr als Bauchweh und Hygieneratschläge. Mehr zu diesem Thema lesen Sie auf Seite 18. Wichtig ist auch, dass Sie Ihrer Tochter erklären, was in ihrem Körper passiert und passieren wird. Dabei werden Sie auch über ganz praktische Sachen wie hygienische Notwendigkeiten in der Zeit der Regel sprechen.

Die Menstruation ist keine Krankheit und sollte auch nicht als solche behandelt werden. Wie jede Mutter weiß, ist eine gewisse Schonung allerdings manchmal nötig. Ihre Tochter kann sich zum Beispiel nach der Schule hinlegen. Eine Wärmflasche, ein Tee gegen das Bauchweh, die

Lieblingsmusik oder ein sanftes Reiben des Bauches können sehr wohltuend sein. Wenn Mädchen in der ersten Zeit unter etwas mehr Problemen wie zum Beispiel starken Krämpfen leiden, kann das hormonelle Ursachen (beim Frauenarzt abklären) oder psychische Gründe haben. Das Problem tritt besonders häufig auf, wenn Mädchen die Regelblutung als unangenehm oder peinlich empfinden.

 Was tun wir gegen das Nägelkauen unseres Kindes?

Ist das Nägelkauen ein Teil der Nervosität des Kindes? Dann lesen Sie bitte auf Seite 152 weiter.
Handelt es sich um eine Angewohnheit? (Manche Kinder sind einfach zu faul, die Nagelschere zu suchen, und halten das Knabbern für eine legitime Form der Maniküre.) – Teilen Sie Ihrem Kind mit, wie das auf Sie und andere wirkt und was die Nachteile sein könnten (Entzündungen der Nagelhaut). Legen Sie eine Nagelschere in Fernsehernähe (der häufigste Knabberort).
Kündigen Sie bei erfolgreichem Abgewöhnen eine Belohnung an (ein Nagellack, ein Nageltattoo, ein Shirt …).
Sind die Nägel tief abgekaut, oft auch eingerissen und blutig? Dann hat das Nägelkauen möglicherweise einen autoaggressiven Anteil. Manche Kinder fügen sich so einen Schmerz zu oder bestrafen sich unbewusst mit ihrem Verhalten. Sie sollten in diesem Fall prüfen, welches Problem Ihr Kind haben könnte.

 Haben wir noch eine Chance, unsere Kinder zu einer gesunden Ernährung zu bewegen?

Ja, aber nicht mit einem Erziehungstrick oder ständigen Ermahnungen. Am wichtigsten und am ehesten erfolgversprechend ist es, wenn Sie ein entsprechendes Essverhalten vorleben; das wirkt unbewusst und wird irgend-

Im Alltagsleben selbstständig werden

wann Früchte tragen. Klären Sie Ihre Kinder über gesunde Ernährung auf: wie sie aussieht und warum sie wichtig ist. Lassen sie Ihren Erklärungen Taten folgen, und verlocken Sie Ihre Kinder zu gesundem Essen, indem Sie leckere gesunde Sachen auf den Tisch stellen und sich schmecken lassen. Ungesunde Sachen in schädlichen Dimensionen müssen Sie dagegen weder zubereiten noch finanzieren. Verteufeln Sie diese Sachen aber nicht – fast jeder hat seine kleinen Sünden. Und was Ihr Kind mit seinem Taschengeld macht, ist seine Sache (siehe Seite 146). Manchmal hilft es, wenn sich die Familie gemeinsam Regeln auferlegt: Einmal in der Woche ist Naschtag. Kuchen gibt es nur sonntags. Ein Besuch im Fastfood-Restaurant ist etwas für einen besonderen Anlass.

Verzichten Sie unbedingt auf Machtkämpfe an dieser Stelle, weil die es zusätzlich spannend machen können, um Chips, Döner und Burger zu kämpfen. Lassen Sie Freiräume für eigene Entscheidungen: lieber Salat oder gekochtes Gemüse? Obst oder Obstsaft? Eine Kugel Milcheis oder zwei Kugeln Fruchteis? Lassen Sie Ihr Kind frühzeitig mitbestimmen, was am Wochenende auf den Tisch kommt. Und: Essen sollte immer Spaß machen, auch das gehört zur gesunden Ernährung. Halten Sie also den Esstisch problemgesprächfrei!

Kann ich mit meinen Kindern jetzt nicht schon zu Silvester oder zum Geburtstag mit etwas Sekt anstoßen?

Kein 12-Jähriger muss »zum Probieren« an Papas Bier nippen oder Silvester mit Sekt anstoßen. Ein schicker alkoholfreier Cocktail tut es auch! Niemand, der auch mit 16 nicht möchte, sollte animiert werden, nun doch endlich mal Wein oder Sekt zu probieren. Ihr Kind wird früh genug mit Alkohol konfrontiert! Mehr zum Thema Alkohol sowie zum Rauchen und Kiffen lesen Sie ab Seite 229.

DIE FREIZEIT GESTALTEN

Freizeit – im Unterschied zur Arbeits- oder Lernzeit – dient der Entspannung und der Entfaltung von persönlichen Interessen und Talenten. Für Kinder ist sie ein wichtiger Ausgleich zu den steigenden Anforderungen im Alltag. Das Zusammensein mit Freunden gehört unbedingt mit dazu.

Überlegen Sie einmal, wie frei die Freizeit Ihrer Kinder wirklich ist: Brauchen sie ständig Abwechslung und Ablenkung? Schlagen sie ihre Zeit beim stundenlangen Hocken vorm Fernseher oder Computer tot? Jagen sie von einem Event im Freundes- und Bekanntenkreis zum nächsten? Oder können sie auch einfach mal gar nichts tun und die Seele baumeln lassen? Können Ihre Kinder ihre freie Zeit wirklich genießen, oder bedeutet sie nicht selten sogar zusätzlichen Stress – weil Ihre Kinder den Leerlauf nicht aushalten oder aber weil sie tausend Termine haben?

Auch im Freizeitbereich müssen Sie für Ihre Familie Regeln festlegen: Wie wollen Sie es mit den Fernseh- und Computerzeiten halten? Was gilt, wenn Freunde zu Besuch sind oder wenn Ihr Kind mit seiner Clique ausgehen möchte?

Alle Kinder und Jugendlichen kennen Langeweile. In solchen Momenten können sie mit sich und ihrer Zeit einfach nichts anfangen, was ebenso anstrengend sein kann wie zu viele Termine. Oft brauchen sie aber genau diese als unangenehm erlebten Zustände der inneren Leere, um herauszufinden, was sie eigentlich wollen und was ihnen wirklich guttut. Sie müssen die goldene Mitte zwischen »Action« und »Chillen« erst noch finden. Dabei brauchen sie immer wieder Ihre Hilfe und Anregung – aber sie müssen auch hier lernen, ihr Verhalten bewusst zu steuern.

FREIE ZEIT GENIESSEN UND NUTZEN

 Was hat Freizeit mit Genießen zu tun, und wie lernt man Genuss?

Machen Sie doch einmal mit Ihren Kindern – wenn diese offen für so etwas sind – eine Achtsamkeitsübung. Verteilen Sie schön eingepackte Schokoladenstückchen von einer richtig guten Sorte. Jeder packt sein Stückchen im Zeitlupentempo aus. Spüren Sie zunächst die Form. Bewundern Sie das Glitzern der Folie, den Glanz der Schokolade, ihre glatte Oberfläche und die präzisen Kanten der Rillen oder des Bildes. Nun riechen Sie daran. Beißen Sie dann Millimeterhäppchen ab, die Sie langsam auf der Zunge zergehen lassen, bis der Schokogeschmack sich völlig aufgelöst hat …

Ähnliches geht liegend auf einer Sommerwiese: die verschiedenen Düfte wahrnehmen, Windhauch und Sonne auf der Haut spüren, den Boden unter dem Körper fühlen, dem Summen der Bienen lauschen und die Wölkchenschafe am Himmel mit den Augen verfolgen.

Wer sich dagegen beim Fernsehen automatisch Kartoffelchips in den Mund schaufelt, genießt der noch? Wäre hier weniger nicht mehr?

Beim Genießen geht es darum, den Moment mit allen Sinnen wahrzunehmen. Wer sich diese Fähigkeit bewahrt, hat selten Langeweile, auch wenn gerade nicht viel los ist. Er braucht nicht ständig neue Anreize oder Animation. Und hat den Kopf frei für Ideen, was er wirklich tun will und womit sich Zeit sinnvoll ausfüllen lässt. Sicher kann ein gelegentlicher »Exzess« mit viel Fernsehen und haufenweise Chips auch schön sein. Aber das macht viel mehr Spaß, wenn es etwas Besonderes bleibt.

Was können Sie genießen? Was leben Sie Ihren Kindern tagtäglich an Genussfähigkeit vor? Und: Zeigen Sie Ihren Kindern immer wieder, dass Sie das Zusammensein mit ihnen (meist) ebenfalls genießen?

Müssen Kinder erst lernen, das Leben zu genießen?

Oft bedarf es in unserer Konsumgesellschaft ständig größerer Events und wertvollerer Dinge, um noch Glücksgefühle auszulösen – die dann häufig nur sehr kurz anhalten. Ihren Kindern dies zu bieten können sich jedoch zunehmend weniger Eltern leisten, manche geben auf und versinken in ärgerlicher Depression. Wenn es im Urlaub nicht nach Australien geht, scheint für die Kinder alles andere fad und uninteressant: der Strand in Italien, die Bergwanderung, der Sternenhimmel über Balkonien – oder dass Papa Urlaub und ganz viel Zeit hat. Das neue Handy macht nicht mehr glücklich, sobald der Freund mit dem noch neueren Modell ankommt. Wäre es nicht toll, sich wie ein kleines Kind auch jetzt noch über eine Kleinigkeit so freuen zu können wie über ein 50-Euro-Geschenk?

 *Mein Sohn hat keine Hobbys außer Abhängen und Rummotzen. Wie kann ich das ändern?*

Lesen Sie auf Seite 18 ff. nach, wie anstrengend die körperlichen Veränderungen in der Pubertät sein können. Manche Jugendliche sind absolut schlapp, antriebsarm und lustlos. Ihnen geht es selbst nicht gut damit. Oft gibt sich das wie eine Grippe von selbst. Chronisches Rummotzen spricht für innere Gefühlsstürme, Unzufriedenheit mit sich und der Welt, wie das eben in der Pubertät so ist. Ihr Kind sollte selbst den Weg aus dem unangenehmen Gefühl finden, nachdem es dieses erst einmal eine Weile ausgehalten hat. Sie als Eltern können einladen und locken. Vielleicht wird Ihr Kind aber erst später im Leben seine Interessen entdecken – und sich jetzt maximal »opfern«, Sie zu einem Event zu begleiten. Nehmen Sie das Opfer dankend an!

Die Freizeit gestalten

Sind unsere Einkaufszentren die modernen Jugendklubs?

Gewisse Gruppen von Jugendlichen halten sich dort tatsächlich gern auf. Es ist die Welt der Erwachsenen – voller Licht, schier unendlicher Möglichkeiten des Konsums, von Musik und Glitzer und zunehmend auch verschiedener Events. Da die Anzahl der Jugendeinrichtungen abgenommen hat und manche mit ihren Angeboten bestimmte Jugendliche nicht erreichen, haben sich diese einen neuen Lebensraum erobert. Für die Einhaltung der Hausordnung gibt es dort einen Sicherheitsdienst. Meist finden sich dort Jugendliche, die nichts Besseres zu tun haben: kein Bock oder Geld für Fußballverein, Musikschule oder gar Hausaufgaben. Sie definieren sich nicht selten über das, was sie sich alles leisten können.

Chatten bis in die Nacht, Schlafen bis mittags. Meine Tochter hat einen total verschobenen Tagesrhythmus. Ist das normal?

Viele Jugendliche haben am Wochenende und in den Ferien einen völlig verschobenen Rhythmus. Geht es um das Anderssein als die Erwachsenen? Fühlen sie sich in der Nacht unkontrollierter? Weichen sie durch Schlafen Forderungen nach gemeinsamen Aktionen oder Hilfe im Haushalt aus? Lieben Jugendliche einfach die Atmosphäre der Nacht? Wie dem auch sei: Das legt sich wieder! Und es bringt wenig, dagegen anzukämpfen. Natürlich sollten Sie darauf dringen, dass die Pflichten nicht zu kurz kommen: fit für die Schule sein, pünktlich dort ankommen, ein Minimum an Familie am Wochenende. Regen Sie Ihr Kind dazu an, sich in den Ferien rechtzeitig wieder ans frühe Aufstehen zu gewöhnen. Fragen Sie ab und zu, wie es mit den Umstellungen klarkommt.

DER UMGANG MIT MEDIEN

 Wie begrenzen wir den TV-Konsum?

Gehören Sie zu den Familien, bei denen – statt Kompromissen in der Programmauswahl – ein Fernseher in jedem Kinderzimmer steht? Dann haben Sie schlechte Karten, den TV-Konsum Ihres Kindes zu begrenzen. Je jünger Ihr Kind ist, desto eher können Sie es mit einem Limit versuchen. Sie könnten mit einer Kindersicherung arbeiten. Aber lernt Ihr Kind so, vernünftig fernzusehen? Motivieren Sie immer wieder – ohne dauernd zu nörgeln. Nennen Sie in größeren Abständen immer wieder sachlich Ihre Gründe für ein Fernsehen in Maßen, nicht in Massen:

- Ihr Kind soll Leben erleben, statt es aus zweiter Hand kennenzulernen.
- Es sollte seine Freude an Bewegung (wieder-)entdecken und Freundschaften pflegen, statt vor der Glotze zu vereinsamen.
- Ein realistisches Bild von der Welt lässt sich nur in der wirklichen Welt, nicht in Scheinwelten entdecken.
- Fernsehen ist Stress für Augen und Gehirn.
- Andere Aktivitäten, die wichtig für Gesundheit und Entwicklung wären, kommen zu kurz.

Locken Sie Ihr Kind vom Bildschirm fort: zu einem Federballduell vor dem Haus, zum Radeln an den See, zum Drachensteigenlassen, Pizzabacken in der Küche … Probieren Sie es mit (für alle!) fernsehfreien Familientagen.

 Gibt es konkrete Regeln für den TV-Konsum?

Die vor Monitoren aller Art verbrachte Zeit Ihres Kindes sollte zusammen genommen nicht zu lang sein. Allgemein gültige Werte sind schwierig aufzustellen, da die Belastung der Kinder sich individuell sehr unterscheidet. Ihre Achtsamkeit ist gefragt!

Die Freizeit gestalten

- Schauen Sie auf Ihr Kind: Nervosität, Augenringe, Schlafprobleme, Dösigkeit sprechen dafür, den Fernsehkonsum einzuschränken.
- Die Bildschirmzeit sollte darüber hinaus nicht nach der Schule den zweitgrößten Zeitanteil ausmachen. Bewegung, Treffen mit Freunden, schulische Arbeiten, andere Hobbys sind (mindestens) genauso wichtig.
- Bedenklich ist, wenn Kinder in TV-freien Zeiten offenbar nichts mehr mit sich und ihrer Freizeit anfangen können. Dann sollten Sie versuchen, zu Alternativen zu verlocken.

Seien Sie nicht zu anspruchsvoll, was den Sinngehalt der ausgewählten Sendungen betrifft: Vermutlich ist auch nicht alles sinnvoll, was Sie sich zu Ihrer Entspannung ansehen oder antun!

Auf Seite 248 finden Sie unter »Bücher, die weiterhelfen« eine sehr hilfreiche Broschüre der Bundeszentrale für gesundheitliche Aufklärung (BZgA) zum Thema.

TIPP

- Achten Sie darauf, dass Ihr Kind möglichst wenig vor der Glotze einfach nur abhängt und ziellos von Programm zu Programm zappt.
- Versuchen Sie stattdessen, Ihr Kind zu einem bewussten Fernsehkonsum anzuregen: Gehen Sie gemeinsam die Programmzeitung durch und kreuzen sehenswerte Sendungen an. Das muss nicht immer »Bildungsfernsehen« sein! Ein oder zwei Lieblingsserien Ihres Kindes, die auf gar keinen Fall verpasst werden dürfen, können durchaus dazugehören.
- Schauen Sie sich weiterhin Filme und Reportagen gemeinsam mit Ihrem Kind an, um hinterher darüber reden zu können. Und natürlich weil das durchaus gemütlich sein kann.

Gibt es Regeln für den Umgang mit Computerspielen?

Zum einen sitzen Kinder hier wieder vor einem Bildschirm, sodass alles zum Fernsehen Gesagte gilt (siehe vorige Fragen). Zum anderen ist bei den PC-Spielen die Anstrengung für Augen und Gehirn noch viel höher. Es gibt aber auch sehr gute Spiele, bei denen Kinder etwas lernen und üben können. Oder die einfach Spaß machen. Die technischen Möglichkeiten sind in der Tat faszinierend. Computer gehören zu unserem Leben. Kinder müssen fit an ihnen werden und dürfen im Gegenzug auch die Potenziale für Entspannung und Spaß nutzen! Behalten Sie folgende Regeln im Auge:

➤ Wählen Sie die Spiele sehr sorgfältig aus! Nutzen Sie Expertenempfehlungen (Tipps siehe Seite 249).
➤ Achten Sie neben der Qualität auch auf Vielfalt: Sportspiele (Fußball, Basketball, Autorennen …), Lernspiele (Mathe, Englisch …), Rollenspiele (Manager im Krankenhaus/Freizeitpark, Familie, Bürgermeister …).
➤ Spielen Sie ab und an mit oder setzen sich dazu, um ein Gefühl dafür zu bekommen, was Ihr Kind an einem Spiel fasziniert und was es dabei lernen könnte.
➤ Handeln Sie mit Ihrem Kind Zeitlimits aus.

 Warum sind PC-Rollenspiele so beliebt?

Dabei schlüpfen Kinder in Rollen, die sie im Realleben nicht einnehmen könnten. Sie fühlen sich überirdisch stark, klug und geschickt und erleben Macht. Das tut bei all den Selbstzweifeln in der Pubertät unheimlich gut. Die Gefahr besteht für einige Jugendliche darin, ein suchtähnliches Verhalten zu entwickeln. Zum anderen verlieren manche den Kontakt zur Realität. Es ist leichter, im Spiel Erfolge zu erringen, also vernachlässigen sie den weniger gut laufenden (schulischen) Alltag.

Die Freizeit gestalten

 Wie sollen wir uns Computer-Ballerspielen gegenüber verhalten?

Schauen Sie sich an, was da gespielt wird. Sprechen Sie darüber, was Ihnen Sorgen bereitet, auch wenn Sie zunächst auf taube Ohren stoßen. Das Töten von seinesgleichen löst im Menschen eigentlich Gefühle von Abscheu, Angst, Wut, Ekel oder Mitgefühl aus. Je mehr Morde ein Mensch miterlebt, desto mehr schützt sich seine Seele vor diesen Gefühlen durch Abstumpfung, die er selbst meist gar nicht wahrnimmt.

Eltern und Fachleute beobachten, dass es immer aufregender und blutrünstiger zugehen muss, um noch einen Kick bei den Jugendlichen auszulösen. Wie diese im Kino bei Szenen lachen, die bei manchem Erwachsenen Gänsehaut auslösen. Und wie sich manche im Alltag genauso mitleidslos und abgestumpft verhalten. Nicht jeder »Counterstrike«-Spieler (ein hoch umstrittenes Kampfspiel) wird zum Attentäter oder Mörder. Ebenso wird nicht jeder, der Alkohol trinkt, zum Alkoholiker. Es gibt jedoch Zusammenhänge. Sprechen Sie Verbote aus,

- wenn ein Spiel für die Altersgruppe Ihres Kindes nicht zugelassen ist oder wenn es gar nicht zugelassen ist. Die Alterszulassung sollte auf dem Spiel stehen. Weitere Infos finden Sie bei den Internet-Tipps auf Seite 249.
- wenn Ihr Kind ohnehin Probleme mit aggressivem Verhalten hat.

Dies gilt umso mehr, je jünger Ihr Kind ist, je realistischer die Darstellungen von Kampf und Gewalt sind und je mehr es in den Spielen nur um Ballern bar jeglicher Inhalte geht. Verbote steigern zwar zunächst die Attraktivität, und zur Not spielt Ihr Kind eben beim Kumpel. Trotzdem sollten Sie sich klar positionieren! Wenn Sie einen guten Draht zu Ihrem Kind haben, zeigt Ihre Haltung vielleicht langfristig Wirkung.

HINWEIS

Sogenannte Ballerspiele sind nicht die einzigen Computerspiele, von denen Gefahren ausgehen. Sie stehen allerdings im Fokus der Diskussion und sollen daher hier als Beispiel genannt werden. Übrigens wurden solche Spiele ursprünglich von der US Army entwickelt, um Soldaten auf Kriegseinsätze vorzubereiten! Ihre Risiken:

- Entwicklung suchtähnlichen Verhaltens.
- Überreizung der Sinne und der Aufmerksamkeit.
- Flucht in eine Scheinwelt.
- Andere Lebensbereiche kommen zu kurz.
- Gefahr der sozialen Isolierung.
- Das am PC spielende Kind hat Kontrolle und Macht über das Geschehen wie sonst nie im reellen Leben – es kann Schwierigkeiten bekommen, wenn Anpassung gefragt ist. Das ausgelöste Hochgefühl möchten manche Spieler dann auch einmal bei einer »echten« Gelegenheit erleben.
- Für kleine Anstrengung erfolgt unmittelbar Belohnung in Form von Punkten. In der Realität fällt Anstrengen dann immer schwerer.

Unsere Tochter hält sich täglich mehrere Stunden in den Chatwelten des World Wide Web auf. Gibt es Risiken?

Chatten gehört heute für Jugendliche zu den beliebtesten Hobbys. Sie können dabei unbegrenzt neue Leute kennenlernen. Natürlich sind alle supernett. Bei Problemen geben sie genau die Ratschläge oder Kommentare, welche die eigene Einschätzung bestätigen. Die meisten Jugendlichen brauchen einige Zeit, um das zu durchschauen. Chatten kann andere Kontaktformen ergänzen, sollte diese jedoch nicht ersetzen. Es ist etwas Unersetzliches, einem Menschen unmittelbar gegenüberzustehen. Besonders in der Jugendzeit ist es wichtig, nicht sprachliche Signale im Gespräch richtig entschlüsseln zu lernen. Es kommt im Chat zu einer Scheinintimität, die reale Einsamkeit überspielen kann. Mit wem chattet Ihr Kind? Mit Bekannten und Freunden? Das ist wie Telefonieren. Oder mit Unbekannten, mit denen es nie echten Kontakt geben wird? Chatten kann süchtig machen. Achten Sie mit auf ein gesundes Maß!

 Gibt es im Internet Gefahren durch Sexualstraftäter?

Es gibt Berichte, dass Männer, die auf (sehr) junge Mädchen stehen, zunehmend das Internet zur Kontaktanbahnung nutzen. Sie halten sich mit persönlichen Angaben vorerst zurück oder geben an, der süße Junge von fast nebenan zu sein. Sie geben sich als verständnisvoller Freund aus, der die gleiche Meinung vertritt wie die Jugendliche, deren Eltern megastreng und einfach ätzend sind. Dann wollen sie plötzlich alles über ihre beste Freundin erfahren, über ihre Unterwäsche und ihren Körper. Das ist die ungefährlichste Variante, weil viele Mädchen hier aussteigen. Andere wollen Treffen vereinbaren. So manches junge Mädchen fühlt sich vom Interesse eines »richtigen« Mannes sehr geschmeichelt. Besonders wenn es mit Gleichaltrigen nicht so klappt und der neue Chat-Freund alle Tricks der Verführung beherrscht.
Zeigen Sie immer Interesse an den Foren und Chat-Räumen, die Ihre Kinder besuchen. Seien Sie einfach neugierig und denken nicht immer gleich an das Schlimmste. Aber stehen Sie als Berater bereit, falls Ihnen etwas sehr merkwürdig vorkommt. Erzählen Sie Ihrem Kind von den Erfahrungen anderer. Halten Sie es dazu an, nicht an Unbekannte seinen echten Namen, seine Adresse oder Telefonnummer herauszugeben.

Feiern und mit Freunden unterwegs sein

 Wie lange dürfen Kinder sich abends draußen aufhalten?

Die Jugendschutzbestimmungen sagen: Unter 16 Jahren dürfen ohne Begleitung der Eltern oder anderer mit der Beaufsichtigung betrauter Erwachsener keine öffentlichen Tanzveranstaltungen besucht werden. In einer Gaststätte dürfen Personen unter 16 ohne Begleitung nur 1 Mahlzeit oder 1 alkoholfreies Getränk einnehmen. Leider wird dies in den Einrichtungen kaum kontrolliert. Nutzen Sie es trotzdem als Argument! Hilfreich sind außerdem die folgenden Regeln:

➤ Je zuverlässiger Ihr Kind bisher Absprachen einhält, desto mehr Freiheiten erhält es. Mehr Freiraum kann es sich durch mehr Verantwortungsbewusstsein verdienen.

➤ Überlegen Sie gemeinsam, wie der Heimweg am sichersten wird: Vielleicht darf Ihr Kind eine Stunde länger ausbleiben, muss aber den Heimweg zusammen mit einer Freundin/einem Freund zurücklegen.

➤ Bei einer organisierten Veranstaltung (Verein, Klassenfeier, Kinobesuch …) sollten Sie großzügiger sein.

➤ In etwa sollten Sie wissen, wo Ihr Kind ist. Es ist jedoch unrealistisch, zu erwarten, dass Ihr Kind sich immer bei Ihnen ummeldet, wenn die Clique an einen neuen Ort zieht. Für etwaige Suchaktionen und Ihr persönliches Sicherheitsgefühl ist eine Telefonliste der wichtigsten Kontaktpersonen hilfreich. Vielleicht schaffen Sie es auch, die meisten der Freunde einmal kennenzulernen.

 Und wenn mein Kind immer zu spät kommt?

Dann müssen Sie beide daraus lernen. Sprechen Sie darüber, wie es Ihnen geht, wenn Ihr Kind zu spät kommt, über Ihre Sorgen und den Ärger, dass es die Absprachen

Die Freizeit gestalten

nicht einhält. Sprechen Sie über die Regeln, und treffen Sie gemeinsam Vereinbarungen. Kündigen Sie Konsequenzen bei Regelverstößen an: Wer eine halbe Stunde zu spät ist, muss diese am nächsten Tag früher kommen. Wer dreimal deutlich zu spät ist, darf einen Abend nicht raus. Bleiben Sie jedoch handlungsfähig: Geben Sie Ihrem Kind mit weiteren Versuchen immer wieder die Chance, doch noch Pünktlichkeit zu lernen!

Wer darf mit in die Wohnung, wenn wir nicht zu Hause sind?

Dafür kann es keine allgemeine Regel geben. Entscheiden Sie danach,
- wie vernünftig sich Ihr Kind in der Regel verhält,
- ob es sich gegen dumme Ideen anderer wehren kann,
- ob es einen eher festen Freundeskreis gibt,
- ob dieser Freundeskreis aus eher vernünftigen jungen Menschen besteht,
- wie verlässlich Sie erfahrungsgemäß mit Ihrem Kind Regeln aushandeln können.

Die Wohnung ist eine Familienwohnung. Jeder sollte dort also seine Bedürfnisse befriedigen dürfen, auch die Kinder. Dazu gehört der Kontakt zu Freunden. Natürlich haben Sie auf der anderen Seite ein Recht auf eine Intimsphäre und dürfen Ihr Eigentum schützen. Und Sie sind als Mieter der Wohnung für die Einhaltung der Hausordnung zuständig. Deshalb legen Sie die Regeln fest. Lernen Sie die Freunde kennen, wenn sie Ihnen noch nicht bekannt sind. Entscheiden Sie, wer in die Wohnung darf. Welche Räume dürfen genutzt werden, welche sind tabu? Wie viele Besucher dürfen es maximal sein? Geben Sie einen Vertrauensvorschuss. Nutzen Sie Pannen, um faire Regeln des Miteinanderlebens immer wieder neu zu verhandeln und zu trainieren. Im Kasten auf der nächsten Seite finden Sie die wichtigsten Party-Regeln.

Party feiern zu Hause – welche Regeln gelten?
Sie gewähren Ihrem Kind einen Vertrauensvorschuss.
Dafür muss es sich an die vereinbarten Regeln halten.
- Sprechen Sie über die Anzahl der Gäste, und legen Sie eine Obergrenze fest. Ein verantwortlicher »Einlassdienst« sollte ungebetene Gäste fortschicken. Vermutlich ist es Ihrem Kind lieber, wenn Sie sich vornehm zurückhalten.
- Legen Sie fest, welche Räume tabu sind.
- Ob Sie – im Hintergrund – anwesend bleiben wollen, hängt von dem Vertrauen ab, das Sie in Ihr Kind und seine Freunde haben. Wie wäre es mit einem schönen Restaurantbesuch zu zweit?
- Klären Sie Lautstärkeregeln.
- Lassen Sie die Nachbarn durch Ihr Kind vorwarnen.
- Was ist mit Zigaretten? Einer Tabak-Wasserpfeife?
- Was ist mit Alkohol? Rechnen Sie damit, dass die Gäste »Stoff« mitbringen. Und dass Jugendliche die Wirkung noch nicht so gut einschätzen können.
- Legen Sie eine Zeit für das Ende der Party fest. Wie kommen die Gäste sicher nach Hause? Wer darf übernachten und wo?
- Stellen Sie gegebenenfalls sicher, dass Ihr Kind Ihre Handynummer oder die Telefonnummer Ihres Aufenthaltsortes parat hat – für alle Fälle.

Meine Tochter ist letzte Nacht nicht nach Hause gekommen. Wie soll ich reagieren?

Natürlich sind Sie wütend. Sie haben sich große Sorgen gemacht. Das werden Sie ihr sagen. Wichtig ist jedoch, die Gründe für ihr Handeln zu verstehen:
- Konnte sie nicht Nein sagen?
- Spielte Alkohol eine Rolle dabei, alle guten Vorsätze und Richtlinien über den Haufen zu werfen?

Die Freizeit gestalten

- Fühlt sie sich zu Hause zu eingeengt und wollte ein Zeichen dafür setzen, dass sie mehr Freiheit braucht?
- Passierte es aus einem Streit in der Familie heraus?
- Wollte sie testen, was Sie nun tun?

Finden Sie Ideen, wie sie sich beim nächsten Mal besser verhalten könnte. Machen Sie ihr mögliche Folgen ihres Handelns klar (Vermisstenanzeige, Polizei, Jugendamt …). Wirkt sie einsichtig, verzeihen Sie ihr und hoffen darauf, dass sie gelernt hat. Wiederholt sich das Wegbleiben, sollten Sie sich zur Sicherheit an eine Erziehungsberatungsstelle wenden (Adressen siehe Seite 249).

 Darf mein Kind allein in Urlaub fahren?

Wägen Sie dies nach folgenden Gesichtspunkten ab:

- Handelt es sich um ein Jugendlager mit Betreuung, eine organisierte Reise, eine Radtour völlig ohne Erwachsene oder eine Partyreise in südliche Gefilde?
- Wie zuverlässig und vernünftig verhält sich Ihr Kind in der Regel im Alltag? Mit wem fährt es? Welchen Einfluss haben diese Freunde? Wie alt sind diese?
- Wie selbstständig ist Ihr Kind im Alltag? Wie geht es mit möglichen gefährlichen Situationen um? Wie fit ist es, für Probleme Lösungen zu finden?
- Welche Gefahren und Risiken gibt es? Ist Ihr Kind verkehrstüchtig? Fährt es in die Großstadt oder auf einen Campingplatz am See? Fahren Jungen und Mädchen gemeinsam, und wie gehen sie miteinander um?

Fangen Sie mit kleineren Aktionen zum Üben an: einem verlängerten Wochenende oder einer Woche. Prüfen Sie dabei, wie Ihr Kind klarkommt. Besprechen Sie mögliche Problemsituationen, und machen Sie Ihr Kind fit, mit diesen klarzukommen. Und dann schließen Sie beide Augen und lassen los. Das haben Sie früher bestimmt schon einmal tun müssen, als Ihr Kind auf dem Klettergerüst rumturnte und Ihnen angst und bange wurde.

LIEBE UND SEXUALITÄT

Von den ersten Lebenstagen an hat Ihr Kind Erfahrungen mit Liebe gesammelt: mit Mutter- und Vaterliebe, mit Geborgenheit, Zärtlichkeit, Nähe und Distanz, Vertrauen, Eifersucht und mit der Liebe zwischen Männern und Frauen. Es war dabei, wenn Sie als Eltern sich umarmt oder sich angeschrien haben. Es hat gesehen, wie liebevoll oder hasserfüllt Sie sich ansahen, wie respektvoll oder respektlos Sie miteinander stritten. Es hat Oma und Opa und ihr Miteinander beobachtet. Es hat die Eltern von Freunden erlebt, andere Verwandte und Nachbarn. Später kamen Secondhand-Erfahrungen dazu: aus »Gute Zeiten – Schlechte Zeiten«, aus »Harry Potter« und »Die Simpsons«.

Ihr Kind hat ein Bild davon, wie das so ist mit der Liebe. Dieses verfeinert sich natürlich weiter. Hinzu kommen jetzt jedoch praktische Erfahrungen. Während sich in den letzten Jahren Jungen und Mädchen eher getrennt voneinander aufhielten, nehmen sie nun Kontakte zueinander auf beziehungsweise tun Einzelne dies aus dem Schutz der Gruppe heraus. Es gehört Selbstvertrauen dazu, den Schritt zur ersten kleinen oder größeren Liebe zu wagen. Ich beobachte in den letzten Jahren, dass sich die Kinder immer mehr in zwei Gruppen zu teilen scheinen: Man hört von denen, die immer früher ihre ersten sexuellen Erfahrungen machen. Daneben gibt es jedoch einige, die damit immer länger zu warten scheinen. Manche Jugendliche sind offenbar viel zu beschäftigt, um Zeit für eine Beziehung zu haben. Manche scheinen ihr Umfeld so kritisch zu beobachten, dass sie daran zweifeln, ob das mit der Liebe überhaupt klappen kann. Manchen fehlt es einfach an Gelegenheit, den oder die Richtige zu finden. Hilfreich auf dem Weg sind ein offenes Ohr, manchmal Trost, und ab und an ein guter Rat von Ihnen als Eltern.

Liebe und Sexualität

FIT FÜR SEXUALITÄT

Auf dem Laken meines Sohnes sah ich erstmals Spuren eines Samenergusses. Sollte ich das ansprechen?

Möchten Sie auf Flecken in Ihrem Bett angesprochen werden? Auf keinen Fall sollten Sie »witzige« Bemerkungen fallen lassen. Vermutlich haben Sie Ihren Sohn über das zu Erwartende aufgeklärt, sodass er sich keine Sorgen machen muss. Ansonsten könnten Sie ihm ein Aufklärungsbuch für Jungen schenken mit dem Hinweis, dass er sich mit Fragen natürlich auch an Sie wenden kann. Suchen Sie einen Weg, bei dem auch Sie sich wohl fühlen.

Ist Selbstbefriedigung tatsächlich nicht schädlich?

Die Geschichte von der Gehirn- und Knochenmarkserweichung durch Masturbation (alt: Onanie) oder von anderen schlimmen gesundheitlichen Folgen gehört wie die Geschichte vom Klapperstorch zu den Märchen. Da die meisten Männer und Frauen Erfahrungen mit Selbstbefriedigung haben, müsste sonst eine Vielzahl von Frührentnern die Welt bevölkern.

HINWEIS

Selbstbefriedigung kann Anlass zur Sorge sein, wenn jemand sie mehrmals am Tag betreibt, keine anderen Möglichkeiten mehr nutzt, sich selbst Wohlfühlmomente zu bereiten, und/oder sich immer mehr zurückzieht. Wichtig ist es außerdem, Grundregeln zu beachten:
➤ Nicht in der Öffentlichkeit!
➤ Keine Anstiftung anderer gegen deren Willen!
➤ Keine gefährlichen Manipulationen mit Gegenständen!
➤ Hygienische Grundregeln einhalten!

> **Unser Großer stiftete unlängst den Kleinen zur Selbstbefriedigung an. Wie sollen wir reagieren?**

Gelassen. Das ist eine relativ typische Angelegenheit. Große Jungen werten sich selbst auf, wenn sie Jüngere auf diesem Wege in die Erwachsenenwelt einführen können. Schulklos, Ferienlager und Umkleiden in Sportvereinen sind seit Generationen Ort der Weitergabe solchen Spezialwissens. Je unbefangener Sie reagieren, desto weniger wird Ihr Jüngster ein Problem mit der Sache haben, auch wenn er vielleicht noch gar nicht so weit war, diesen Lebensbereich für sich zu entdecken.

Oft besteht beim betroffenen Kind eine zwiespältige Einstellung zu dem Ganzen: Irgendwie ist es spannend, aber auch ein bisschen unheimlich und ekelig. Sprechen Sie mit beiden Kindern noch einmal über die Regeln und Grenzen. Woran merke ich, ob das Gegenüber etwas möchte oder nicht? Wie sage ich eindeutig Nein, wenn ich etwas nicht will?

HINWEIS

Bei einer Anstiftung zur Selbstbefriedigung besteht Grund zur Sorge,
- wenn das eingewiesene Kind von dem Erlebten überfordert ist – was jedoch nicht selten erst durch unbedachte und überzogene Reaktionen der Erwachsenen danach ausgelöst wird.
- wenn es genötigt wurde, sich aktiv (durch Anfassen) oder passiv (durch Zuschauen) an etwas zu beteiligen, wenn es das nicht wollte.
- wenn dabei sogar Zwang ausgeübt wurde, etwa durch Festhalten oder Erpressung.

Suchen Sie sich im Zweifelsfall Hilfe, etwa bei einer Erziehungsberatungsstelle.

Liebe und Sexualität

 Schmusen und Küssen finden wir normal. Ab wann wollen Jugendliche mehr?

Das ist sehr verschieden, weil sich Jugendliche körperlich und psychisch in sehr unterschiedlichem Tempo entwickeln. Außerdem ist es manchmal nicht so einfach, einen geeigneten Partner zu finden. Der Gruppeneinfluss ist groß: Wer »spät dran« ist, kann Torschlusspanik entwickeln. Wenn in der Gruppe anderes wichtiger ist, kann man es eher langsam angehen lassen. Dadurch zeichnen sich zwei Gruppen von Jugendlichen ab: Die einen haben den ersten Geschlechtsverkehr immer früher. Die anderen lassen sich immer länger Zeit. Die meisten Mädchen sind auch heute noch beim ersten Mal älter als 16. Ermutigen Sie Ihr Kind, darauf zu achten, was es selbst will. Dazu, sich Zeit zu lassen, den eigenen und den Körper des Partners zu entdecken. Und sich auf das erste Mal vorzubereiten, zumindest in Sachen Verhütung.

 Was sollten Jugendliche vor dem ersten Mal wissen?

Sie sollten die Regel verinnerlicht haben, dass erlaubt ist, was beiden Spaß macht und niemanden gefährdet. Jungen benötigen oft Hilfe dabei, zu erkennen, was und wie viel ein Mädchen mag. Teilweise hält sich der Irrglaube, dass Mädchen Nein sagen und Ja meinen. Bieten Sie sich Ihrem Kind als Gesprächspartner an. Je mehr es gewohnt ist, Sexualität ganz selbstverständlich zu thematisieren, desto leichter wird ihm das in einer Partnerschaft fallen. Unabdingbar ist die Aufklärung über Verhütung von Schwangerschaft und Geschlechtskrankheiten. Jugendliche sollten auch wissen, was beim Geschlechtsverkehr bei beiden Geschlechtern körperlich und seelisch passiert. Was bedeutet Entjungfern? Was tun gegen Unsicherheit und Hemmungen? Siehe auch Buchtipp Seite 247.

> **?** *Lesen Jugendliche das nicht sowieso alles in der BRAVO?*

Sie lesen und wissen zwar viel, aber in der Regel nicht unbedingt das, was wirklich wichtig ist. So bestehen besonders viele Wissenslücken rund um die Verhütung. Nicht nur von Schwangerschaften, sondern auch von Krankheiten, die beim Sex übertragen werden können und in der Häufigkeit wieder zunehmen, wie zum Beispiel Aids. Viele Jugendliche wissen generell zu wenig oder Falsches darüber, wie ihr Körper funktioniert.
Es gibt in vielen Familien nach wie vor Hemmungen, unbefangen sexuelle Themen anzusprechen, denn dabei wird immer die Intimsphäre von Eltern und Kindern berührt. Vielleicht ist es etwas sehr Natürliches, sexuelles Wissen zwischen Eltern und Kindern auch nur bis zu einer bestimmten Grenze miteinander zu teilen. Achten Sie darauf, was Ihnen selbst guttut und was Ihr Kind von Ihnen möchte und erwartet!
Eine Minimalvariante ist es, in etwa zu überblicken, wie der Wissensstand beim Kind ist, und die Lücken zu füllen. Etwa indem Sie Broschüren und Bücher besorgen (siehe Buchtipps Seite 247), die dann für alle zugänglich im Wohnzimmer liegen.

> **?** *Wann sollte ich für meine Tochter einen Termin beim Frauenarzt ausmachen?*

Wenn es an der Zeit ist, sich um eine sichere Verhütung zu kümmern, das heißt, wenn Ihre Tochter einen festen Freund hat. Wenn Ihre Tochter ein deutliches Interesse am anderen Geschlecht zeigt und sich eher impulsiv verhält, sollten Sie ebenfalls einen Termin machen.
Mit dem Besuch beim Frauenarzt können Sie dagegen noch etwas warten, wenn Sie sicher sind, dass Ihre Tochter Nein sagen kann oder ein Kondom sachgerecht benut-

Liebe und Sexualität

zen wird. Klären Sie, wer das besorgt und finanziert, damit es im Fall der Fälle auch parat ist! Denken Sie auch daran, dass man die Pille in der Regel eine Weile einnehmen muss, bis ein sicherer Empfängnisschutz eintritt. Natürlich steht ein Termin beim Frauenarzt ebenfalls an, wenn die Regel über das normale Maß hinausgehende Schmerzen bereitet oder der Verdacht auf eine Infektion (zum Beispiel bei übel riechendem Ausfluss) besteht.

HINWEIS

Mädchen können sich neuerdings gegen den sehr häufig auftretenden Gebärmutterhalskrebs schützen. Der ideale Zeitpunkt für die entsprechende Impfung liegt zwischen 9 und 14 Jahren. Die Kosten übernehmen alle gesetzlichen Krankenkassen. Die Impfung ist allerdings nicht unumstritten – lassen Sie sich beim Arzt beraten!

Kann ich meine Tochter auf den ersten Besuch beim Frauenarzt vorbereiten?

Erzählen Sie Ihr, was die Ärztin oder der Arzt sie vermutlich fragen und wie die Untersuchung ablaufen wird. Ein guter Frauenarzt nimmt sich die Zeit, alles ausführlich zu erklären und mit eventuellen Hemmungen behutsam umzugehen. Vielleicht zeigt der Arzt oder die Ärztin auch erst einmal das Untersuchungszimmer und lässt Ihre Tochter angekleidet auf dem Untersuchungsstuhl Platz nehmen. Manchmal gibt es auch spezielle Mädchensprechstunden – fragen Sie danach!

Vielleicht halten Sie auch noch einmal eine Anatomiestunde ab, wie es »da unten« aussieht und wie die Begrifflichkeiten sind.

Hilfreich sind für den Frauenarzt meist Aufzeichnungen über den Verlauf der letzten Regelblutungen, also Zeitpunkt, Dauer, Heftigkeit und Beschwerden.

LIEBE UND PARTNERSCHAFT

 Wie lernen Kinder Beziehungsfähigkeit?

Um beziehungsfähig zu sein, muss ich darauf vertrauen können, als Mensch liebenswert zu sein. Ich muss selbst gut für mich sorgen können, damit ich nicht dem Partner die Verantwortung dafür übergeben muss, dass es mir gut geht. Ich muss für mich selbst herausfinden, wie viel Nähe ich brauche beziehungsweise wie viel ich ertragen kann – darin unterscheiden sich die Menschen sehr! Ich muss das Grundvertrauen mitbringen, dass mir der andere nicht grundsätzlich etwas Böses will. Ich muss das Risiko auf mich nehmen, dass ein Abschied gegebenenfalls wehtun wird, und muss mir zutrauen, damit klarzukommen. Ansonsten sind alle Fähigkeiten von Bedeutung, die ab Seite 111 beschrieben werden.

All dies haben unsere Kinder an zahlreichen Vorbildern (Eltern, in der Familie, bei Freunden und Nachbarn, über die Medien) gelernt. Sie haben sich abgeschaut und praktisch erprobt, wie es geht oder eben nicht. Sie haben mit den Geschwistern und Spielkameraden Basisfähigkeiten trainiert und ihren eigenen Weg gefunden. Sie haben sich gedanklich mit den Klippen von Beziehungen auseinandergesetzt und bringen nun ein eigenes Bild davon mit, wie sie ihre Partnerschaft gestalten wollen. Gut, wenn es dabei immer noch die Eltern als Berater gibt, an die man sich bei Bedarf wenden kann! Natürlich brauchen sie dann noch einen Partner mit kompatiblen Interessen, Werten und Lebenszielen, um Erfahrungen sammeln zu können. Ihn oder sie zu finden ist manchmal nicht so einfach. Beziehung kann gelingen, wenn es genug Verbindendes gibt und beide Partner dazu in der Lage sind, nach der anfänglichen Verliebtheit an der Beziehung zu arbeiten, Probleme zu lösen und immer wieder neue Anfänge zu finden. Mehr zu diesem Thema lesen Sie bei der nächsten Frage.

Liebe und Sexualität

 Was gehört alles dazu, um fit für die Liebe zu sein?

Menschen unterscheiden sich in ihrem Bedürfnis nach Nähe. Jugendliche müssen für sich herausfinden, wie viel davon ihnen guttut und wie viel sie ertragen können. Sie müssen über eine gute Kommunikationsfähigkeit verfügen, also sagen können, was sie brauchen und wollen – und dies zunächst meist noch selbst erkunden. Sie sollten den anderen bei Bedarf sachlich kritisieren können. Sich in ihn einfühlen können und dazu in der Lage sein, auch seine nonverbalen Signale zu entschlüsseln, also Mimik, Gestik, Haltung und Klang der Stimme. Beim Sex einfühlsam auf den anderen eingehen können.
Jugendliche sollten Kompromissfähigkeit entwickeln. Es gilt eine goldene Mitte zu finden zwischen den eigenen Idealvorstellungen von einem passenden Partner und dem Angebot. Traumprinzen und -prinzessinnen sind eher selten. Doch wann wird ein Kompromiss faul, weil ich mich völlig verbiegen muss? Dazu kommen tausend Kompromisse im Alltag, um Liebe wirklich leben und erhalten zu können. Jugendliche müssen lernen, Konflikte und Meinungsverschiedenheiten fair und ohne Verlierer zu lösen. Lesen Sie mehr dazu auf Seite 99 f.
Beide Partner haben die Aufgabe, sich einander anzupassen, ohne die eigene Individualität aufzugeben. Interessen, Weltbilder, Zukunftspläne, Lebensstile müssen zusammenpassen. Sie müssen für sich herausfinden, was für sie die Fundamente einer guten Beziehung sein sollen: toller Sex, gegenseitige Hilfe und Unterstützung, gemeinsamer Spaß, Vertrauen und Geborgenheit …
Seien Sie Ihren Kindern ein offener, guter Gesprächspartner und Berater. Vermutlich werden auch Sie nicht für alle Fragen und Problembereiche Antworten parat haben. Das macht Ihre Gespräche aber vielleicht spannender – auch für Sie selbst.

> **?** *Meine Tochter hat eine sehr innige Beziehung zu ihrer Freundin. Könnte sie lesbisch sein?*

Wie das Sexualzentrum im Gehirn Ihrer Tochter programmiert ist, steht bereits vor ihrer Geburt fest. Innige Freundschaften zwischen Mädchen, auch mit sexuellen Aktivitäten, kommen jedoch vor, ohne dass es dabei immer um lesbische Sexualität geht. Das Rumknutschen auf Partys zwischen Mädchen ist mittlerweile ganz normal (im Gegensatz zu den Jungen, unter denen das viel mehr ein Tabu ist). Viele Menschen sind bisexuell veranlagt. Etliche Jugendliche probieren erst einmal aus, was zu ihnen passt. Dabei kann es durchaus auch zu gleichgeschlechtlichen sexuellen Handlungen kommen. Sprechen Sie das Thema Homosexualität offen an. Versuchen Sie, sich vorher Ihrer eigenen Einstellung dazu bewusst zu werden oder diese zu überprüfen. Was Ihre Tochter – sollte sie tatsächlich lesbisch sein – braucht, ist die Sicherheit, dass Sie sie genauso lieben, und Ihr Verständnis und Ihre Unterstützung dabei, ihren eigenen Lebensweg zu finden.

> **?** *Wir wünschen unseren Kindern eine ganz klassische Mutter-Vater-Kind-Familie. Was können wir dafür tun?*

Die Anzahl der Langzeit-Singles und gewollt kinderlosen Paare wächst kontinuierlich. In vielen Fällen stehen dann Beruf und Karriere im Vordergrund. Es ist fraglich, ob dieser Lebensstil auf Dauer glücklich macht.
Die beste Voraussetzung für ein glückliches Familienleben ist, dass man als Kind und Jugendlicher in seiner Herkunftsfamilie die Vorzüge eines solchen Lebensmodells kennen und schätzen gelernt und eine positive Einstellung zum Thema Familie gewonnen hat.

Liebe und Sexualität

Später kommen Gespräche über dieses Thema dazu: Über die Vereinbarkeit von Beruf und Familie. Über die Gründe des Scheiterns so vieler Beziehungen. Über die schönen Erlebnisse mit Kindern. Über Ihre ganz persönlichen Gründe, warum Sie sich für Kinder entschieden haben. Über Momente, in denen Sie (ver)zweifelten. Wie Sie schwierige Zeiten überstanden haben. Über Ihre Visionen, die Sie mit der Geburt Ihres Kindes verbunden haben. Wenn sich dann noch die Beziehungsfähigkeit (siehe Seite 186) Ihres Kindes im Laufe der Jahre gut entwickeln konnte, stehen Ihre Chancen auf Enkelkinder nicht schlecht! Bei alldem aber gilt: Ihr Kind ist eine individuelle Persönlichkeit mit eigenen Wünschen und Vorstellungen. Auch wenn es schwerfällt – akzeptieren Sie seine Entscheidung für den bevorzugten Lebensstil.

Mein Sohn meint, Heiraten sei total out. Haben wir ihm falsche Werte vermittelt?

Ich kenne viele Erwachsene, die – ob glücklich oder weniger glücklich verheiratet – versichern, dass sie im nächsten Leben nicht mehr heiraten würden. Auch wenn die tiefe Sehnsucht nach einer dauerhaften Partnerschaft in den meisten Menschen noch zu schlummern scheint. Flexibel zu sein ist die Forderung des Tages. Partner scheinen nicht mehr auf längere Zeit miteinander klarzukommen. Wir wollen alles mit maximalem Erfolg. Warum sollten wir uns also nur einmal verlieben statt mehrfach? Scheiden tut weh und kostet auch viel Geld.

Zum Glück wünschen sich viele junge Leute später doch irgendwann eine Hochzeit mit allem Drum und Dran, sonst würde in den Standesämtern vielleicht schon gähnende Leere herrschen! Später entwickeln unsere Kinder dann eigene Traditionen in dem Familiensystem, das sie neu schaffen werden, und lassen dabei das Liebenswerteste aus ihrer Kinderzeit neu aufleben.

Vor sexueller Gewalt schützen

 Wie schütze ich meine Tochter vor sexuellen Übergriffen?

Sprechen Sie über gefährliche Situationen. Denken Sie dabei nicht nur an den Sexualtäter, der auf der Straße lauern könnte: Die meisten sexuellen Übergriffe passieren im Bekannten- und Verwandtenkreis! Sprechen Sie über solche Fälle. Wie könnte Ihre Tochter sich verhalten? Wem könnte sie sich anvertrauen? Hätte sie den Mut dazu? Machen Sie Ihr Kind selbstbewusst und stark. Lehren Sie es, dass Neinsagen erlaubt ist. Schon wenn Papa zu lange kitzelt, wenn eine Tante feuchte Küsse verteilt, wenn Mama ohne Auftrag Mitesser ausdrücken möchte. Für draußen denken Sie über »Waffen« nach, die ihre Tochter immer dabei hat:

- Den Verstand, um brenzlige Situationen zu erkennen und zu vermeiden oder mögliche Auswege zu finden.
- Eine selbstbewusste Ausstrahlung. Schon ein selbstsicherer Gang kann Täter abschrecken.
- Die Stimme, um andere aufmerksam zu machen.
- Fingernägel zum Kratzen und Kneifen, Beine zum Treten … Aber wirklich nur im Notfall! Nur selten hat eine Frau die Chance, den Täter damit außer Gefecht zu setzen – es könnte ihn zusätzlich aggressiv machen. Aber es bringt Zeit, falls Hilfe unterwegs ist.

 Wie schütze ich meinen Sohn vor sexuellen Übergriffen?

Grundsätzlich gilt hier alles, was in der letzten Frage für die Mädchen steht. Jungen werden ebenso Opfer sexueller Gewalt. Die Gefahr wird leider häufig unterschätzt. Hier sind es besonders häufig Täter, die dem Kind bekannt sind, sich gezielt sein Vertrauen erschleichen und dieses dann ausnutzen.

Liebe und Sexualität

Ein Kind, das eine vertrauensvolle Beziehung zu seinen Eltern hat, das nicht fürchtet, Ärger zu bekommen, wird von Übergriffen schneller berichten. Es ist damit als Opfer weniger geeignet und wird seltener ausgewählt. Jungen haben jedoch mehr Probleme damit, sich als Opfer zu outen, weil sie sich in ihrer Männlichkeit gekränkt fühlen. Manche fürchten, nun homosexuell zu werden. Sprechen Sie doch einmal anlässlich einer entsprechenden Nachrichtenmeldung über sexuellen Missbrauch, wie ihr Kind sich verhalten würde und sollte und dass es mit solchen Erlebnissen jederzeit zu Ihnen kommen kann.

HINWEIS

Bewahren Sie Ruhe. Das Ausmaß der Traumatisierung eines Kindes hängt sehr davon ab, was danach passiert. Holen Sie professionelle Hilfe, etwa in einer Beratungsstelle (Adressen siehe Seite 249). Man berät Sie zu allen Fragen: Wann hat eine Anzeige Sinn? Wie kann das Vertrauen Ihres Kindes in die Mitmenschen wiederhergestellt werden? Wie können Sie es unterstützen? Benötigt es eine Therapie? Wie kann es lernen, sich zu schützen? Oft trauen sich Kinder nicht, ihren Eltern von dem Erlebten offen zu berichten. Sie wissen, welchen Schock sie bei diesen auslösen werden. Ihnen fehlen die Worte für das Unaussprechliche. Sie sind unsicher über die eigene Wahrnehmung. Achten Sie auch auf verdeckte Signale:
- Ihr Kind will nicht mehr irgendwohin, wohin es bisher gern ging – ohne dies plausibel begründen zu können.
- Alle plötzlichen radikalen Verhaltensveränderungen.
- Auffällige herumliegende Zeichnungen und Texte.
- Plötzlicher Rückzug.
- Plötzliches sexuell provozierendes Verhalten.

Sprechen Sie über Ihre Beobachtungen und Ihre Sorgen. Ermutigen Sie Ihr Kind dazu, sich zu offenbaren. Machen sie ihm klar, dass die Schuld nicht bei ihm liegt.

Fit werden für Schule und Leistung

Manche Eltern vermitteln mir und ihren Kindern den Eindruck, es gäbe nur Loser oder Winner. Damit ihr Kind einmal nicht zu den Losern zählt, pushen sie es mit aller Macht. Dabei kann der Leistungsdruck schnell zu hoch werden. Diese Kinder reagieren dann oft mit psychisch bedingten körperlichen Symptomen oder verweigern Leistung irgendwann ganz. Dann ist guter Rat teuer. Andere Eltern scheinen resigniert zu haben. Sie wollen das Thema Lernen und Leistung ganz an die Schule delegieren, was nicht funktionieren kann. Sie fordern keine Leistung mehr. Vielleicht weil sie selbst erlebten, dass sie trotz guter Ausbildung und Leistung den Job verloren? Oder weil sie sich einfach hilflos fühlen, ihr Kind gut zu motivieren. Es ist sicher nicht so einfach, ein gesundes Maß zu finden. Am besten gelingt es, wenn Sie sich vorrangig daran orientieren, wo Ihr Kind steht. Davon lassen sich die nächsten Entwicklungsschritte ableiten und das weitere Vorgehen bestimmen, das die Kinder beim Lernen unterstützt. Vermeiden Sie Druck. Spornen Sie an. Setzen Sie Belohnungen aus. Bieten Sie praktische Hilfen. Und arbeiten Sie eng mit der Schule zusammen. Nur dann werden Sie Ihr Ziel erreichen können. Engagieren Sie sich für Verbesserungen, wo immer es Ihnen sinnvoll erscheint. Aber agieren Sie dabei nicht gegen die Schule, sondern mit ihr! Herrscht Krieg zwischen Eltern und Lehrern, kann sich Ihr Kind nicht in Ruhe dem Lernen widmen. Lernen dient dem Zweck, dass Ihr Kind sich später im Leben gut zurechtfindet. Dazu sollte es all seine Fähigkeiten und Interessen entdecken und erweitern können. Unterstützen Sie Ihr Kind auch dabei, Berufswünsche zu entwickeln und sich kleine und große Ziele zu setzen, um diese Wünsche auch in die Tat umsetzen zu können.

Fit werden für Schule und Leistung

LERNMOTIVATION FÖRDERN

 Wie kann ich mein Kind am besten zum Lernen motivieren?

Schaffen Sie mit Ihrem Kind eine Vision, wie seine Zukunft aussehen könnte! Suchen Sie nach seinen Talenten und besonderen Fähigkeiten. Welche Berufsrichtung würde dazu passen? (Siehe Seite 212 und 215.) Machen Sie Ihr Kind neugierig auf das Leben und auf den Erwerb von Wissen. Knüpfen Sie an das an, was Ihren Sprössling gerade interessiert, und machen Sie sich gemeinsam auf die Suche nach mehr darüber.

Ermutigen Sie viel, wenn Ihr Kind aufgeben will. Erinnern Sie es an das bisher Erreichte. Bewahren Sie selbst den Optimismus, auch in schwierigen Zeiten. Eine Sechs in der Klassenarbeit oder sogar die verpasste Versetzung in die nächste Jahrgangsstufe sind keine Katastrophen, sondern Anlass zum Nachdenken: Woran lag es? Was könnte besser laufen? Welche Hilfen sind erforderlich? Setzen Sie für schwierige Lernetappen oder Teilziele, bei denen sich Ihr Kind überdurchschnittlich anstrengen muss, ruhig auch einmal eine Belohnung an. Freuen Sie sich gemeinsam, wenn solch ein Teilziel erreicht ist, und feiern Sie das gebührend. Überprüfen Sie noch einmal gemeinsam die Lernstrategien Ihres Kindes. Es motiviert Kinder ungemein, wenn sie beim Lernen wieder Erfolge sehen – auch wenn es anfangs nur kleine sind.

HINWEIS

 Zeigen Sie Ihrem Kind, dass Fehlermachen zum Lernen dazugehört. Fehlschläge sollten kein Anlass für Schelte, Strafe und enttäuschte Gesichter sein, sondern dazu, die entdeckten Lücken zu schließen. Achten Sie stets mehr auf den individuellen Lernfortschritt Ihres Kindes als auf die Note.

Kinder sollen einen gesunden Ehrgeiz entwickeln, lesen wir. Was ist gemeint?

Die meisten Menschen können in Sachen Ehrgeiz in drei Gruppen eingeordnet werden: Zur ersten Gruppe gehören Menschen, die nicht erfahren haben, dass sich Anstrengung lohnt. Sie konnten die eigenen Ansprüche oder die ihrer Lehrer und Eltern nicht erfüllen und haben eine Schutzphilosophie für sich entwickelt: Leistung ist ihnen scheinbar oder tatsächlich egal. In der zweiten Gruppe finden sich dagegen Menschen, die über eine doppelte Portion Ehrgeiz verfügen. Sie streben Höchstleistungen an. Leider überfordern sie sich damit oft, sodass ernsthafte gesundheitliche Probleme drohen. Oder es leiden andere Lebensbereiche, vor allem die zwischenmenschlichen Beziehungen. Menschen dieser Gruppe verbinden Leistung stark mit dem Gefühl, liebenswert oder als Mensch wertvoll zu sein. Sie sind süchtig nach Erfolg. Das wird zum Problem, wenn sie durch Krankheit oder Alter Einbußen in ihrer Leistungsfähigkeit erleben.
Die dritte Gruppe ist ehrgeizig, entgeht aber der Suchtgefahr. Sie strebt hohe Leistungen an, ohne sich zu überfordern und einseitig auf Leistung fixiert zu sein. Es ist ihnen ebenso wichtig, zu lieben und geliebt zu werden, Spaß zu haben und sich zu entspannen. Diese Menschen können es aushalten, wenn sie in einzelnen Bereichen nicht »top« sind. Sie haben ein stabiles Selbstbewusstsein und machen das Beste aus ihren Möglichkeiten. Diesen gesunden Ehrgeiz wünsche ich Ihren Kindern!

 Wie fördern wir gesunden Ehrgeiz?

Gesunder Ehrgeiz heißt, die eigenen Leistungsmöglichkeiten auszuschöpfen. Diese liegen nicht nur im intellektuellen oder körperlichen Bereich. Zum Beispiel reicht für gute Schulnoten eine hohe Intelligenz allein nicht aus.

Fit werden für Schule und Leistung

Hinzu kommen müssen gute Konzentrationsfähigkeit, Anstrengungsbereitschaft und dass das Kind sich im System Schule halbwegs wohl fühlt. Setzen Sie Ihr Kind nicht zu sehr unter Druck! Realistische Ziele liegen immer einen Tick über dem, was jemand schon kann. Ermutigen Sie viel. Spornen Sie an: »Meinst du, dass du es schaffen kannst, dass …?« Setzen Sie Belohnungen aus. Fördern Sie die Entwicklung von Zielen (siehe Seite 212 ff.). Bedenken Sie bei den Schulnoten immer, dass diese – neben der objektiven Bewertung nach bestimmten Kriterien – einen gewissen Anteil subjektiver Bewertungen enthalten. Bei mündlichen Leistungen ebenso wie bei Niederschriften, im Kunstunterricht … Auch der Glücksfaktor ist immer mit im Spiel. Behalten Sie all das im Auge. Dann gelingt es Ihnen, eine gewisse Gelassenheit bei den Noten zu wahren. Und Ihrem Kind trotzdem zu vermitteln, dass es vermutlich irgendwann einmal daran gemessen wird (siehe Seite 194).

Unser Kind kann, wenn es will, sagen uns die Lehrer. Wie helfen wir ihm zu wollen?

Diesen Satz höre ich in meiner Sprechstunde häufig. In vielen Fällen stimmt er nicht. Niemand würde etwa einem Weltklassesportler vorhalten, zu können und nur nicht zu wollen, wenn seine Leistung unter seinem eigenen Rekord liegt! Kind und Sportler können unter günstigen Bedingungen, die eben nicht täglich vorliegen: ausgeschlafen, fit und gesund sein, sich super konzentrieren können, Spaß an der Sache haben und Selbstvertrauen, die Sache gut zu machen. Intelligenz ist (wie sportliches Können) nur die halbe Miete. Wenn Kinder zu Hause einen Rechenweg oder Vokabeln beherrschen, kann am nächsten Tag bei der Leistungskontrolle das Gedächtnis wie gelöscht sein. Zu akzeptieren, dass Kinder an ihre Grenzen kommen, fällt Eltern häufig schwer.

Wie wichtig sind gute Zensuren heute?

Natürlich sind sie nicht unwichtig. So mancher Chef wählt immer noch von 50 Kandidaten die mit den besten Noten für ein Vorstellungsgespräch aus. Größere Betriebe setzen eher auf Eignungstests. Sie wissen, wie subjektiv Zensuren oft sind. Nicht nur bei der Bewertung von Niederschriften, Zeichnungen und Interpretationen, sondern auch bei mündlichen Noten. Ein schüchterner Schüler kann Gefahr laufen, als nicht motiviert eingestuft und über die Noten abgestraft zu werden. Aber ein festgelegter Numerus clausus bestimmt, ob ein Fach sofort studiert werden darf oder Warterunden anstehen.
Trotzdem werden Zensuren oft eher überschätzt. Über die wirkliche Eignung für einen Beruf sagen sie wenig aus. Auch nicht darüber, wie glücklich jemand in seinem Leben sein wird. Oder wie wertvoll er für seine Mitmenschen ist. Selbst Albert Einstein hat sich mit vielen schlechten Noten durch die Schule gequält!

 Wie wird mein Kind beim Lernen selbstständiger?

Achten Sie darauf, dass die Verantwortung bei Ihrem Kind bleibt beziehungsweise wieder dort landet. Ihr Kind muss üben, nicht Sie. Sie dürfen ihm helfen, wenn es das möchte. Alles, was es allein tut, ist aber wertvoller, weil es dabei an Selbstständigkeit und Selbstvertrauen gewinnt. Machen Sie Vorschläge. Verordnen Sie Üben aber eher nicht, sonst ist der Lerngewinn möglicherweise geringer als Widerstand und Unlust – umso mehr, je älter Ihr Kind ist. Zeigen Sie durch Ihr Interesse, dass Schule und Lernen wichtig sind. Stellen Sie Forderungen und kontrollieren die Durchführung. Arbeiten Sie zusammen am Erreichen von Nah- und Fernzielen. Ihr Kind sollte dabei stets aktiver sein als Sie, dann gelingt es.

Fit werden für Schule und Leistung

Drei Arten von sinnvollen Lern-Hilfen
- Inhaltlich: Wenn Ihr Kind krank war oder etwas nicht verstanden hat, müssen Sie es – wenn Sie können – erklären. Achten Sie darauf, dass Ihr Kind die Initiative behält und Sie um Ihre Hilfe bittet.
- Technisch: In der Schule kommt oft das Lernen des Lernens zu kurz, Lerntechniken werden zu wenig vermittelt und trainiert. Bieten Sie »Nachhilfe« an: Wie lernt man Vokabeln am besten? Wie bereitet man einen Vortrag vor? Wie erarbeitet man Texte? Wie lernt man für eine Klassenarbeit? Buchtipps siehe Seite 248.
- Organisatorisch: Zeigen Sie Ihrem Kind, wie es sich selbstständig um seine Schulsachen kümmert. Schaffen Sie gemeinsam einen guten Lernraum (Arbeitsplatz, Ruhe, geeignete Arbeitszeit ...). Bringen Sie ihm bei, einzuschätzen, wo besonders viel Lernarbeit nötig ist. Wie es Fehleranalysen von Arbeiten durchführt, Lernschwerpunkte findet, Lernstrategien entwickelt und Erinnerungshilfen findet.

> **?** *Wie lernt mein Kind, sich selbstständig um seine Schulangelegenheiten zu kümmern?*

Ihr Kind sollte um das 12. Lebensjahr gelernt haben, dass es hauptverantwortlich für die schulischen Dinge ist. Es muss dafür sorgen, dass seine Arbeitsmaterialien komplett sind oder ausreichend für eine Arbeit oder die Endnote lernen. Es muss zu Ihnen kommen, wenn es Ihre Hilfe benötigt, etwa beim Besorgen von Material, beim Fertigstellen einer Hausaufgabe, wenn Sie ihm etwas erklären oder Vokabeln abfragen sollen. Nehmen Sie Ihrem Kind nicht zu viel ab. Lassen Sie lieber wirken, was passiert, wenn man sich verspätet. Wenn Materialien fehlen. Wenn die Note schlechter ausfällt als erwartet.

> **?** *Der reguläre Wechsel in die weiterführende Schule steht an. Wie finden wir die richtige Schule für unser Kind?*

Auch wenn Lehrer sich irren können: Wischen Sie die Empfehlung, die sie Ihnen geben, nicht einfach vom Tisch! Suchen Sie noch einmal das Gespräch, wenn Sie Widersprüche zu Ihrer eigenen Einschätzung feststellen. So können Sie genauer erfahren, woran es Ihrem Kind möglicherweise noch fehlt. Ihr Kind braucht eine Schule, in der es weder unter- noch überfordert ist. Sonst verliert es möglicherweise vor Langeweile die Lust am Lernen beziehungsweise quält sich über Jahre durch eine zu anspruchsvolle Schulform, steht dabei immer hinter den anderen und sammelt Misserfolge, die schließlich zu einem miserablen Abschlusszeugnis führen. Ihr Kind soll aber Erfolge sammeln können. Lernen, dass sich Anstrengung lohnt. Spaß an Lernen und Leistung haben. Es gibt auch nach der Schule zahlreiche Möglichkeiten, bisher nicht ausgeschöpfte Ressourcen zu nutzen und höherwertige Abschlüsse zu erreichen. Es ist außerdem ein Trugschluss, dass Akademiker glücklicher mit ihrem Leben sind als Menschen, die eine Lehre gemacht haben. Schauen Sie sich gemeinsam mehrere Schulen und ihre Konzepte an. Wichtig ist, dass sich Ihr Kind darin wohl fühlt und sich entfalten kann. Dass seine speziellen Talente und Fähigkeiten gefördert werden. Wie definieren sich die Lehrer: ausschließlich als Wissensvermittler oder als Lernpartner der Kinder, mit denen gemeinsam sie gute Lernergebnisse erzielen wollen? Wird nur eine Anpassung des Kindes an die Schule vorausgesetzt, oder ist die Schule im Rahmen ihrer Möglichkeiten bereit, auf die Lernvoraussetzungen Ihres Kindes einzugehen? Sind die Schüler nur Konkurrenten oder Partner in einem gemeinsamen Lebensabschnitt? Suchen Sie das persönliche Gespräch mit dem Rektor oder den zukünftigen Lehrern.

Fit werden für Schule und Leistung

 Wie erleichtern wir unserem Kind den Start in der weiterführenden Schule?

Der Anpassungsprozess, der durch den Wechsel vor Ihrem Kind liegt, hat es in sich:

- Schon äußerlich ist alles anders. Der Schulweg ist neu und oft viel weiter. Ihr Kind muss sich in einem großen Gebäude orientieren. In den Fachräumen gelten neue Regeln …
- Das Wichtigste an der Schule ist für Kinder nicht das Lernen, sondern die Gemeinschaft der Gleichaltrigen. Wo wird es in der sozialen Hierarchie seinen Platz finden? Wie kann es dies am besten tun?
- Es gibt eine Vielzahl neuer Lehrer, die alle so ihre Vorstellungen haben, wie man am besten lernen kann. Die muss das Kind möglichst schnell verinnerlichen.
- Oft sind Lernmethoden verlangt, die in der Grundschule nicht erworben wurden. Es wird mehr Selbstständigkeit erwartet, als viele Kinder gewohnt sind.

Sie helfen Ihrem Kind, indem Sie ihm zunächst in der Familie einen gewissen Schonraum zubilligen. Ja, es müsste sich vielleicht in seinem Alter auch mehr an der Hausarbeit beteiligen, aber daran können Sie auch noch in einem halben Jahr arbeiten. Leisten Sie auch praktische Hilfe, zum Beispiel beim Einrichten der Hefter. Denken Sie vorübergehend noch mit an Dinge, die Ihr Kind vielleicht zuvor schon allein im Griff hatte: das Sportzeug, die Monatskarte …

Helfen Sie Lücken im Stoff zu schließen. Sprechen Sie noch einmal über verschiedene Lernmethoden. Wie bekomme ich das Gedicht oder die Vokabeln in den Kopf? Wie suche ich aus der Literatur Informationen zusammen? Wie bereite ich einen Vortrag vor? (Tipps zu Materialien siehe Seite 248.) Halten Sie mögliche Stimmungsschwankungen einfach eine Weile aus. Schließlich fällt der Schulwechsel in die ohnehin schon stressige Phase der Pubertät.

KONZENTRATIONSFÄHIGKEIT: VORAUSSETZUNG ZUM LERNEN

 Wie kann ich die Konzentrationsfähigkeit meines Kindes steigern?

Jedes Kind kann durch Üben seine Konzentrationsfähigkeit deutlich verbessern. Spielen Sie Gesellschaftsspiele aller Art, wenn Ihr Kind das noch (oder wieder) mag. Dabei kann es Ausdauer und Konzentration trainieren. Wenn Ihr Kind zum Aufgeben neigt: Motivieren Sie es immer noch zu einer Runde mehr oder zumindest zum Fertigspielen. Es gibt auch Programme zur Konzentrationssteigerung, die Sie gemeinsam absolvieren können (siehe Buchtipp Seite 248).

Achten Sie zusätzlich auf Folgendes: Manche Kinder sind durch Außenreize leicht zu stören. Sie brauchen eine eher reizarme Umgebung zum Lernen – ohne Musik oder andere Ablenkungen. Andere können sich mit der leise nebenbei laufenden Lieblingsmusik besser konzentrieren. Manchen Kindern gleiten die Gedanken zu anderen Themen weg. Das können etwa Sorgen sein, ob man in der nächsten Pause am Schulrambo gesund vorbeikommt, ob Mama und Papa sich wieder versöhnen … Hier muss über die Sorgen gesprochen werden.

Viele Kinder können sich super bei Gameboy und Co. konzentrieren, aber schlecht bei Mathe und Englisch. Das ist in erster Linie ein Motivationsproblem. Lehrer und Eltern könnten gut von Computerspielen lernen: Die Kinder bleiben dort viel länger bei der Sache, weil sie permanent Rückmeldungen über ihre Leistung bekommen, und das in der Mehrheit positiv (Ansteigen der Punkte, Geräusch, neuer Level, der erreicht wurde). Und nach Zurücksetzen der Wertung ist stets ein Neuanfang möglich, ohne dass jemand meckert. Sie können Ihr Kind anregen, das auch selbst zu tun: sich also still für jedes erreichte Ergebnis zu loben.

Fit werden für Schule und Leistung

 Was ist von konzentrationssteigernden Mitteln zu halten?

Wie beim Doping im Sport werden mit konzentrationssteigernden Medikamenten höhere Fähigkeiten vorgetäuscht, als ein Mensch ohne diese Mittel erreicht.
Es gibt sehr hilfreiche und unbedenkliche Alternativen:
- Viel frische Luft, gesundes Essen und Trinken.
- Ein gesunder Pausen-Müsliriegel (mit wenig Zucker). Oder Trockenfrüchte und Nüsse.
- Leise Lieblingsmusik, um sich in eine gute Grundstimmung zu bringen.
- Spielen mit dem Radiergummi, um das Gehirn in einer langweiligen Schulstunde bei der Stange zu halten. Im Bastelgeschäft gibt es auch knetbare Radiergummis!
- Ein Stück Traubenzucker, eine Tasse schwarzer Tee bei der Prüfungsvorbereitung.
- Regelmäßige Entspannungsübungen.

 Die Lehrerin vermutet bei unserem Kind ein ADHS. Was ist das?

ADS bedeutet Aufmerksamkeits-Defizit-Syndrom. Beim ADHS kommt noch das H für Hyperaktivität hinzu. Es handelt sich um eine Störung im Hirnstoffwechsel, deren Ursachen hauptsächlich im genetischen Bereich vermutet werden. Kennzeichnend sind folgende Symptome:
- Schwierigkeiten, sich auf eine Sache zu konzentrieren (je unattraktiver sie ist, desto mehr), dabeizubleiben und Außenreize auszublenden, sich also nicht ablenken zu lassen. Dadurch passieren viele »Schusselfehler«.
- Impulsivität: Das Kind handelt, bevor es denkt. Dadurch kommt es immer wieder in Konflikt mit seiner Umwelt. Es hält Regeln schlecht ein. Meist kann es nicht gut warten. Es sagt unangemessene Dinge, die es nicht so meint. Es ist oft in Streitereien verwickelt.

➤ Hyperaktivität kann, muss aber nicht vorliegen. Meist klingt sie im Jugendlichenalter ab. Dann wird aus der Zappeligkeit eher innere Unruhe oder deutliche Nervosität. ADS-Kinder sind eher verträumt, werden oft leistungsmäßig unterschätzt, vergessen und verschusseln besonders viel. Oft wird das ADS bei diesen eher unauffälligen Kindern nicht erkannt.

Wie können wir unserem Kind bei ADHS helfen?

Zunächst ist eine fundierte Diagnose seitens eines Facharztes für Kinder- und Jugendpsychiatrie nötig. Leider gibt es keine anerkannte objektive ADHS-Diagnostik. Die Fachleute sind auf subjektive Einschätzungen angewiesen. Zudem handelt es sich um eine »Modediagnose«, die manchmal vorschnell vergeben wird. Ein Kinderneuropsychiater kann abklären, ob für die beobachteten Symptome andere Probleme verantwortlich sind. Er berät Sie über Hilfen, ob medikamentös oder in Form einer Psychotherapie. Oft ist beides sinnvoll.

Für Eltern gibt es viele Ratgeber dazu, wie sie ihr Kind unterstützen können (siehe Tipps Seite 247). Bei den Hausaufgaben und beim Lernen. Im Alltag rund um Aufräumen, Regeln und Umgangston. Am wichtigsten ist: Behalten Sie im Auge, dass Ihr Kind in seinem Leben nicht nur erlebt, bei seinen Mitmenschen anzuecken und schwierig zu sein. Stärken Sie alles, was gut klappt!

HINWEIS

Manche Ärzte raten bei ADHS unbedingt zu Medikamenten. Andere warnen vor Gefahren und Risiken. Es ist sicher besser, kein Medikament zu benötigen. Wenn jedoch ein Kind in der Schule absolut nicht mehr klarkommt, ist ein Medikament oft unverzichtbar.

Fit werden für Schule und Leistung

Ich habe gehört, dass manche Kinder mit ADHS rauchen und kiffen, um ihre Konzentration zu steigern. Was ist dran?

Fachleute vermuten: Die Kinder haben entdeckt, dass sie sich nach dem Rauchen oder Kiffen besser konzentrieren können. Die Gefahr einer Abhängigkeit bei Kindern mit ADHS ist erhöht. Befürworter einer medikamentösen Therapie meinen, eine Abhängigkeit entwickle sich häufiger, wenn die Kinder keine Medikamente erhalten haben. Sicher geht es jedoch nicht nur um eine Verbesserung der Konzentration. Betroffene leiden häufig unter großer innerer Unruhe und Nervosität, die sie so bekämpfen möchten. Viele ecken in ihrer Umwelt oft an und bauen mit dem Rauchen Spannungen ab. Oder ihr Selbstbewusstsein ist so angeschlagen, dass sie den Versuchungen in der Gruppe weniger widerstehen können.

WENN ES PROBLEME IN DER SCHULE GIBT

Die Leistungen unserer Tochter haben im letzten Halbjahr stark nachgelassen. Was tun?

Gab es längere Ausfallzeiten? Bei Wissenslücken ist möglicherweise Nachhilfe angesagt. Hat etwas Ihre Tochter vom Lernen abgehalten, etwa Liebeskummer oder familiäre Turbulenzen? Wenn das Problem bereinigt ist, stellt sich vielleicht heraus, dass es sich nur um einen vorübergehenden »Hänger« handelte. Oder hat sie allgemein keine Lust mehr zum Lernen? Lesen Sie weiter auf Seite 202. Schauen Sie sich den Leistungsabfall in jedem Fach genau an. Manchmal kommen Schüler mit einem (neuen) Lehrer nicht klar. Kann ein gemeinsames Gespräch den Kontakt verbessern? Oder können Sie dem Lehrer die Schwierigkeiten verdeutlichen und ihn um Hilfe bitten?

Kam Ihre Tochter an ihre Grenzen? Lernschwächen können über Jahre ausgeglichen werden und kommen zum Vorschein, wenn die Anforderungen ein neues Niveau erreichen, etwa beim Wechsel in die Oberschule. Oder wenn zum Beispiel pubertäre Schwierigkeiten besondere Anstrengungen erfordern. Helfen Sie ihr, ihre Grenzen akzeptieren zu lernen und trotzdem nicht aufzugeben. Machen Sie ab und an eine Analyse missglückter Arbeiten. Wo liegen Wissenslücken vor? Wer kann die schließen helfen? Wo muss einfach mehr gelernt werden? Wo handelt es sich um Konzentrationsprobleme? Vielleicht ist Ihre Tochter aber auch übermotiviert. Wenn der Druck wegen der Noten von innen heraus oder von außen durch die Familie zu groß wird, kann zu große Aufgeregtheit in Leistungssituationen zu Versagen führen. Dann muss der Druck reduziert werden. Dabei geht es nicht um die Angst vor Strafen. Oft entsteht der Druck durch die Enttäuschung der Eltern bei einem Misserfolg.

Ich fürchte, unsere Tochter hat sich in schulischen Dingen aufgegeben. Wie können wir sie aufs Neue motivieren?

Schrauben Sie Ihre Erwartungen zunächst kräftig zurück. Ebenso die der Lehrer. Ziehen Sie gemeinsam mit diesen Bilanz, wo Ihre Tochter leistungsmäßig steht. Was sind die nächsten kleinen Schritte, damit sie vorankommt? Was kann die Schule dafür tun? Gibt es zusätzliche Fördermöglichkeiten, die noch nicht ausgeschöpft wurden? Wie können Sie Ihre Tochter unterstützen? Was müsste sie selbst tun? Besprechen Sie dies mit ihr. Machen Sie ihr immer wieder ihre Stärken bewusst. Verzichten Sie darauf, etwa den Tanzunterricht oder das Reiten zu streichen, damit mehr Zeit zum Lernen bleibt. Ihre Tochter braucht das Gefühl, dass ihr Leben nicht nur aus Anstrengung und Schwere besteht, sondern auch aus Spaß und Wohlbefinden. Sorgen Sie für gute Stimmung in der Familie und in der Freizeit. Fördern Sie alle Bereiche, in denen Ihre Tochter auch außerschulisch Erfolge und damit Selbstvertrauen sammeln kann. Loben Sie in schulischen Dingen zunächst mehr die Anstrengung als das Ergebnis. Manche Schüler strengen sich wirklich an, ohne dass man das immer an ihren Zensuren ablesen kann. Dass sie nicht aufgeben, ist dann oft das Lobenswerteste an der Sache.

 Wie helfen wir unserem Kind bei Unterforderung in der Schule?

Unterforderung kann ebenso belastend und folgenreich sein wie Überforderung. Die Situation der sogenannten hochbegabten Kinder findet zunehmend Aufmerksamkeit. Ist es wirklich die beste Lösung, sie in Eliteschulen zu fördern? Die gegenwärtige Schulpolitik setzt eher auf Integration. Wenn Schulen Aufgaben und Lernziele unterschiedlicher Schwierigkeitsgrade anbieten, kann das gut gelingen. In der Gesellschaft müssen später weniger und stärker Begabte weiter zusammenleben!
Für welchen Weg Sie sich auch entscheiden, es gibt außerhalb der Schule viele Möglichkeiten, für »geistiges Futter« zu sorgen. Vereinigungen von Eltern hochbegabter Kinder haben Angebote zur Förderung einerseits und dem Zusammensein der Kinder andererseits im Programm. (Internetadresse der DGhK siehe Seite 249, einen Buchtipp zum Thema finden Sie auf Seite 247.) Darüber hinaus können Schachzirkel, Ausstellungsbesuche mit den Eltern, Diskussionen in der Familie und anspruchsvolle Hobbys wichtige Bausteine sein, um die Entwicklung des Kindes anzuregen. Daneben sollte jedes noch so begabte Kind genug Zeit zur Muße, Entspannung, zum Träumen und zu dem normalen Unfug haben, den Kinder nun einmal anstellen müssen!

Wir sind mit der Schule unserer Tochter nicht zufrieden. Ist Schulwechsel ratsam?

Ein Schulwechsel reißt ein Kind aus dem gewohnten Umfeld heraus. Es haftet ihm immer etwas von Flucht und Aufgeben an. Besser wäre es, vorhandene Probleme zu lösen. Meist werden diese sowieso an die neue Schule mitgenommen. Sind Sie sicher, dass die neue Schule besser ist? Vielleicht hat der eine Lehrer, mit dem Sie dort gesprochen haben, einen guten Eindruck auf Sie gemacht. Reicht Ihnen das? Auch bei der jetzigen Schule sind Sie ja einmal davon ausgegangen, sie wäre die richtige. Ein Schulwechsel sollte die letzte Option sein, wenn wirklich gar nichts mehr geht. Dann gilt es für eine gute Vorbereitung zu sorgen, damit es Ihrem Kind an der neuen Schule wirklich besser geht. Setzen Sie sich im Voraus mit den Lehrern zusammen, um nach Unterstützungsmöglichkeiten für Ihr Kind zu suchen. Informieren Sie die Lehrer umfassend darüber, was auf sie zukommt – egal ob es eher um Lernschwierigkeiten oder Probleme im Verhaltensbereich geht. Der Schulwechsel sollte eine Entscheidung von Erwachsenen sein: »Was ist das Beste für unser Kind?« Sie müssen dabei die Meinung Ihres Kindes berücksichtigen. Sie sollte jedoch – wie sie auch lautet – nicht das Hauptentscheidungskriterium sein.

 Wie findet unser Kind wieder Spaß an der Schule?

Ich würde allen Kindern wünschen, dass ihnen der Ehrgeiz und Spaß des Lernanfängers über die gesamte Schulzeit erhalten bleibt. Erinnern Sie sich, wie Ihr Kind in den ersten Schulwochen reihen- und seitenweise Buchstaben und Zahlen übte, zum Teil sogar freiwillig, über jeden Erfolg strahlte und die Lehrerin für die wichtigste Person in seinem Leben hielt?

Fit werden für Schule und Leistung

Leider bleibt der Spaß am Lernen oft bald auf der Strecke. Schule orientiert sich an genormten Plänen und standardisierten Zielen. Bei Hospitationen erlebe ich immer wieder einfach langweiligen Unterricht. Die guten Schüler werden ausgebremst, weil sie auf die schwächeren warten müssen. Diese erleben, dass sie immer hinterherhinken, selbst wenn sie sich anstrengen. Die Lehrpläne sind in vielen Teilen veraltet. All das bewirkt, dass der Spaß oft verloren geht. Neuere Lernansätze werden diskutiert, kommen aber in der Praxis noch zu kurz.

Aber: Muss alles Spaß machen? Hält das Leben für uns Erwachsene nur Spaß bereit? Kinder müssen lernen, auch Dinge zuverlässig zu erledigen, die keinen Spaß machen. Langeweile, monotone Anforderungen und unterschiedliche Zwänge gehören nun mal zum Leben.

Eine Schule, die Spaß macht

Spaß an der Schule ist eng mit Erfolg verbunden. Zum Spaß an der Schule gehört auch, sich dort wohl zu fühlen. Sich mit »unserer Schule« zu identifizieren. Dazu ist ein gutes Betriebsklima wichtig. Lehrer und Schüler sollten als Team daran arbeiten, dass jeder Schüler einen bestmöglichen Schulabschluss erreicht. Schule sollte Lebensraum sein, in dem nicht nur gemeinsam gelernt, sondern auch gefeiert wird und wo Lernbedingungen unter Mitbestimmung aller geschaffen werden. Unterstützen Sie die Aktivitäten, die von der Schule diesbezüglich gestartet werden! Es ist sehr hilfreich, wenn Schüler und Lehrer stolz sind, an dieser Schule zu sein. Fördern Sie alle identitätsstiftenden Traditionen an der Schule Ihres Kindes! Engagieren Sie sich in Elterngremien für eine moderne und lebendige Schule. Klagen Sie immer wieder ein, dass Schule Lernlust wecken soll. Wer, wenn nicht wir Eltern, sollte dabei immer wieder neue Entwicklungen anregen!

Mein Sohn resigniert vor den Bergen an Anforderungen und den fehlenden Erfolgen. Wie baue ich ihn wieder auf?

Vielleicht fühlt sich Ihr Sohn gerade, wie Sie es täten, stünden Sie unmittelbar vor der Besteigung des Mont Everest. Was Sie beide bräuchten, wäre ein Stufenplan. Das oberste Ziel steht fest: das Schuljahr so gut wie möglich überstehen. Legen Sie nun Etappenziele (das nächste Zeugnis) sowie Teilziele (die nächsten Arbeiten) fest. Achten Sie auf Erreichbarkeit. Mehr als drei echte Notenverbesserungen pro Halbjahr sind unrealistisch.
Stellen Sie gemeinsam einen »Trainingsplan« auf. Was ist zu tun, um die Rechtschreibung zu verbessern? (Nutzung eines Computer-Trainingsprogramms.) Für Biologie? (Pro Stunde mindestens dreimal melden, vor Arbeiten längerfristig lernen, Unverstandenes erklären lassen.) Feiern Sie jeden Teilerfolg. Unter Umständen sollten Sie auch die Anstrengung selbst anerkennen – wenn Ihr Sohn zwar wirklich viel gelernt hat, es aber wegen des Pechfaktors bei den Fragen wieder nur eine Vier geworden ist. Weitere Ideen finden Sie auf Seite 202 f.

 Unser Sohn versteckt schlechte Noten vor uns. Was können wir tun?

Für das Verheimlichen schlechter Noten gibt es nur einen Grund: Angst. Es ist heute meist die Angst vor der hundertsten endlosen Moralpredigt, vor der Sorge der Eltern und der Enttäuschung in ihren Augen. Strafen für das Verheimlichen verstärken den Druck weiter. Nun kommt zum Versagen noch der Betrugsversuch, der Vertrauensbruch. Das nagt zusätzlich am Selbstvertrauen, welches jedoch gerade nötig wäre, um die schulischen Schwierigkeiten zu überwinden. Ihr Sohn weiß, wie er Sie mit seinen Schummeleien verletzt und wie sehr Sie sich Sorgen machen. Das müssen Sie ihm also nicht mehr erklären. Erklären Sie ihm eher Ihre Freude über sein Vertrauen, wenn er seine Noten offenbart. Holen Sie sich regelmäßig in der Schule den Leistungsstand ab. Machen Sie mit Ihrem Sohn ein gemeinsames Projekt daraus, die bestehenden Probleme zu lösen.

Achten Sie darauf, dass sich Ihre Kommunikation nicht nur um die Schule dreht. Tun Sie etwas für die Beziehung zu Ihrem Sohn, indem Sie gemeinsam auch schöne Zeiten verbringen. Erzählen Sie ihm, wie es Ihnen selbst in der Schule ergangen ist und wie Sie heute mit Misserfolgen umgehen. Versuchen Sie, Ihrem Sohn viel Vertrauen mitzugeben, dass er das packen wird!

Unser Sohn hat unsere Unterschrift unter einer Sechs gefälscht. Der Anfang einer kriminellen Karriere?

Ganz wichtig ist jetzt, dass Sie nicht in Panik verfallen. Was Ihr Sohn getan hat, ist eindeutig nicht in Ordnung – aber auch kein Staatsverbrechen. Nehmen Sie es als ein Zeichen, dass Ihre Vertrauensbasis derzeit angeschlagen ist, und verbessern Sie diese (siehe Seite 29 und 56 f.). Halten Sie guten Kontakt zu den Lehrern, damit Ihr Sohn weiß, dass Schummeleien auffliegen. Sie haben ihm sicher auch schon gesagt, was ein Betrugsversuch für Sie und rein rechtlich bedeutet. Das reicht beim ersten Mal. Sollten sich ähnliche Dinge jedoch wiederholen, müssen Sie das Gespräch mit ihm suchen. Was vermeidet er mit seinem Verhalten? Was befürchtet er? Versuchen Sie, ihn zu verstehen und Lösungen zu finden, wie in Zukunft mit schlechten Noten oder Einträgen umzugehen ist.

Wichtig: Verstehen heißt nicht Entschuldigen oder Tolerieren! Machen Sie Ihre Situation deutlich: Ihre Enttäuschung und wie peinlich es ist, vom Lehrer rückwirkend solche Aktionen zu erfahren!

Unsere Tochter hat zweimal die Sportstunde geschwänzt. Wie sollen wir reagieren?

Hält sie Sport für ein unwichtiges Fach? Dann müssen Sie sachlich mit ihr darüber sprechen. Hat sie ein Problem mit Ihrem Körper, der nicht so aussieht oder funktioniert, wie sie es gern hätte? Dann braucht sie Ihre feinfühlige Unterstützung. Oder gibt es ein Problem mit dem Sportlehrer, der etwas zu sehr hilft? Das müsste geklärt werden! Hat sich eine ganze Gruppe gedrückt? Wie kann Ihre Tochter dann lernen, Nein zu sagen? In jedem Fall sollte Ihre Tochter das Versäumte möglichst in der Freizeit nachholen: zweimal eine Stunde mit Ihnen joggen oder ins Fitnessstudio gehen. Zwei Stunden im Hallenbad Bahnen schwimmen. So wird Schwänzen unattraktiv.

 Unser Sohn ist drei Tage lang nicht in der Schule gewesen und hat die Entschuldigung gefälscht. Was sollen wir tun?

Sie stehen vor einer schwierigen Entscheidung: Decken Sie seine Handlung, oder sorgen Sie dafür, dass auf dem nächsten Zeugnis drei unentschuldigte Fehltage stehen? Viele Eltern entscheiden sich für die erste Variante. Damit war das Kind mit seinem Verhalten erfolgreich. Die Schelte der Eltern dafür steckt es weg. Der Lerneffekt wäre größer, wenn Ihr Sohn zu seinem Fehler stehen müsste. Sprechen Sie sich mit dem Lehrer ab!
Noch wichtiger ist es, nach den Ursachen zu suchen. Wollte Ihr Sohn sich vor unangenehmen Leistungskontrollen drücken? Hat er das Gefühl, dem Leistungsdruck nicht mehr gewachsen zu sein? Gibt es Probleme mit den Mitschülern? Oder mit einem Lehrer? – In Abhängigkeit davon sollten Sie gemeinsam überlegen, was passieren muss, damit es ihm in der Schule wieder gut geht.

> **»Ein Attest, bitte ...«**
> Jugendliche kommen manchmal sogar auf die Idee, sich bei einem Arzt eine Krankschreibung zu besorgen, wenn etwas an der Schule unangenehm wird. Ärzte haben es nicht immer leicht, zu durchschauen, ob Bauchweh und Übelkeit oder Kopfschmerzen tatsächlich und in der beschriebenen Intensität vorhanden sind.
> Besprechen Sie mit dem Arzt das Drückebergerproblem, und vereinbaren Sie, dass er sich beim nächsten Mal mit Ihnen abspricht, ob eine Krankschreibung wirklich erforderlich ist. Sie können die Chipkarte Ihres Kindes einziehen, um andere Arztbesuche zu verhindern.
> Mit der Schule können Sie absprechen, dass Krankheitsatteste immer auch von Ihnen gegengezeichnet sein müssen.

VOM UMGANG MIT DEN LEHRERN

Mein Sohn vergreift sich oft im Ton, auch bei Lehrern. Wie lernt er angemessenes Benehmen?

Versuchen Sie herauszufinden, was hinter seinem Verhalten steckt. Versucht Ihr Sohn, sich mit seinem Verhalten in der Klasse zu profilieren, weil die anderen ihn dann besonders cool finden? Auf welche andere Art könnte er seine Stellung in der Gruppe behaupten? Oder hat er bereits den Ruf als schwieriger Schüler weg? Dann wird er möglicherweise überkritisch beobachtet. Begehrt er (mit Recht) dagegen auf, bekommt er noch mehr Ärger. Überlegen Sie gemeinsam, wie er aus dieser »Schublade« wieder herauskommt. Hat Ihr Sohn Schwierigkeiten mit seiner Impulsivität? Dann lesen Sie weiter ab Seite 103. Allgemeines zum Umgang mit Autoritätspersonen finden Sie ab Seite 115 ff.

> **?** *Unser Sohn provoziert seinen Mathelehrer: Er diskutiert über Kleinigkeiten, versucht ihn aus dem Konzept zu bringen, ist überkritisch. Was können wir tun?*

Möglicherweise profiliert Ihr Sohn sich mit seinem Verhalten in der Klasse: »Toll, was der sich traut! Wieder eine Stunde gut herumgebracht.« Oder er genießt das Machtgefühl, dem Lehrer vielleicht in einigen Dingen überlegen zu sein – zumindest scheint dieser ja etwas hilflos im Umgang mit Ihrem Sohn zu sein. Oder Ihr Sohn durchläuft gerade ein soziales Lernprogramm: »Was passiert, wenn … Wie weit kann ich es treiben? Wie verunsichere ich andere?«

Vielleicht besteht jedoch auch eine persönliche Antipathie zwischen den beiden, sodass der Lehrer durchaus seinen Teil zu der Situation beiträgt. Denkbar sind dann zum Beispiel Racheimpulse, denen Ihr Sohn folgt. Manche Kinder reagieren sehr empfindlich darauf, wenn sie glauben, von ihrem Gegenüber nicht gemocht oder nicht fair behandelt zu werden.

Fragen Sie in der Schule nach: Hat Ihr Sohn das Problem auch mit anderen Lehrern? In diesem Fall scheiden persönliche Gründe eher aus. Beziehen Sie klar Stellung zu seinem Verhalten. Machen Sie ihm deutlich, dass Sie mehr Einordnung verlangen. Achten Sie darauf, nicht trotzdem verdeckte Signale zu senden, dass Sie sein Verhalten ganz schön clever oder witzig finden oder es bei bestimmten Lehrern sogar für berechtigt halten.

Regen Sie Ihren Sohn an, sich in die Rolle eines Lehrers hineinzuversetzen, der es Tag für Tag mit den Provokationen eines solchen Schülers zu tun hat. Kann man da noch guten Unterricht machen? Fragen Sie ihn, was ihn treibt. Und ob er glaubt, so auf Dauer seine Ziele erreichen zu können, wie zum Beispiel Anerkennung bei anderen, einen guten Schulabschluss …

Fit werden für Schule und Leistung

? *Unsere Tochter will auf keinen Fall, dass wir ihren Lehrer auf sein unangemessenes Verhalten ihr gegenüber ansprechen. Sind uns die Hände gebunden?*

Hier kann Ihre Tochter hervorragend lernen, mit Autoritäten umzugehen. Vielleicht müssen dazu ihre Problemlösekompetenzen noch gestärkt werden. Es ist schwierig, in einem Konflikt mit einer Autorität zu entscheiden, ob man etwas verändern kann oder sich in Gelassenheit üben muss. Manche Lehrer sind nicht sehr (selbst-)kritikfähig. Wird der Lehrer zum Beispiel oft laut, hat er vielleicht einfach eine etwas poltrige Art – die er sich kaum abgewöhnen wird. Wenn er aber Ihr Kind diskriminiert, können Sie sich dagegen verwahren. Er wird Ihre Tochter deshalb nicht besser leiden können, ihre Situation wird sich kaum verbessern. Andererseits sind Sie Lernmodell dafür, wie viel man sich von Autoritäten gefallen lassen muss – oder wann und wie man sich wehren sollte.
Gibt es eindeutige Beleidigungen, Anzüglichkeiten oder sexualisierte Übergriffe, ist die Schmerzschwelle überschritten. Sie müssen reagieren.
Denken Sie immer daran, dass Ihre Tochter wohl weiter mit dem Lehrer auskommen muss. Er kann sich auf viele subtile Arten für Ärger seitens der Eltern revanchieren. Vielleicht liegt Ihre Tochter also richtig, wenn sie allein mit der Situation klarkommen will. Das kann stark machen! Natürlich sind nicht alle Lehrer so, dass sachliche Diskussionen mit ihnen schwierig oder unmöglich sind. Wenn Kinder diese jedoch rigoros ablehnen, hat das oft einen berechtigten Grund. Fragen Sie Ihre Tochter, was sie befürchtet, und suchen Sie dafür nach einer Lösung. Üben Sie in einem kleinen Rollenspiel, sich freundlich, aber bestimmt, ein bestimmtes Verhalten zu verbitten. Suchen Sie gemeinsam nach einem Fantasiebild, etwa Ironie an einem Schutzmantel abprallen zu lassen.

> **?** *Die Deutschlehrerin meines Sohnes macht einfach schlechten Unterricht. Was können wir dagegen unternehmen?*

Auch hier geht es unter anderem um den Umgang mit einer Autorität. Bedenken Sie als Erstes: Die Lehrerin hat Pädagogik studiert und ist die Fachfrau. Sie sind der Laie. Auch wenn Sie selbst Pädagoge sind: Es gibt unterschiedliche Unterrichtsstile. Nicht jeder passt zu jedem. Bleiben Sie also respektvoll, wenn Sie in der Familie Ihre Kritik am Unterricht äußern.

Wenn Sie mit der Lehrerin selbst reden möchten, seien Sie sehr diplomatisch. Fragen Sie nach, was sie mit der einen oder anderen Methode beabsichtigt. Fragen Sie sie, ob sie schon von dieser oder jener bestimmten Methode gehört hat und was sie davon hält. Oder möchten Sie, dass die Lehrerin Ihnen vorschreibt, wie Sie Ihren Job machen sollten? Es gibt gute und weniger gute Lehrer, das ist nicht anders als in allen anderen Berufssparten. Damit müssen Kinder und Eltern leben lernen. Vielleicht können Sie Ihrem Kind zu Hause etwas mehr Begeisterung für das Fach vermitteln, etwa beim Hausaufgabenmachen oder in interessanten Gesprächen.

AUF DEM WEG INS BERUFSLEBEN

>  *Wie lernen Kinder, Visionen über ihre Zukunft zu entwickeln und gezielt an der Verwirklichung zu arbeiten?*

Wiederum kommt es darauf an, was Sie Ihren Kindern vorgelebt haben und vorleben. Haben Sie denn Visionen darüber, wie Ihre nächsten Lebensjahre aussehen sollen? Wie Sie leben möchten, wenn die Kinder einmal aus dem Haus sind? Teilen Sie Ihre Ideen mit Ihren Kindern? Wie weit ist Träumen erlaubt? Die Realitätsprüfung ist immer erst der zweite Schritt. Nur wer immer in ausgetretenen Fußstapfen trotten will, braucht keine eigenen Visionen. Lassen Sie Träume Ihrer Kinder also zu. Spinnen Sie diese mit. Regen Sie jedoch auch an, nach Möglichkeiten der Verwirklichung zu suchen. Wenn Ihr Kind wirklich ein Popstar werden möchte, sollte es jetzt mit dem Gesangs- oder Tanzunterricht beginnen, denn viel Fleiß ist erforderlich. Dann erlebt Ihr Kind selbst, ob der beschrittene Weg zu ihm passt, mitsamt aller Anstrengung und Ernüchterung hinsichtlich der Erfolge. Das ist besser, als wenn Sie einen Vortrag darüber halten, wie schlecht seine Chancen sind.

? *Wie wichtig sind Ziele für mein Kind?*

Entwickelt Ihr Kind bereits eine Vision, welchen Beruf es ausüben möchte? Dieses Fernziel im Auge, kann es mittelfristige Ziele festlegen: einen Studienabschluss, das Abitur, die mittlere Reife. Diese sind über Nahziele zu erreichen: sich im nächsten Halbjahr in Mathe um eine Note verbessern. Die letzte Vier wegbekommen. Sich ein Praktikum für die Ferien suchen. Hat Ihr Kind die Nahziele definiert, muss die passende Strategie gefunden werden: täglich zehn Minuten Vokabeln, Nachhilfe, ein Computer-Lernprogramm, sich aktiver am Unterricht beteiligen. Erreichte Ziele machen selbstbewusst und ermutigen, sich auf den Weg zu neuen Zielen zu machen.

HINWEIS

Bei den Zeugnisnoten gilt allgemein: Ihr Kind sollte insgesamt nicht mehr anpeilen, als seinen tatsächlichen Leistungsstand um mehr als drei Notenstufen in einem Halbjahr zu verbessern. Zu hohe Ziele programmieren Scheitern vor. Das kann auf die Dauer das Gefühl geben, dass Anstrengen sich nicht lohnt!

> **?** *Unser erster Sohn nimmt sich meist zu viel vor, der zweite ist mit minimalen Fortschritten zufrieden. Wie vermitteln wir beiden ein gesundes Maß?*

Ob gewählte Ziele zu hoch sind oder zu einfach erreichbar, lässt sich am Ergebnis messen. Wer immer wieder scheitert oder sich chronisch überfordert, sollte kleinere Brötchen backen. Wer alles mit links schafft, hat zwar ein leichtes Leben, entwickelt sich jedoch nicht weiter. Vielleicht kann Ihr erster Sohn schlecht ertragen, nicht der Beste zu sein oder ständig neue Rekorde zu erreichen – weil er im Stillen fürchtet, dann weniger liebenswert oder wertvoll zu sein? Vielleicht traut sich Ihr zweiter Sohn zu wenig zu und verhindert mit seiner Strategie Misserfolge und Versagensgefühle? Dann sollten Sie das Selbstbewusstsein beider Kinder stärken. Und: Diskutieren Sie das Thema immer wieder. Beziehen Sie sich dabei auch auf sich selbst, auf Mitschüler, Filmhelden und andere Idole. Ermutigen Sie beide Kinder, sich auch einmal ein Scheitern oder ein nicht so gutes Ergebnis zu erlauben.

>  *Demotivieren die fehlenden Ausbildungsmöglichkeiten und schlechten Chancen auf einen Arbeitsplatz unsere Jugendlichen nicht?*

Auch in früheren Zeiten war es keinesfalls immer einfach, einen guten Ausbildungs- oder Arbeitsplatz zu bekommen. Heute haben jedoch viele Kinder nicht gelernt, bei der Stange zu bleiben, Kraft und Zeit in das Erreichen eines Ziels zu investieren, Misserfolge wegzustecken. Viele erwarten, dass ihre Wünsche ohne ihr Zutun erfüllt werden. Fordern Sie mehr von Ihrem Kind – auf altersgerechte Weise. Die schlechte Ausbildungs- und Joblage

sollte keine Ausrede sein, sondern ein Grund mehr, alles aus sich herauszuholen.
Umso wichtiger ist es, dass Ihr Kind für sich Fernziele – also Berufswünsche – findet, die ihm wirklich erstrebenswert erscheinen und für die es bereit ist, viel Arbeit und eigenes Engagement zu investieren.

 Wie können wir bei der Entwicklung von Berufswünschen helfen?

Welcher Beruf wäre für Ihr Kind geeignet (siehe Seite 216)? Hat es überhaupt eine Chance auf eine Ausbildung in diesem Beruf? Reichen seine Leistungen und Motivation für ein Studium? Ist die Ausbildung finanzierbar? – Fragen, die sich alle Eltern stellen.

Ein Berufsberater sagte mir, es sei wichtig, die Leidenschaften von Kindern zu fördern und ihnen entsprechend bei der Entwicklung eines Berufswunsches zu helfen.

Es sei auch für ihn schwierig vorherzusagen, ob ein Beruf in ein paar Jahren am Arbeitsmarkt noch gefragt sei. Wer jedoch mit Leidenschaft an einen Beruf herangehe, habe bessere Chancen, eine entsprechende Ausbildung/Stelle zu finden, als in einem eher aus Vernunftgründen gewählten Beruf. Mit Leidenschaft habe mancher Höchstleistungen gebracht und eine Nische für sich auch in überfragten Bereichen gefunden.

Machen Sie Ihr Kind mit verschiedenen Arbeitsgebieten bekannt. Gehen Sie dabei von seinen Interessen, Stärken und Leidenschaften aus. Lassen Sie Tante, Onkel, Bekannte erzählen, was sie so tun bei der Arbeit. So bekommt das Kind eine Vorstellung von verschiedenen Berufen. Nehmen Sie es in Ihre Firma mit. Organisieren Sie ein Schnupperpraktikum bei Opa im Geschäft. Lassen Sie sich von Fernsehsendungen oder Stellenanzeigen inspirieren. Wenn ein bestimmtes Berufsfeld Ihr Kind anspricht, machen Sie sich gemeinsam schlau darüber.

❓ Welcher Beruf ist der richtige für mein Kind?

Begrenzen Sie zunächst den Kreis der in Frage kommenden Berufe. Dann können Sie sich gemeinsam auf die Feinsuche machen. Denken Sie auch daran, dass es immer üblicher wird, in mehreren Berufen fit zu sein oder den Weg zum Wunschberuf in mehreren Schritten zurückzulegen. Außerdem erhöht das Wissen aus mehreren Fachbereichen die Chancen bei einer Bewerbung und macht flexibler. In einer Basisausbildung kann Ihr Kind in Ruhe prüfen, in welche Richtung es weitergehen möchte. Fragen Sie sich gemeinsam:

- Welche besonderen Fähigkeiten und Stärken hat Ihr Kind?
- Was kann es nicht so gut?
- Kann es Stunden in einem geschlossenen Raum verbringen, oder braucht es frische Luft?
- Ist es ganz besonders akkurat und ordentlich, etwa in Bezug auf Zahlen und Tabellen?
- Wie stark kann die körperliche Belastung sein?
- Wie steht es mit einem kreativen Beruf?
- Hat Ihr Kind ein handwerklich-technisches Geschick?
- Arbeitet es lieber still vor sich hin, oder liebt es mehr das Organisieren und die Teamarbeit?
- Kann es gut mit anderen, auch fremden Menschen umgehen?
- Wie eigenständig will und kann es arbeiten?
- Hat es Führungsqualitäten?
- Wie gut kann Ihr Kind mit Stress umgehen?
- Wie gut harmonieren seine Vorstellungen über einen Verdienst mit seiner Bereitschaft, sich anzustrengen?

In den Berufsberatungszentren der Arbeitsämter hilft man Ihnen gern weiter. Dort können Sie sich auch in Ruhe Videos zu den unterschiedlichsten Berufen ansehen. Einen Buchtipp zum Thema finden Sie auf Seite 248.

Fit werden für Schule und Leistung

Wie wird man teamfähig?

Indem man viele Aufgaben im Team löst. Dem stellen sich immer mehr Schulen, da Teamfähigkeit heute eine Basisfähigkeit in der Arbeitswelt ist – auch weil die Spezialisierung immer mehr zunimmt, sodass niemand mehr allein eine Aufgabe lösen kann. Es reicht jedoch nicht, Kinder Aufgaben gemeinsam lösen zu lassen. Sie kommen an ihre Grenzen, wenn einige in der Gruppe über wenig soziale Kompetenz verfügen. Dann bleibt als frustrierende Erfahrung, dass Teamarbeit nicht funktioniert. Sozialpädagogen und Lehrer haben sich Trainingsprogramme ausgedacht, in denen Basisfähigkeiten geübt werden, siehe Internetadresse des »Bildungsservers«, Seite 250. Vielleicht hat die Schule Ihres Kindes Interesse daran? Im Rahmen von Projekttagen können Kinder Teamkompetenzen ausprobieren. Das fördert das produktive Lernklima.

Basiskomponenten der Teamfähigkeit

- Kommunikationsfähigkeit: seine Ideen erläutern, dem anderen wertschätzend zuhören, alle zu Wort kommen lassen, Ergebnisse präsentieren ...
- Konfliktlösungskompetenz: Kritik annehmen und äußern können, mit verschiedenen Meinungen umgehen, bei Konflikten vermitteln ...
- Kompromissfähigkeit: unterschiedliche Arbeitsstile zusammenbringen, Gegenvorschläge akzeptieren, sich in Diskussionen zurücknehmen können ...
- Grundwissen über soziale Prozesse: über die Struktur von Gruppen, über Kommunikationsfallen (etwa Sach- und Beziehungsebene verwechseln), über Arbeitsmethoden im Team wie Brainstorming ...

Das erste Team eines Kindes ist die Familie. Prüfen Sie, doch einmal, wie fit Sie als Team sind und an welchen Basisfähigkeiten vielleicht alle noch arbeiten können!

WENN ELTERN SICH SORGEN MACHEN

Die Pubertät ist eine Zeit stürmischer Veränderungen, sodass es fast wie ein Wunder erscheint, wenn ein Mensch unbeschadet an Leib und Seele hindurchkommt. Das schaffen jedoch die meisten Jugendlichen. Manches, worüber Eltern sich Sorgen machen, ist normal und geht vorüber – seien es Kontakte zu verdächtigen Freunden und zwielichtigen Gruppierungen, seien es Alkohol und Rauchen. Behalten Sie solche Dinge auf jeden Fall im Auge, damit sich aus kleinen Sorgen nicht irgendwann große Probleme entwickeln. Dazu ist es unbedingt notwendig, dass das Vertrauensverhältnis zwischen Ihnen und Ihrem Kind erhalten bleibt, denn sonst wird es sich eher in Heimlichkeiten zurückziehen.
Vielleicht muss Ihr Kind aus gegebenem Anlass auch lernen, sich selbst vor verbalen oder tätlichen Angriffen anderer zu schützen und notfalls Hilfe zu holen. Stehen Sie ihm mit Rat und Tat zur Seite.
Es gibt jedoch auch Alarmsignale, die wirklich ein schnelles und oft auch ein professionelles Eingreifen erfordern. In der Pubertät ist aufgrund der Fülle von zu bewältigenden Aufgaben die Anfälligkeit für die Entwicklung einer ernsthaften psychischen Störung erhöht: Mädchen können eine Essstörung, Depressionen bis hin zur Suizidgefahr, autoaggressive Verhaltensweisen wie das Ritzen oder psychosomatische Störungen entwickeln. Bei den Jungen kommen noch Störungen dazu, die seltener übersehen oder unterschätzt werden – wie Störungen im Sozialverhalten oder eine erhöhte Aggressivität. Im letzten Abschnitt dieses Kapitels (ab Seite 234) finden Sie Hinweise dazu, was Sie selbst tun können und wann professionelle Hilfe erforderlich ist. An wen sie sich in letzterem Fall wenden können, steht im Kasten auf Seite 246.

Falsche Freunde, gefährliche Aktionen?

 Unser Sohn hat die falschen Freunde – soll ich den Kontakt verbieten?

Damit steigern Sie nur deren Attraktivität und laden zu einem Versteckspiel ein. Sagen Sie lieber sachlich und nicht zu oft, aber umso klarer, welche Befürchtungen Sie haben. Auch ein Klassenclown kann ein super Kumpel sein. Er sollte Ihren Sohn nur nicht animieren, sich weniger um die Schule zu kümmern. Erwarten Sie umgekehrt nicht von einem Freund Ihres Sohnes, dass er ihn zu schulischem Fleiß anspornt. Geben Sie der Freundschaft eine Chance: Laden Sie alle zur Grillparty ein. Organisieren Sie einen Arbeitseinsatz im Garten mit entsprechender Würdigung der Leistungen. Planen Sie einen Angelausflug unter Männern oder ein Lagerfeuer. So lernen Sie die Jungs einmal kennen und geben ihnen vielleicht auch positive Anreize.

 Mein Sohn hat vorwiegend ältere Freunde. Ein Grund zur Sorge?

Das hängt davon ab, wie gut Ihr Sohn für sich entscheiden kann, was er will und wie er sich anderen gegenüber behaupten kann. Vielleicht ist Ihr Sohn in seiner Entwicklung voraus und fühlt sich mit Älteren einfach wohler. Problematisch ist es, wenn er krampfhaft versucht, sich anzupassen. Ältere Freunde können andere Interessen haben, etwa in Bezug auf das andere Geschlecht oder auf das Lernen, wenn sie ihre Ausbildung bereits abgeschlossen haben. Sie haben andere Rechte, etwa bei Altersbegrenzungen im Kino oder bei PC-Spielen, in der Disco, beim Rauchen und Trinken. Wie gut kennen Sie die Freunde? Kann man mit denen einmal sprechen? Können Sie ihnen vielleicht als eine Art große Brüder vertrauen? Verbote bringen nichts. Suchen Sie lieber nach Lösungen.

Meine Tochter ist 15 und hat einen 22-jährigen Freund. Sollte ich das verbieten?

Verbote bewirken nur, dass das Verbotene attraktiver wird. Sie sind schwer zu kontrollieren und führen oft zu Schwindeleien. Natürlich teile ich Ihre Bedenken: Ein großer Altersunterschied in diesem Alter bringt Probleme mit sich. So hat der junge Mann wahrscheinlich intensivere und andere sexuelle Wünsche und Bedürfnisse als Ihre Tochter. Es muss geklärt werden, wie verständnisvoll und kontrolliert er sich hier verhält. Auch hat er unter Umständen bereits eine Ausbildung abgeschlossen und hat andere Vorstellungen von Freizeitgestaltung. Kann er auf eine Freundin Rücksicht nehmen, die jeden Nachmittag lernen muss? Wie wollen die beiden damit umgehen, dass er Dinge tun darf, die für Ihre Tochter (hoffentlich) noch tabu sind: Filme ab 16 oder 18, rauchen, sich nachts in der Öffentlichkeit aufhalten …?

Schauen Sie genau hin: Manche 15-Jährige ist reif wie eine 18-Jährige. Nicht jeder 22-Jährige ist dagegen wirklich erwachsen. Wie offen können beide über mögliche Schwierigkeiten in der Beziehung reden? Wie ernst nehmen sie dabei Ihre Bedenken? Wie vernünftig gestalten sie ihr Leben? Im Idealfall kann der ältere Freund durchaus ein Ansporn und Partner beim Lernen sein. Liebe verleiht Flügel. Geben Sie ihr die Chance!

 Wie mache ich Kinder stark, sich vor Anstiftung zum Rauchen, Schuleschwänzen, Kokeln und anderem zu schützen?

Wie leicht fällt es Ihnen selbst, Nein zu sagen? Welche Taktiken nutzen Sie dafür? Wie stark lassen Sie sich durch die Werbung beeinflussen? Wie haben Sie gelernt, sich unabhängiger davon zu machen? Lassen Sie Ihre Kinder von Ihren eigenen Erfahrungen profitieren!

Wenn Eltern sich Sorgen machen

Neinsagen fällt leichter, wenn Kinder es vor dem anderen so begründen können, dass die Antwort akzeptabel oder gar nachahmenswert erscheint. Zum Beispiel so:

- »Ich schwänze die Stunde nicht, da ich keinen Bock habe, dann alles in meiner Freizeit nachzuholen.«
- »Ich will mir das Rauchen nicht angewöhnen, weil ich mein Geld für eine Amerikareise spare.«
- »Ich rauche nicht, weil ich Leistungssportler bin.«
- »Ich möchte mir den Teint nicht verderben.«
- »Ich will keinen Ärger wegen dem Kokeln kriegen und organisiere lieber mit meinen Freunden im Verein ein richtiges Lagerfeuer.«

Suchen Sie gemeinsam mit Ihrem Kind für verschiedene mögliche Situationen nach solchen Begründungen – die natürlich wahrhaftig sein müssen. Sie machen auch innerlich gegen Beeinflussung stark!

 Überall diese Schmierereien und Kratzereien der Jugendlichen. Was treibt sie, und was kann man dagegen tun?

Es handelt sich um Sachbeschädigungen, die erhebliche Konsequenzen nach sich ziehen können – in der Regel tun sie es aber nicht, weil die Täter nicht erwischt werden. Die Jugendlichen suchen nach einem Kick, und den bekommen sie hier wie bei einem Räuber-und-Gendarm-Spiel. Außerdem markieren sie dabei ihr Revier mit dem »tag«, dem typischen Namenskürzel. Beizeiten sollten Erwachsene hier Grenzen aufzeigen. Leider sprechen einige Gründe dagegen – oft gesundheitliche Gefährdungen durch den Umgang mit den nötigen Chemikalien –, die Kinder öfter die eigenen Schmierereien wegschrubben zu lassen. Eine machbarere Möglichkeit: In einigen Gemeinden werden bereits Flächen zur Verfügung gestellt, an denen sich die Jugendlichen künstlerisch betätigen können. Da können wirkliche Kunstwerke entstehen.

> **?** *In der Klasse meines Sohnes haben Kinder gemeinsam etwas gestohlen. Wie halte ich mein Kind von dieser Clique fern?*

Machen Sie Ihrem Sohn und seinen Freunden die Konsequenzen dieses Verhaltens klar, die je nach Alter unterschiedlich ausfallen. Bagatellisieren Sie nichts. Es handelt sich um kriminelles Verhalten. Auch wenn viele Erwachsene selbst als Kinder einmal ausprobiert haben, was so alles klappt. Versuchen Sie, sich mit den Eltern anderer Kinder in der Klasse zu verbünden. Was kennzeichnet die Clique außer dem Diebstahl? Vielleicht sind das eigentlich ganz nette Jungs, die einfach neben die Spur geraten sind? Wie reagieren ihre Familien darauf? Laufen in der Gruppe noch mehr ungesetzliche Dinge? Oft haben solche Cliquen eine unwiderstehliche Attraktivität für Kinder. So schwer es fällt: Ihr Junge muss seine eigenen Erfahrungen machen und selbst entscheiden, ob die anderen ihm gut tun. Und ob das Ganze wirklich dem entspricht, was er will.

Vielleicht haben Sie gemeinsam mit anderen Eltern eine Idee, wie Sie die ganze Bande sinnvoll beschäftigen können. Machen Sie gemeinsam eine anspruchsvolle Kanutour, oder veranstalten Sie einen Arbeitseinsatz im Garten, bei dem die Jungs zum Beispiel beim Ausgraben eines Baumstumpfes ihre Kraft und Geschicklichkeit beweisen können – mit anschließender Grillparty.

Machen Sie Ihrem Sohn klar, was Sie von ihm erwarten: dass er sich aus kriminellen Aktionen heraushält. Üben Sie Strategien, das zu tun. Welche Begründung kann er den Anstiftern geben, sich rauszuhalten? Regen Sie ihn an, sich ein eigenes Bild zu machen. Lassen Sie ihn erzählen, was er so cool an den Jungen findet. Er soll die Verantwortung dafür übernehmen, dass sich Ihre Bedenken nicht erfüllen. Überlegen Sie gemeinsam, wie das funktionieren könnte.

Wenn Eltern sich Sorgen machen

 *Wie werden Kinder widerstandsfähig gegen schlechten Einfluss durch Gleichaltrige, Gurus und falsche Idole?*

Kinder müssen herausfinden, was ihnen wichtig ist im Leben. Ein starkes Selbstbewusstsein haben Sie Ihrem Kind hoffentlich mitgegeben. Es hilft beim Neinsagen und Ausprobieren eigener Wege. Wenn sich Kinder in der Familie geliebt, geschätzt und geborgen fühlen, suchen sie seltener nach Bezugspunkten, die ihnen diese Gefühle ersatzweise vermitteln: der Kameradschaft in einer zweifelhaften Gruppe, dem Sektenguru, dem Statussymbol – ob Handy oder Markenjeans. Ein Kind, das weiß, wohin es im Leben kommen möchte, prüft immer wieder, ob es auf dem richtigen Weg ist. Verleitet die Clique zu Dingen, die das Erreichen dieser Ziele gefährdet, kann es sich leichter von der Gruppe lösen.

Pflegen Sie die gute Beziehung zu Ihrem Kind, damit Sie als Berater anerkannt bleiben. Verzichten Sie auf Moralpredigten, dogmatische Anordnungen und starre Verurteilungen von Dingen oder Personen. Ein Berater wägt immer Vor- und Nachteile ab und versucht, die Beweggründe für jede Entscheidung zu verstehen. Er warnt, aber verteufelt nicht. Er ist offen für die Ansichten des Ratsuchenden und überlässt diesem die endgültige Entscheidung. Beratung kann man nicht aufzwingen. Bieten Sie Ihren Rat an, und warten Sie auf einen »Auftrag«.

 Mein Sohn vertritt neuerdings ziemlich rechte Ideen. Was zieht ihn an?

Rechte Gruppen machen immer wieder Schlagzeilen mit Straftaten. Dies bietet den Jugendlichen die Möglichkeit, so viel Aufmerksamkeit, ja sogar Berühmtheit zu erlangen, wie sie es auf normalem Wege nie könnten. Wir Erwachsenen sind gemahnt, etwas zu unternehmen.

Die meisten Jugendlichen zieht nicht so sehr das konkrete Gedankengut in diese Kreise, sondern die Gelegenheit, zu provozieren, gegen die Erwachsenen zu opponieren, Aufmerksamkeit zu bekommen: »Ich gehe jetzt meinen eigenen Weg. Da könnt ihr nichts machen.« Daneben bieten rechte Gruppen einen Hafen für dahintreibende Jugendliche, die sich in der Familie nicht geborgen fühlen und/oder nicht durch Leistung Anerkennung erringen können. Die (trügerische) Kameradschaft, das »Wir wollen und brauchen dich so wie du bist«, die Alternative zum Abhängen am Bushäuschen sind wichtige Anziehungspunkte. Geboten werden Feiern mit viel Alkohol, Abenteuer (im Kampf gegen Linke, Ausländer, die verbohrten Erwachsenen), Konzerte. Über das menschenverachtende Gedankengut rechter Musik empfinden sich Jugendliche als überlegene Menschen. Das überdeckt Minderwertigkeitsgefühle, die in ihrem Alltag oft vorherrschen. Beim Mitgrölen in der hasserfüllten, aggressiven Sprache entladen sich Anspannung und Frust.

 Was hilft gegen Bauernfänger aus der rechten Szene?

Achten Sie auf entsprechende Kleidung, Symbole, Aufkleber, Broschüren bei Ihrem Kind und seinen Freunden. Die Szene ändert oft ihre Symbolik. Heute finden sich sogar eher der linken Szene zugeordnete Symbole wie Palästinensertücher! Machen Sie sich schlau, etwa im Internet (siehe Internet-Tipp Seite 250). Sprechen Sie darüber, was man symbolisiert, wenn man sich für eine bestimmte Kleidungs- oder Schuhmarke entscheidet. Sprechen Sie über das Dritte Reich und seine Gräuel. Dulden Sie keine Bagatellisierungen! Argumentieren und debattieren Sie – Verbote haben höchstens bei jüngeren Kindern eine Chance. Positionieren Sie sich klar. Setzen Sie Grenzen: Nicht in meinem Haus!

WENN ES KRITISCH WIRD – SCHUTZ VOR GEWALT

 Modewort Mobbing – was ist das?

Mobbing bedeutet: Eine Person ist wiederholt und über einen längeren Zeitraum dem bedrohenden, demütigenden, aggressiven oder schikanierenden Verhalten einer oder mehrerer Personen ausgesetzt. Hier ist eine Art Inflation zu beobachten: Viele, die Probleme mit den Mitmenschen haben, sehen sich als Mobbingopfer und weisen die Schuld ausschließlich den anderen zu. Damit vergibt man sich jedoch Handlungsmöglichkeiten. Es bleibt nur noch die Flucht – oft in den nächsten »Mobbing«-Kreislauf. Darüber hinaus handelt es sich teilweise um Erscheinungen, wie sie seit Generationen unter Kindern vorkommen. Nicht jede Hänselei, jedes versteckte Mäppchen sind Mobbing, ebenso wie das »Du darfst nicht mitmachen!«. Statt nur in Opfer und Täter einzuteilen, wäre es oft sinnvoller zu überlegen, was schiefläuft und wie man selbst dazu beigetragen hat. Damit hat man oft den Schlüssel für Veränderungen in der Hand. Reden Sie mit Ihrem Kind über diese Zusammenhänge.

 Wie helfe ich einem Mobbingopfer?

Weglaufen – bei Mobbing in der Schule also etwa der Wechsel der Klasse oder Schule – sollte immer die letzte Möglichkeit sein. Es bleibt ein Gefühl der Niederlage. Oft wiederholen sich die Abläufe in der neuen Klasse oder Gruppe. Suchen Sie zunächst gemeinsam nach Ursachen: bei Täter(n) und Opfer. Häufig muss auf beiden Seiten interveniert werden, um den Kontakt zueinander beziehungsweise das Sicherheitsgefühl des Opfers zu verbessern. Nehmen Sie die Nöte Ihres Kindes ernst. Ist es tatsächlich ein Mobbingopfer, kommt es von allein nicht aus dem Geschehen heraus und braucht die Hilfe der Erwachsenen!

HINWEIS

Bei Straftatbeständen wie Raub, Erpressung und Körperverletzung sollte immer Anzeige erstattet werden. Es darf kein Pardon geben. Die Sache ist damit aber nicht ausgestanden, da sich Täter und Opfer weiter begegnen werden. Beim Opfer müssen Selbstvertrauen, der Glaube an die eigene Handlungskompetenz – sich wehren und schützen können – sowie die Einbindung in eine Gruppe wiederhergestellt werden. Helfen Sie mit Rat und Tat dabei. Und: Vermitteln Sie dem Opfer bei echtem Mobbing bitte nicht das Gefühl, selbst schuld zu sein. Niemand ist selbst schuld daran, dass die anderen ihm wehtun, weil er Schwächen zeigt. Man kann aber versuchen, an den Schwächen zu arbeiten.

Wie kann ich sicher sein, dass der Spuk ein Ende hat?

Erwachsene sollten mit klaren Grenzen und spürbaren Konsequenzen einschreiten, wenn es sich um tatsächliches Mobbing handelt. Das ist nicht so leicht, weil dann die Gefahr besteht, dass das Geschehen nur in den Untergrund gedrückt, aber nicht wirklich beendet wird. Geheimhaltungsgebote seitens der Täter verhindern, dass das Opfer sich traut, erneut um Hilfe zu bitten. Erwachsene sollten deshalb besonders sorgsam auf Signale achten, ob der Spuk vielleicht doch noch nicht vorbei ist. So können etwa auffallende Geldnöte des Opfers zum Beispiel auf weitere Erpressungen hinweisen. Das Gleiche gilt, wenn das betroffene Kind weiterhin ängstlich und bedrückt wirkt, wenn es Ihren Nachfragen eher ausweicht und Vorfälle bagatellisiert. Machen Sie den Tätern deutlich, dass Sie sehr aufmerksam die Einhaltung von Regeln überwachen werden!

Wenn Eltern sich Sorgen machen

 Wie helfe ich meinem Sohn, der offenbar einer Mobbing-Clique angehört?

Reden Sie mit ihm darüber, was ihn antreibt. Die Lust an der Macht über einen anderen Menschen? Die kennen manche Täter, die selbst ähnliche Gewalterfahrungen machen mussten. Letzteres ist keine Entschuldigung. Wollen wir den Tätern – und damit den Opfern – aber wirklich helfen, müssen wir diese Faktoren mit beachten! Treibt den Täter die Anerkennung in der Gruppe? Machen Sie ihm klar, was er bei seinem Opfer auslöst. Neben der klaren Grenzsetzung braucht er Ihre Hilfe beim Lösen der Probleme, die meist hinter seinem Verhalten stecken.

 Was tun, wenn Kinder sogar bedroht oder erpresst werden?

Manche Opfer sind so in ihrer Angst gefangen, dass sie sich niemandem offenbaren oder keine Anzeige erstatten – sie werden von den Tätern anschaulich damit bedroht, was dann passieren würde. Manche Jugendliche finden das sogenannte Abziehen schon so normal, dass sie es nicht für wert halten, etwas dagegen zu unternehmen. Wichtig ist es aber in jedem Fall, Anzeige zu erstatten. Werden die Täter nicht gebremst, fühlen sie sich in ihrem Tun bestätigt. Oft brauchen sie von Mal zu Mal einen größeren Kick und werden immer brutaler. Mithilfe der Polizei kann überlegt werden, was für den Schutz des Opfers zu tun ist. Erfahrungsgemäß lassen viele Täter von ihren Opfern ab, wenn die Polizei eingeschaltet wurde. Üben Sie mit Ihrem Kind, sich selbstbewusst und wachsam in der Öffentlichkeit zu bewegen. Vor einem Überfall gibt es oft Warnsignale, welche die Opfer nicht ernst genommen haben. Andererseits suchen sich Täter bevorzugt Opfer aus, die ihnen möglichst Erfolg garantieren, also eher schwach und unsicher wirken.

Mit Gefahrensituationen richtig umgehen
Manche Jugendliche tragen Waffen bei sich, um sich zu schützen – etwa Reizgas-Sprays. Das ist jedoch abzulehnen, da es ein doppeltes Risiko beinhaltet:

- Der Täter kann die Waffe gegen den Träger selbst richten. Dann hat statt dem Täter vielleicht das Opfer das Reizgas im Gesicht – unter Umständen mit bösen gesundheitlichen Folgen.
- Besonders Jungen überschätzen die Gefahr oder Bedrohung und ziehen in einer brenzligen Situation vorschnell die Waffe. Das bringt die Situation erst recht zum Eskalieren.

Überlegen Sie gemeinsam, wie Ihr Kind Öffentlichkeit herstellen könnte: laut um Hilfe schreien, eine Trillerpfeife, Erwachsene um Hilfe bitten – werden diese persönlich angesprochen, helfen sie viel häufiger als angenommen. Sprechen Sie über gefährliche Orte/Situationen und wie man sie möglichst umgehen kann. Besprechen Sie mit Ihrem Kind, wie es auf Provokationen im Vorfeld reagieren sollte – nämlich möglichst gar nicht. Im Notfall wegzulaufen ist auch keine Schande!

Überlegen Sie, wo Ihr Kind auf das Mitführen von Wertsachen eher verzichten sollte. Kennzeichnen Sie diese möglichst dauerhaft, wodurch sie für die Täter an Wert verlieren. Ihr Kind sollte in der Regel keine größeren Geldbeträge mit sich führen.

Ist der Täter deutlich überlegen (bewaffnet, in der Mehrzahl, stärker), sollte Ihr Kind eher seinen Forderungen, etwa nach Geld, nachkommen, als Gegenwehr zu versuchen. Vielleicht kann es aber Beobachtungen sammeln, die zur Überführung der Täter dienen. Dann fühlt es sich auch nicht so hilflos und ausgeliefert. Es sollte zudem schnellstmöglich über den kostenlosen Notruf 110 die Polizei informieren.

ZIGARETTEN, ALKOHOL & CO.

 Warum geht es bei manchen Jugendlichen, so auch in der Clique meines Sohnes, nicht mehr ohne Alkohol?

Viele Jugendliche können sich ein Beisammensein nicht mehr ohne Alkohol vorstellen – auch intelligente Jugendliche aus geordneten Familien. Schauen sie sich das von uns Erwachsenen so ab? Fantasieren sie, dass Alkohol zum Erwachsensein dazugehört? Es geht nicht mehr darum, eine besondere Feier mit einem besonderen Getränk zu würdigen. Und auch nicht vordergründig um Hemmungen, die in diesem Alter überspielt werden sollen: Viele übertrumpfen sich gegenseitig damit, welche Massen an Alkohol sie vertragen oder was für einen »Wahnsinnskater« sie mal wieder hatten. Fast erscheint es als Sport, sich bis zur Besinnungslosigkeit zu betrinken. Manche sprechen sogar vom Komasaufen. Und wer nicht mithält, der »schwächelt«.

Was leben wir Erwachsenen da vor? Was tun die Filmidole – sich bei Problemen »dicht saufen«? Manche Ärzte meinen, gesamtgesellschaftlich seien die Folgen von Alkoholmissbrauch viel schwerwiegender als die des Missbrauchs anderer Drogen – weil Alkohol eben fast überall erhältlich und vergleichsweise billig ist. Lesen Sie zum Thema Alkohol auch Seite 163.

> **TIPP**
>
> Wenn alle mit einer Zigarette dastehen, fällt das Nichtrauchen leichter, wenn man selbst auch etwas in der Hand oder im Mund hat: einen Kaugummi, Salzstangen, eine Trinkflasche ... Und wer in der Gaststätte ein alkoholfreies Getränk bestellt, das richtig gut schmeckt, kann eher auf Alkohol verzichten. Leider sind solche Getränke oft teurer als Alkoholika!

Mein Sohn ist beim Rauchen erwischt worden. Und nun?

Rauchen Sie? Dann haben Sie schlechte Karten, ihn davon abzuhalten. Vielleicht hören Sie ja jetzt damit auf? Ihr Sohn hat, wie die meisten Jugendlichen, vermutlich erst einmal probiert, wie die Zigarette schmeckt. Ob daraus Gewohnheit oder Abhängigkeit wird, hängt von verschiedenen Faktoren ab. Das Probieren können Sie kaum verhindern – die Raucherkarriere vielleicht schon. Beziehen Sie Stellung. Verweisen Sie auf das Jugendschutzgesetz, das Rauchen in der Öffentlichkeit erst ab 18 erlaubt. Überlegen Sie zusammen, wie man der Raucherfalle entkommt.

TIPP

Was einem Kind hilft, damit es beim Probieren bleibt:
- Selbstbewusstsein, um Nein sagen zu können und eine feste Stellung in der Gruppe einzunehmen.
- Andere Möglichkeiten, sich zu entspannen oder Unsicherheiten zu überspielen.
- Ein Sparziel, wofür es sein Geld verwenden will.
- Wissen über gesundheitliche Folgen und Risiken.

 Sollte ich eine Zimmerkontrolle durchführen, wenn ich meinem Sohn nachweisen will, dass er heimlich raucht?

Das sollten Sie nur, wenn Sie zum Beispiel ein Drogenproblem oder illegale Videos auf seinem Handy vermuten. Begründen Sie Ihr Vorgehen. Kontrollieren Sie offen vor Ihrem Kind, nie heimlich. Rauchen ist eindeutig noch keine Rechtfertigung, »Polizei zu spielen«. Außerdem stellt sich die Frage, was Sie tun, wenn Sie dem Täter sein Delikt nachweisen konnten. Ihre Position verdeutlichen können Sie aber in jedem Fall (siehe oben).

Wenn Eltern sich Sorgen machen

? *Meine Tochter scheint schon regelmäßig zu rauchen. Was soll ich tun?*

Überlegen Sie, wozu sie das Rauchen braucht:
- Ist es bereits eine Gewohnheit? Motivieren Sie zur Entwöhnung. Setzen Sie eine Belohnung aus.
- Wird so Nervosität reguliert? Lesen Sie auf Seite 152, welche Alternativen es gibt.
- Werden Hemmungen überspielt, oder wird das Selbstbewusstsein über anscheinend erwachsenes Verhalten aufgewertet? Dann lesen Sie auf Seite 37 weiter.
- Benötigt Ihre Tochter diese Krücke, um »dazuzugehören«? Welche Alternativen gibt es?
- Geht es darum, Ihnen gegenüber Individualität zu demonstrieren? Lassen Sie sich nicht auf einen Machtkampf ein, den Sie nicht gewinnen können.

Sprechen Sie nur da Verbote aus, wo Sie selbst betroffen sind (in der Wohnung) – und wo Sie sie durchsetzen können. Verweisen Sie auf das Jugendschutzgesetz. Machen Sie deutlich, was Sie vom Rauchen halten. Sie können eventuell den Hausarzt einbeziehen und Ihre Hilfe anbieten, wenn Ihre Tochter einen Veränderungswunsch zeigt.

? *Was hat es mit »Shisha-Rauchen« auf sich?*

Eine Shisha ist eine Wasserpfeife, die mit Tabak gefüllt wird. Die aus dem arabischen Raum stammende Art zu rauchen verbreitet sich hierzulande immer mehr, auch in »Shisha-Cafés«. Der Rauch ist milder, sodass der unangenehme Hustenreiz entfällt. In manchen Regionen haben Kinder mehr Erfahrungen mit Shisha als mit Zigaretten. Rechtlich gelten dieselben Bestimmungen wie beim Zigarettenrauchen. Die gesundheitlichen Risiken sind noch nicht genau untersucht, es mehren sich aber Hinweise, dass sie möglicherweise noch höher sind als bei Zigaretten. So ist etwa die Feinstaubbelastung sehr hoch.

Kiffen – harmlos oder Beginn einer Sucht?

Der Konsum der aus der Cannabispflanze gewonnenen Substanzen Marihuana und Hasch mit ihrem Wirkstoff THC ist umstritten. Einerseits gibt es Untersuchungen, die belegen, dass bei wenigen Kiffern Abhängigkeiten von anderen Drogen entstehen. Andererseits fangen die meisten Drogenabhängigen mit Drogen wie Nikotin, Alkohol und Cannabis an. Ebenso strittig sind die Folgen des Kiffens: Die Einschätzungen gehen von »harmlos« bis zu »Entwicklungsstagnationen bei regelmäßigem Konsum« und »können Psychosen auslösen«. Die Folgen hängen von der Intensität des Konsums ab. Der Gehalt an THC und schädlichen Beimengungen in den angebotenen Drogen ist heute erheblich höher als vor einigen Jahren. Die Folgeprobleme können erheblich sein. Zum anderen ist es wie beim Alkohol: Die einen vertragen mehr, die anderen weniger. Warnen Sie sachlich vor den Risiken. Achten Sie auf die Art des Konsums: ab und an zum Spaß? Oder zum Wegbeamen aus der Wirklichkeit? Dann sollten Sie versuchen, die Grundprobleme anzugehen.

 ### *Sollen Kinder ihre Erfahrungen mit Drogen sammeln dürfen?*

Das werden sie ohnehin tun. Sie beobachten, wie die Erwachsenen mit Drogen umgehen – inklusive sich mit Kaffee aufputschen, jeden kleinen Schmerz mit einer Pille wegdrücken, sich nur mit einem Glas Wein entspannen können. Wenn Sie Glück haben, gehört Ihr Kind zu den vorsichtigeren Naturen, dann wird es auch mit dem Probieren von Drogen zurückhaltender sein.
Setzen Sie auf Argumente. Verbote treiben in die Heimlichkeit. Dann können Sie nicht mehr einschätzen, wie groß das Problem ist, und haben viel weniger Einflussmöglichkeiten! Motivieren Sie Ihr Kind, sich von Grup-

Wenn Eltern sich Sorgen machen

penzwängen frei zu machen. Bleiben Sie im Gespräch. Machen Sie Ihr Kind stark! Der Gegenentwurf zum Verbot besteht aber nicht darin, sein Okay zu geben. Beziehen Sie klar Stellung dazu, was Sie vom Ausprobieren und regelmäßigen Genuss von Zigaretten, Shisha, Marihuana und Hasch, Bier und Schnaps halten und wo Sie Gefahren sehen. Erklären Sie Ihrem Kind, dass Sie von ihm eine eigenverantwortliche Entscheidung erwarten.

> **Was Kindern hilft, nicht abhängig zu werden**
> Selbstbewusste Kinder können freier spüren, was ihnen gut tut und was nicht. Sie sind stark genug, Nein zu sagen. Sie haben schützende Verhaltensweisen, die Sie als Eltern fördern sollten:
> - Sie haben einen guten Stand in der Gruppe und können deshalb Gruppenzwängen eher widerstehen.
> - Sie haben es nicht nötig, Probleme und Schwächen mit Drogen zu verdrängen oder zu überspielen.
> - Sie haben Lebensinhalte und Interessen, die ihnen zu wichtig sind, als die Zeit im Rausch zu verbringen.
> - Sie fühlen sich in ihrer Familie geborgen und geliebt.
> - Sie sind stark genug, kleine Krisen auszuhalten, und kennen andere Lösungsmöglichkeiten für Konflikte.
>
> Achten Sie auf einen guten Kontakt zu Ihrem Kind. Das ist schwierig, wenn es gerade nicht so gut läuft. Wenn Ihre Sorgen und Ängste immer größer werden. Dann ist die Gefahr groß, dass Sie überreagieren und Ihr Kind in eine Rolle drängen, in der Sie es ja gerade nicht sehen wollen. Ihr Kind ist weiterhin auch jener Mensch, der bei seinen Freunden anerkannt ist, der sich rührend um den Familienhund kümmert oder der super skaten kann. Stärken Sie alle gesunden und positiven Anteile. Schauen Sie nicht über das Problem hinweg, aber versuchen Sie möglichst sachlich und gelassen, aber auch sehr klar zu reagieren.

ALARMSIGNALE ERKENNEN

 Ich vermute, dass meine Tochter ernste Sorgen hat. Darf ich in ihrem Tagebuch und ihren E-Mails lesen?

Wenn Ihre Tochter Sorgen hat, braucht sie Sie jetzt ganz besonders. Dafür wäre Schnüffelei die schlechteste Basis! Sprechen Sie gegebenenfalls lieber offen Ihre Vermutung oder Beobachtung über ihr trauriges Gesicht aus und versuchen Sie, mit ihr ins Gespräch zu kommen. Selbst wenn Ihnen das nicht auf Anhieb gelingt: Ihre Tochter spürt in jedem Fall Ihr Interesse und Ihre Sorge und weiß, dass Sie für sie da sind. Vielleicht kann sie sich ja etwas später offenbaren.

 Wo ist die Grenze zwischen Schlankseinwollen und Magersucht?

Der Übergang ist fließend. Für die Diagnose Magersucht (Anorexia nervosa) gibt es aber eindeutige Kriterien:
- Ein Kind nimmt in kurzer Zeit 20 Prozent des Ausgangsgewichtes ab und hat panische Angst, wieder zuzunehmen.
- Es verwendet Abführmittel, um schlank zu werden oder zu bleiben.
- Es löst bei sich selbst Erbrechen aus.
- Es interessiert sich plötzlich auffallend für gesundes (oft fleischloses) Essen und Kalorien.
- Es wiegt sich täglich, vielleicht sogar mehrfach.
- Außenstehende finden das Kind schlanker, als es sich selbst sieht. Es ist mit seinem Körper nur unzufrieden.
- Das Kind treibt exzessiv Sport.
- Es verbirgt seinen Körper unter weiter Kleidung, oft in vielen Schichten.
- Bei Mädchen setzt die Regelblutung längere Zeit aus.

Wenn Eltern sich Sorgen machen

HINWEIS

Magersucht ist eine schwere Krankheit, die häufiger Mädchen betrifft. Sie schädigt den Organismus dauerhaft oder endet sogar tödlich. Ärztliche und psychotherapeutische Hilfe ist unabdingbar.
Eine Krankheitseinsicht besteht zu Beginn meist nicht. Verleugnen, Vertuschen, Tricksen (etwa beim Wiegen) gehören zum Krankheitsbild. Suchen Sie schnellstmöglich professionelle Hilfe, notfalls auch gegen den Willen Ihrer Tochter. Sie können sich zunächst ohne sie beraten lassen. Reden Sie mit Ihrer Tochter aber nicht nur noch über ihr Gewicht und das Essen. Der Familienalltag sollte trotz allem so normal wie möglich sein.

Was sind die Anzeichen einer Bulimie?

Zu einer Bulimie oder Ess-Brech-Sucht gehören regelrechte Fressattacken, in denen Betroffene massenweise Lebensmittel in sich hineinstopfen, die sie danach absichtlich erbrechen. Bei anderen Formen fehlen die Fressanfälle, und das Erbrechen wird nach normalen Mahlzeiten als Mittel der Gewichtskontrolle hervorgerufen. Irgendwann folgt es jeder Mahlzeit ohne »Nachhilfe«. Bulimische Mädchen sind oft eher normalgewichtig. Es gibt jedoch Kombinationen von Magersucht und Bulimie. Achten Sie darauf, ob Ihre Tochter nach den Mahlzeiten häufig das Badezimmer aufsucht, sowie auf entsprechende Geräusche oder Spuren in der Toilette. Die für Erbrechen typischen säuerlichen Gerüche fehlen meist, da die Nahrung noch unverdaut erbrochen wird.
Die Tipps für Ihr weiteres Vorgehen sind mit denen zur Magersucht (siehe vorige Frage) identisch. Zu einem frühen Zeitpunkt reichen oft noch sehr ernsthafte Gespräche über die körperlichen Gefahren sowie die Suche nach Alternativen zur Gewichtskontrolle aus.

Mein Sohn hat im letzten halben Jahr sehr zugenommen – was könnte der Grund sein?

Nascht er viel? Isst er viel Fastfood? Reguliert er seelische Anspannung durch Nahrung, etwa bei Wut, Kummer, Langeweile oder Stress? Schlingt er das Essen herunter? Isst er heimlich und mit schlechtem Gewissen? Gibt es Hinweise auf andere Probleme? Was könnte Ihrem Sohn Sorgen bereiten? Beobachten Sie ihn. Fragen Sie vorsichtig nach. Fragen Sie Ihren Hausarzt, wie er den Grad des Übergewichtes und die damit zusammenhängenden Probleme beurteilt. Er wird Ihren Sohn darüber hinaus auf körperliche Ursachen der Gewichtszunahme untersuchen, um diese auszuschließen. Und er kann Ihnen therapeutische Angebote vermitteln. Moderne Ansätze bestehen meist aus körperlicher Bewegung, ohne die es nicht geht, aus Ernährungsschulung und psychotherapeutischer Arbeit.

HINWEIS

 Wenn Sie selbst übergewichtig sind, besteht aufgrund genetischer Faktoren und erlernter Ernährungs- und Bewegungsgewohnheiten eine besondere Gefährdung. Übergewicht bei Kindern führt häufig zu einer Adipositas (Fettleibigkeit) im Erwachsenenalter.

Was hilft meiner übergewichtigen Tochter?

Machen Sie sich als Erstes behutsam auf die Ursachensuche (siehe vorige Frage). Versuchen Sie, die Grundprobleme anzugehen: Verbessern Sie das Selbstbewusstsein Ihrer Tochter. Helfen Sie ihr, ihre Gefühle anders als durch Essen auszudrücken und zu regulieren. Was kann ihre Integration unter Gleichaltrigen verbessern? Überprüfen Sie auch: Was leben Sie selbst vor? Welche Essgewohnheiten haben Sie? Wie viel bewegen Sie sich?

Wenn Eltern sich Sorgen machen

Vielleicht haben Sie Lust zu gemeinsamen Veränderungen. Jeder noch so kleine Schritt zählt! Machen Sie sich schlau über neue Erkenntnisse zu gesunder Ernährung, und diskutieren Sie gemeinsam, welche Veränderungen dem Familien-Speiseplan guttun würden. Suchen Sie nach zusätzlichen Bewegungsmöglichkeiten.
Machen Sie sich nicht über Ihre Tochter lustig! Übergewicht kann dann in eine Magersucht oder Bulimie führen. Sprechen Sie in Ruhe über die Sache, und stellen Sie gemeinsam einen Plan auf. Ermutigen Sie Ihre Tochter immer wieder, sich an diesen zu halten. Helfen Sie ihr dabei. Holen Sie sich Hilfe bei Ihrem Hausarzt, einer Erziehungsberatungsstelle oder einem Kindertherapeuten.

 Meine Tochter hat sich in die Arme geritzt. Wieso machen Mädchen so etwas?

Das Ritzen kann unterschiedliche Ursachen haben. Ich habe einmal in einer Klasse eine regelrechte Ritz-Epidemie erlebt. Ein Mädchen konnte dort offenbar nur dazugehören, wenn es eigene Ritz-Erfahrungen gemacht hatte. Die Mädchen überboten sich in ihren Schilderungen, wie es wieder zum Ritzen gekommen war.
Ritzen kann vorrangig eine Appellfunktion haben: »Seht, dass es mir nicht gut geht! Kümmert euch um mich!« Suchen Sie in jedem Fall das Gespräch mit Ihrer Tochter. Bitten Sie sie zu schildern, wie sie auf die Idee gekommen ist und wie es ihr dabei ging. Was ging der Situation voraus? Was könnte ihr helfen? War es ein einmaliges Geschehen, oder kam es schon öfter vor? Was könnte sie stattdessen tun, wenn sie sich wieder so fühlt?
Tiefes Ritzen, das dauerhafte Narben hinterlässt und manchmal sogar ärztliche Versorgung erforderlich macht, ist ein Zeichen schwerer seelischer Probleme. Sie sollten dann unbedingt professionelle Hilfe bei einem Kinderpsychiater oder -psychotherapeuten suchen!

Meine Tochter vermeidet es seit einiger Zeit, U-Bahn zu fahren. Handelt es sich um eine Angsterkrankung?

Bei einer Angsterkrankung löst etwas Angst aus, das andere als (nahezu) ungefährlich einschätzen. Oft geht kein einschneidendes Erlebnis voraus, das die große Angst erklären könnte. Typisch ist, dass die Angst auslösende Situation vermieden wird. Meist weitet sich der Kreis der Vermeidungen aus: Erst ist es nur die U-Bahn, dann kommt der Bus und schließlich das Auto dazu. Rationale Gründe fehlen meist. Viele Angsterkrankungen sind relativ leicht zu therapieren. Je eher eine Psychotherapie beginnt, desto besser. Andererseits verschwinden sie eher selten von allein. Holen Sie sich professionelle Hilfe!

 Mein Kind wurde Zeuge eines schweren Unfalls. Braucht es professionelle Hilfe?

Fast alle Menschen haben eine gesunde Widerstandskraft gegen belastende Erlebnisse. Es ist also nicht zwangsläufig davon auszugehen, dass solch ein Ereignis zu einer Traumastörung führt. Achten Sie sehr sorgfältig auf die Signale, die Ihr Kind Ihnen gibt. Bieten Sie sich immer wieder als Gesprächspartner an. Drängen Sie jedoch kein Gespräch auf. Sprechen Sie auch nicht ständig vor dem Kind mit Dritten über das Erlebte. Signalisieren Sie, dass Sie da sind, auch ohne reden zu müssen. Bringen Sie ihm eine Tasse Tee, ein extra Schälchen Erdbeeren in sein Zimmer. Das alles sind stille Gesten der Solidarität. Achten Sie auf Verhaltensänderungen. So könnte es zu einem Rückzug, Desinteresse, Desorientierung, plötzlichem Ärger oder Verzweiflung, Schlafstörungen sowie zu erhöhter Schreckhaftigkeit kommen. Dann sollten Sie einen Therapeuten suchen, der sich mit Traumastörungen auskennt. Fragen Sie bei Ihrer Krankenkasse danach.

Sind schon Kinder von psychosomatischen Störungen betroffen?

Man spricht von einer psychosomatischen Störung, wenn kein organischer Befund ein körperliches Symptom in seinem Auftreten oder seiner Ausprägung erklärt. Seelische Vorgänge beeinflussen die Funktion aller inneren Organe, die mit Irritationen reagieren können – auf nicht bewältigten Stress, aber auch auf unbewusste und bewusste Konflikte. Zu den Folgen gehören bei Kindern häufig Kopfschmerzen, auch Bauchschmerzen oder ein nervöser Magen.

Tritt eine solche Symptomatik auf, erfolgt zunächst der Ausschluss organischer Ursachen. Kann der Arzt nichts finden, heißt das nicht, dass sich jemand die Beschwerden einbildet. Psychosomatische Kopfschmerzen tun genauso weh wie organisch bedingte! Im nächsten Schritt müssen die Ursachen ermittelt und entsprechende Veränderungen eingeleitet werden. Das Erlernen einer Entspannungsmethode kann ebenso hilfreich sein wie ein gutes Stressmanagement (siehe Seite 150 ff.).

Achten Sie darauf, dass Ihr Kind sich nicht in die körperlichen Symptome flüchtet, auf der Suche nach einer vielleicht doch noch übersehenen Krankheit von Arzt zu Arzt rennt oder zunehmend Dinge vermeidet, die es eigentlich tun möchte oder sollte.

Schutz vor psychosomatischen Erkrankungen
Von solchen Erkrankungen ist seltener betroffen,
- wer sich seiner Gefühle bewusst ist, sie benennen und angemessen regulieren kann.
- wer für genug Regeneration und Entspannung sorgt.
- wer Konflikte erfolgreich lösen kann.
- wer sorgsam mit Körper und Gesundheit umgeht.

Zu alldem finden Sie viele Ratschläge in diesem Buch!

Wie unterscheide ich »normale« melancholische Stimmungen von Depressionen?

Wenn ein Kind längere Zeit bedrückt wirkt, energielos und antriebsarm ist und schneller als üblich ermüdet, ist das ein erstes Anzeichen. Oft lässt der Appetit nach. Umgekehrt gibt es auch den sogenannten Kummerspeck. Typisch sind Schlafstörungen, besonders das sogenannte Früherwachen. Nichts macht mehr Spaß, nichts ist wichtig. Die Gefühle sind wie abgestorben. Am Morgen ist alles oft besonders schlimm. Selbstvertrauen und Selbstwertgefühl schwinden. Es kann zu unangemessenen Schuldgefühlen und Selbstvorwürfen kommen. Denken, Konzentrieren und Entscheiden funktionieren nicht mehr richtig. Gedanken und Fantasien über den eigenen Tod können vorkommen. Bei Jugendlichen ist statt einer traurigen auch eine eher reizbare Stimmung möglich. Manchmal versteckt sich eine Depression auch hinter allen möglichen kleinen körperlichen Wehwehchen. Treffen mehrere der Symptome auf Ihr Kind fast täglich über einen längeren Zeitraum oder in sehr deutlicher Intensität zu, sollten Sie sich unbedingt an einen Arzt, Psychotherapeuten oder eine Beratungsstelle wenden.

 In der Klasse meines Sohnes hat sich ein Kind das Leben genommen. Was sind Warnzeichen?

Zunehmender Rückzug. Kontakte brechen weg. Was dem Jugendlichen einmal wichtig war und ihm Spaß bereitete, wird bedeutungslos. Er schätzt sich selbst minderwertig ein, hält sich für einen Versager, der mit dem Leben nicht klarkommt. Umwelt und Mitmenschen werden zunehmend als feindselig, verständnislos, ablehnenswert und ablehnend eingeschätzt. Die Zukunft wird nur noch negativ gesehen. Man hat keine Hoffnung auf Besserung mehr.

Wenn Eltern sich Sorgen machen

Achten Sie auf verdeckte Hinweise: Bemerkungen, dass alles sinnlos sei, dass man bald weit weg wäre. Wenn plötzlich lieb gewonnene Dinge verschenkt werden. Der Betroffene wirkt oft – nach einer vorangegangenen Zeit der Niedergeschlagenheit – plötzlich gelöst und zufrieden: Er hat sich für den Freitod entschieden und hat die vermeintliche Lösung seiner Probleme vor Augen.

Viele Jugendliche wollen gar nicht sterben. Sie wollen nur dem Leben, so wie es ihnen erscheint, entfliehen. Man geht davon aus, dass auf jeden Suizid zahlreiche Versuche kommen. Manch ein Versuch endet tödlich. Suizidversuche sind immer ein Zeichen für eine große innere Not: »Helft mir, ich kann so nicht mehr weiter.«

 Was sollte ich bei dem Verdacht tun, dass mein Kind sich das Leben nehmen will?

Sprechen Sie es direkt darauf an. Je konkreter seine Vorstellungen, »wie man es tun könnte«, desto größer die Gefahr. Bleiben Sie unbedingt im Gespräch. Schon das Aussprechen kann entlastend wirken. Schildern Sie Ihren Eindruck, sprechen Sie über Ihre Sorgen. Fragen Sie nach. Identifizieren Sie mögliche Problembereiche, suchen Sie nach Lösungen. Vermitteln Sie: Probleme kann man lösen. Reden Sie die Sorgen nicht klein. Machen Sie keine Versprechungen (»Alles wird gut«), wenn die Lage schwierig ist. Signalisieren Sie Verständnis für trübe Gedanken, auch wenn Sie die Lage anders sehen.

Fast jeder junge Mensch denkt irgendwann darüber nach, ob sein Leben Sinn hat. Ob es eine bessere Alternative gibt. Das ist notwendig, um dem Leben einen Sinn zu geben. Eine Gefahr besteht dann, wenn jemand konkrete Pläne oder Vorbereitungen für seinen »Abgang« macht. Wenden Sie sich in diesem Fall unbedingt an einen Experten, zum Beispiel in einer Krisenstation der Jugendpsychiatrie oder einen Kinder- und Jugendpsychiater.

> **?** *Mein Sohn gerät immer öfter in Schlägereien. Wir fürchten, dass es nun sogar zu einer Anzeige kommt. Was sollen wir tun?*

Machen Sie sich zunächst ein Bild von den möglichen Ursachen und was schiefgelaufen ist: Warum kann er sich nicht aus der Clique lösen, in der er immer wieder in solche Situationen kommt? Vielleicht hat er keine anderen Freunde! Wie ist seine Rolle in der Gruppe? Wieso spielt er den Rambo? Warum kann er sich nicht selbst besser vor Schaden schützen? Kann er nicht Nein sagen? Warum hat er seine Impulsivität noch nicht im Griff? Wie sehen seine Moralvorstellungen aus, wie sein Weltbild – sodass er Problemlösen mit den Fäusten möglicherweise normal findet? Wie sind seine sozialen Kompetenzen? Warum kann er Konflikte nicht anders lösen? Oft spielen auch Alkohol und andere Drogen eine Rolle.

Prüfen Sie sein Problembewusstsein. Hat er das Gefühl, etwas verändern zu müssen? Oder sieht er die Schuld allein bei den anderen? Überschütten Sie ihn nicht mit Vorwürfen, sondern suchen Sie immer wieder das Gespräch. Wenn Ihr Sohn einen eigenen Leidensdruck und Einsicht in sein Problem signalisiert, sollten Sie sich nach sozialpädagogischer und/oder psychotherapeutischer Hilfe umsehen. Solch ein Problem wächst sich nicht einfach von allein aus!

Leider ist bei Jugendlichen die Bereitschaft, Hilfe anzunehmen, in solchen Fällen oft erst gegeben, wenn die Konsequenzen sehr schmerzlich werden. Manchmal ist dazu sogar ein gerichtliches Verfahren nötig. Beschönigen Sie nichts. Sie helfen Ihrem Sohn damit nicht. Bewahren Sie ihn nicht in guter Absicht vor den Konsequenzen seines Handelns, auch nicht vor den strafrechtlichen. Bieten Sie ihm aber jede Hilfe an, an seinem Verhalten zu arbeiten!

Wenn Eltern sich Sorgen machen

 Unsere Tochter schwänzt den Unterricht, schwindelt und hat uns nun auch noch bestohlen. Wie helfen wir ihr?

Hat Ihre Tochter die entsprechenden moralischen Normen noch nicht gelernt oder wieder verlernt, handelt es sich eher um ein pädagogisches Problem. Sie müssen ihr einen Rahmen bieten, in dem ein Nachlernen möglich ist. Fragen Sie in Ihrem Jugendamt nach.
Merken Sie dagegen bei ihr deutlich ein Schuldbewusstsein, so liegt möglicherweise ein innerer Konflikt vor, den sie nicht anders zu lösen weiß. Fragen Sie genauer nach: Jugendliche sagen schneller »Ich habe einfach keine Lust auf …« als »Ich habe ein Problem mit …«.
In einem solchen Fall könnte eine Therapie sinnvoll sein. Vielleicht hat Ihre Tochter noch nicht gelernt, inneren Impulsen standzuhalten. Vielleicht wägt sie nicht ausreichend Gewinn, Risiko sowie mögliche negative Folgen ab, bevor sie sich für eine Verhaltensweise entscheidet. Vielleicht setzt sie jedoch auch ein Signal, dass sie irgendein Problem nicht allein bewältigen, einen inneren oder äußeren Konflikt nicht lösen kann. Helfen Sie ihr, dies herauszufinden!

 Wann spricht man bei regelmäßigem Alkoholkonsum von einer Abhängigkeit?

Alkohol in jeder Form hat negative Auswirkungen auf das Gehirn, besonders wenn es sich noch in der Entwicklung befindet. Je nach Dosis können diese Auswirkungen minimal oder erheblich sein. Dabei spielt ein individueller Toleranzbereich eine Rolle. Ebenso bei der Entwicklung einer Abhängigkeit, die beim einen nach einer eher kleinen Menge einer Substanz, beim anderen erst nach einer erheblichen Menge eintreten kann. Wie Sie Ihr Kind vor Abhängigkeiten schützen können, lesen Sie auf Seite 233.

Missbrauch und Abhängigkeit
Von Alkoholmissbrauch würde ich sprechen,
- wenn Jugendliche sich »volllaufen« lassen.
- wenn sie ohne Alkohol in ihrer Freizeit nichts mit sich anzufangen wissen.
- wenn trotz Kenntnis der eigenen Grenzen öfter deutlich darüber hinaus konsumiert wird.
- wenn Alkohol mit anderen Drogen kombiniert wird.

Eine Suchtkarriere beginnt, wenn jemand nicht mehr ohne die Droge Alkohol sein kann – was er weder vor sich noch vor anderen zugibt. Es handelt sich beim Alkoholismus um eine Erkrankung.

Allgemein gilt: Eine Abhängigkeit von einer Substanz ist immer dann gegeben,
- wenn immer wieder starkes Verlangen oder innerer Zwang zum Konsumieren der Substanz besteht.
- wenn die Kontrolle über den Konsum, was Zeitpunkt und Menge betrifft, immer mehr verloren geht.
- wenn körperliche Entzugssymptome auftreten und diese Symptome mit der Substanz oder einer ähnlichen reduziert werden können.
- wenn die Substanz immer öfter und in steigender Dosis konsumiert werden muss, um wie gewohnt zu wirken.
- wenn sich Gedanken und Interessen sowie die gesamte Lebensgestaltung zunehmend um die Substanz und ihren Gebrauch drehen.
- wenn der Konsum trotz negativer Auswirkungen auf Gesundheit oder Lebensgestaltung aufrechterhalten wird.

Fachleute unterscheiden zwischen körperlicher und seelischer Abhängigkeit. Bei der körperlichen ist eine Entgiftung der erste Schritt. Die seelische Abhängigkeit muss in einer Therapie aufgelöst werden. Adressen und weitere Tipps siehe Seite 246.

Woran merke ich, dass noch andere Drogen als Alkohol oder Kiffen im Spiel sind?

Achten Sie auf allgemeine Warnhinweise wie
- das plötzliche allgemeine Nachlassen der Schulleistungen oder die Tendenz, sich der Schule völlig zu entziehen.
- der Abbruch oder radikale Wechsel von sozialen Kontakten und/oder bisherigen Interessen.
- der Rückzug Ihres Kindes in eine eigene Welt.
- ein zielloses Herumtreibenlassen über längere Zeit.

Spezifische Warnhinweise könnten sein:
- Körperliche Entzugserscheinungen wie zitternde Hände, Schweißausbrüche, Schlafstörungen, Rastlosigkeit sowie ein Wechsel zwischen absolutem Phlegma und Ruhelosigkeit.
- Plötzlich reicht Ihrem Kind das Geld nie aus, und es ist unklar, wohin es verschwindet.

 *Was sollen wir tun, wenn sich herausstellt, dass unser Kind tatsächlich von Drogen abhängig ist?*

Bewahren Sie Ruhe. Tun Sie alles für einen guten und wertschätzenden Kontakt zu Ihrem Kind. Geben sie ihm Halt. Suchen Sie den Kontakt zu Lehrern und Vertrauenspersonen Ihres Kindes sowie zu seinen Freunden und deren Familien, um weitere Informationen zu sammeln. Sprechen Sie Ihrem Kind gegenüber Ihre Sorgen und Befürchtungen an, damit es weiß, dass Sie sich auch hier als Berater anbieten. Suchen Sie nach den zugrunde liegenden Schwierigkeiten, und versuchen Sie, gemeinsam mit Ihrem Kind allgemein seine psychische und Lebenssituation zu stabilisieren. Scheuen Sie nicht davor zurück, sich beraten zu lassen (siehe Seite 246).

Wichtige Ansprechpartner

Erster Ansprechpartner in allen Fragen – übrigens auch beim Verdacht auf sexuelle Misshandlungen (siehe Seite 188 f.) – könnte immer eine Erziehungsberatungsstelle sein. Diese gibt es bei Jugendämtern und freien Trägern. Kinderpsychologen und Sozialpädagogen beraten Sie dort kostenfrei, vertraulich und auf Wunsch auch anonym. Fragen Sie bei Ihrem Jugendamt nach Adressen.

Im Telefonbuch oder im Internet finden Sie Adressen von Fachärzten für Neurologie und Psychiatrie sowie von ärztlichen und psychologischen Psychotherapeuten. Suchen Sie bitte nach jemandem, der auf Kinder und Jugendliche spezialisiert ist.

Ob eine Therapie erforderlich ist, wird in sogenannten probatorischen Sitzungen geprüft – mit Gesprächen und Fragebögen; vielleicht soll Ihr Kind auch etwas malen. Therapeut und Kind/Eltern prüfen, ob sie einen Draht zueinander finden können – dies ist die Basis jeder Therapie. Dann stellt der Therapeut einen Behandlungsplan auf, der von der Krankenkasse geprüft wird.

Es ist normal, wenn Ihr Kind sich zunächst eher sträubt, weil ihm die Sache unheimlich ist und es nicht »verrückt« sein will. Diese Bedenken lassen sich meist ausräumen. Findet ein Kind sich jedoch nicht zu einer therapeutischen Arbeit bereit, kann niemand es dazu zwingen. Es bleibt Ihnen dann nur, sich Beratung für den Umgang mit Ihrem Kind zu holen. Geben Sie ihm aber Zeit, vielleicht ändert es seine Meinung noch!

ZUM NACHSCHLAGEN

BÜCHER, DIE WEITERHELFEN

Arras, Ch., Einwohlt, I.: *Schmetterlingsflügel für dich. Das Coachingbuch für starke und selbstbewusste Mädchen,* Arena
Braun, J.: *Jungen in der Pubertät,* Rowohlt
Döpfner, M. u. a.: *Ratgeber Psychische Auffälligkeiten bei Kindern und Jugendlichen,* Hogrefe
Gordon, Th.: *Die neue Familienkonferenz,* Heyne
Juul, J.: *Grenzen, Nähe, Respekt,* Rowohlt
Kaiser, A.: *Jungen richtig erziehen,* Velber
Krowatschek, D.: *Kinder brauchen Tiere,* Patmos
Marone, N.: *Starke Mütter – selbstbewusste Töchter,* Fischer
Mönks, J., Ypenburg, I.: *Unser Kind ist hochbegabt,* Reinhardt
Petermann, F. u. a.: *Ratgeber Aggressives Verhalten,* Hogrefe
Rogge, J.-U.: *Kinder brauchen Grenzen* und *Pubertät. Loslassen und Haltgeben,* Rowohlt
Unverzagt, G.: *Kinder, vertragt euch doch,* Herder

ADHS UND ADS

Döpfner, M. u. a.: *Ratgeber Hyperkinetische Störungen,* Hogrefe
Eckardt, J.-J.: *Das ADS-Elterntraining,* Ravensburger
Ettrich, Ch., Murphy-Witt, M.: *ADS – So fördern Sie Ihr Kind,* Gräfe und Unzer
Neuhaus, C.: *Hyperaktive Jugendliche und ihre Probleme,* Ravensburger; *Lass mich, doch verlass mich nicht,* dtv
Reimann-Höhn, U.: *Langsam und verträumt,* Herder

AUFKLÄRUNG

Ausfelder von Klopp, T.: *Alles was Jungen wissen wollen* und *Alles, was Mädchen wissen wollen,* mittendrin Rategeber
Wolfrum, Ch., Süß, P.: *Liebe, Sex und mehr,* dtv

DROGEN

Scott, T., Grice, T.: *Die schönen Blödmacher. Was man über Drogen wissen muss,* Verlag an der Ruhr

ESSEN

Bundeszentrale für gesundheitliche Aufklärung: *Essstörungen. Leitfaden für Eltern, Angehörige, Partner, Freunde, Lehrer und Kollegen* und *Essgeschichten. Geschichten von Familien mit Essproblemen*

Fischer Schulthess, A.: *Food for kids*, Ott

Petermann, F., de Vries, U.: *Übergewichtige Kinder*, Beltz

FERNSEHEN UND MEDIEN

Patalong, F.: *Crashkurs Kind und E-Kommunikation*, Klett

Rogge, J.-U.: *Kinder können fernsehen*, Rowohlt

Bundesministerium für Familie, Senioren, Frauen und Jugend: *Geflimmer im Zimmer* und *Nicht nur laufen lassen* und *Spiel- & Lernsoftware pädagogisch beurteilt* (erscheint regelmäßig)

TRENNUNG UND STIEFFAMILIEN

Drews, G.: *Praktische Anleitung für Wochenendväter. Trotz Trennung Vater bleiben*, Vgs Verlagsges.

Fowler, D.: *Wenn deine Kinder meine Kinder werden. Leben in der Patchworkfamilie*, Brockhaus

Haynes, J. M. u. a.: *Scheidung ohne Verlierer*, Kösel

Schöberl, E.: *Meine Eltern trennen sich*, Ueberreuter

Schulz, D.: *Scheidungskinder und ihre Perspektiven*, Vdm Verlag

SCHULE, LERNEN UND BERUFSWAHL

Broos, S.: *Welche Schule für unser Kind?*, Rowohlt

Kohler, B.: *Elternratgeber Hausaufgaben*, Beltz

Metzig, W., Schuster, M.: *Lernen zu Lernen: Lernstrategien wirkungsvoll einsetzen*, Springer

Nitsch, C., von Schelling, C.: *Schule ohne Bauchweh*, Mosaik

Oelsner, W., Lehmkuhl, G.: *Schulangst*, Walter

Rebitzki, M.: *Hausaufgaben – kein Job für Mama*, Cornelsen

Schulze, G.: *Arbeit – Leben – Glück*, dtv

Warnke, A. u. a.: *Ratgeber Lese-Rechtschreibstörungen*, Hogrefe

SEXUELLER MISSBRAUCH

Bundesministerium für Familie, Senioren, Frauen und Jugend: *Mutig fragen – besonnen handeln. Informationen für Mütter und Väter zum sexuellen Missbrauch an Mädchen und Jungen*

Zum Nachschlagen

ADRESSEN UND TIPPS, DIE WEITERHELFEN

Bundeskonferenz für Erziehungsberatung e. V.,
Herrnstr. 53, 90763 Fürth, Tel. 09 11/97 71 40;
www.bke.de; www.bke-elternberatung.de

Verband alleinerziehender Mütter und Väter e. V.,
Hasenheide 70, 10967 Berlin;
www.vamv.de

Stieffamilien, Bahnhofstr. 59, 63179 Oberhausen
www.stieffamilien.de

Familienbildung: Erkundigen Sie sich nach Kursen, die Eltern helfen, fit für Erziehung zu werden.
www.familienbildung.de

Schulpsychologische Beratungsstellen
beraten bei Fragen rund um die Schule. Adressen unter
www.schulpsychologie.de

Psychotherapie (Verhaltenstherapie, Psychoanalyse und Tiefenpsychologie) kann bei psychischen Auffälligkeiten nötig sein. Sie können sich direkt an einen Therapeuten wenden.

Familientherapie ist sinnvoll, wenn die gesamte Familie aktiviert werden soll, an einem Problem oder am Miteinander zu arbeiten. Fragen Sie im Jugendamt nach Adressen.

Nachhilfe und Lerntherapie: Hierfür übernimmt das Jugendamt vereinzelt Kosten.

Kinder- und Jugendneuropsychiater und **Kliniken für Kinder- und Jugendpsychiatrie/-psychotherapie** helfen bei schweren Entwicklungsproblemen. Fragen Sie Ihre Krankenkasse.

WEITERE INFOS:

www.bildungsserver.de
www.dghk.de
www.familienhandbuch.de
www.kidnet.de
www.kinderaerzteimnetz.de
www.mut-gegen-rechte-gewalt.de
www.schau-hin.info
www.betreuungslehrer.eduhi.at
www.eltern.at
www.wiener-familienbund.at
www.familienhandbuch.ch
www.kidscat.ch
www.pubertaetverstehen.ch
www.projuventute.ch

Register

A
Abhängen 166 f.
Abhängigkeit 243 ff.
AD(H)S 199 ff.
Aggressivität 106 f., 130 f., 137
Akne 20
Aktivität 23
Alarmsignale 234 ff.
Albträume 156
Alkohol 163, 229 ff., 243 f.
Alltag 138 ff.
Ampelprinzip 82
Angst 20, 120, 131, 238
Anpassung 36, 115 ff.
Anstand, sozialer 112 ff.
Anstiftungen 220 f.
Antriebslosigkeit 23
Arbeitsplatzchancen 214 f.
Ärger 106 f.
Auseinandersetzungen, faire 98 ff.
Aussehen 20, 160 f., 174 f., 234 f.
authentisch sein, als Eltern 40
Autorität 91, 115 ff., 209 ff.

B
»Babyspeck« 18
Badbenutzung 65
Ballerspiele am PC 171 f.
Bauchschmerzen 158
Belohnungen 93
Bemerkungen, verletzende 102
Berechenbarkeit 89
Beruf 212 ff., 215 f.
Beschwerden, körperliche 22, 157 f., 161, 239
Besuch haben 175
Besuche beim abwesenden Elternteil 73 ff.
Bewertungen 47
Beziehung der Eltern 26 f.
Beziehungsfähigkeit 184 ff.
Bulimie 234

C
Cannabis 232
»Chaos im Kopf« 17
Charakterstruktur 9
Chatten 167, 172 f.
Clique 41, 44, 126 ff., 222
Comic zeichnen 104, 131
Computerspiele 170 ff.
»Coolsein« 44

D
Denken 16 f.
Depressionen 240 f.
Diebstahl 109, 222
Diskriminierung 211
Diskutieren üben 42 f., 53, 86, 88
Disstress 151
Distanz, körperliche 64 ff.
Drogen 232 f., 245 ff.
»Dummheiten« 108 ff.
Durchschlafprobleme 155 f.

E
Egoismus 117
Egozentrismus 8, 43
Ehrgeiz 192 f.

Zum Nachschlagen

Ehrlichkeit 120
Eigenschaften, ererbte 48
Einkaufszentrum, Abhängen im 167
Einschlafprobleme 154 f.
Eltern bleiben 68
Eltern, Aufgaben der 24 ff., 27
Elternschelte 47
»Elterntexte« 53
Empathie 113 f.
Empfindlichkeiten, elterliche 102
Engagement, soziales 120 ff.
Entscheidungen selbst treffen 31, 34, 140
entschuldigen, sich 92, 104 f., 131
Entwicklungsaufgaben 8
Ernährung, gesunde 162 f.
Erpressung 227
»erstes Mal« 181 f.
Erwachsenwerden 64 ff.
Erziehung, Uneinigkeit der Eltern über 57 f.
»Erziehungsrucksack« 25
Eskalation von Streit 101
Ess-Brech-Sucht 234
Expartner, Kontaktabbruch 72

F

Fairness 88, 130
Familienkonferenz 94 f.
Familienleben 50 ff., 81
Familie, klassische 186 f.
Familienmahlzeiten 54
Familienrituale 56 f.
Familientraditionen 57
Familienurlaub 56, 118, 166
Familienwohnung 64
Fanitis 46
Feedback 81, 115
Fehler machen 29, 141, 191
Feiern 174 ff.
Fernsehen 168 f.
Frauenarzt 182 f.
Frechheit 119
Freiräume der Eltern 24, 26
Freizeit 164 ff.
Freunde 26, 41, 44, 126 ff., 174 ff.
Freunde finden 128, 129
Freunde, ältere 219 f.
Freunde, falsche 219 ff.
Frust 23, 38 f., 107, 66
Führungspersönlichkeit 130

G

Gaststätten 174
Gebärmutterhalskrebs, Impfung gegen 183
Geborgenheit geben 56 ff.
Gedanken 13 ff.
Geduld, elterliche 44 f.
Gefahren 30 f., 219 ff., 228
Gefühle 13 ff.
Gehirn, Veränderungen im 15 ff.
Gehorsam 116
Gelassenheit, elterliche 35
Geldknappheit 147
Gemeinsamkeit 51 ff.
Generalisierungen 98
Genussfähigkeit 165 f.
Gerechtigkeitsempfinden 88
Geschenke 147
Geschlechtsidentität 10
Geschlechtsmerkmale 19

Geschlechtsverkehr 181
Geschwisterstreit 105 f.
Gespräche 51 ff.
gesunde Lebensweise 23, 152, 157, 162 f., 199
Gewalt 136 f., 171 f., 225 ff., 242
Gewalt, sexuelle 188 f.
Gewaltverzicht 86
Gewichtszunahme 236
Gordon, Thomas 94
Graffiti 221
Grenzen 83 f., 87, 115
Grinsen 99
Großhirnrinde 17
Gruppe 41, 44, 126 ff., 222
Gruppeninteressen 122

H

Halt geben 56 ff.
Handlungskompetenz 39
Handykosten 148
Hasch 232
Hausaufgaben 144 f., 195
Haushaltspflichten 59 ff.
Haustier 124 f.
Hautunreinheiten 21, 161
Heiraten 187
Helfersyndrom 123
Hobbys 51, 128, 166
Homosexualität 186
Hormone 18 ff.
»Hotel Mama« 24, 27, 51
Hygiene 21, 159 ff.
Hyperaktivität 199 f.

I

Ich-Botschaften 86 f.
Identität 9 ff.
Identitätskrisen 11
Idole 14 f., 46, 223
Impulsivität 103, 209
Individualität 35 ff.
Internet 172 f.
Internetsex 173

J

Jobben 149
Jungen, körperliche Veränderungen bei 19

K

Kämpfe 130 ff.
»Kick« 16, 108, 109
Kiffen 201, 232
Kinder des Partners 77 ff.
Klassensprecher 122
Kleidung 14
Kokeln 108, 220 f.
Kommunikation 51 ff.
Kompetenz, soziale 111 f.
Kompromissfähigkeit 107
Konfliktfähigkeit 98 f.
Konsequenz 80 ff., 91 f., 120
Kontaktabbruch des abwesenden Elternteils 72
Konzentration 198 f.
Kopfschmerzen 157
Körper, Veränderungen im 18 ff.
Körpergeruch 159 f.
körperliche Beschwerden 22, 157 f., 161 f., 239
Körperpflege 21, 159 ff.
Kosmetik 160 f.
Kreislaufstörungen 22
Kritik üben 81, 98 f.

Zum Nachschlagen

Kummer 38 f., 153
Kumpel, Eltern als 85, 117

L

Langeweile 164
Langschläfer 143
Lebensraum 112, 167
Lehrer 209 ff.
Leistung 190 ff.
Leistungsabfall 201 ff.
Leistungsfähigkeit, individuelle 23
Lernfähigkeit 48 f.
Lern-Hilfen 195
Lernpatenschaft 129
lesbisch 186
Liebesbeziehung 31, 134, 178 ff., 185, 220
Loben 38, 93
Loslassen 25 ff.
Lösungsvorschläge 95, 153
Lügen 120, 243

M

Machtkämpfe 49
Mädchen, körperliche Veränderungen bei 18
Magersucht 234 f.
Mahlzeiten 54
Marihuana 232
Markenklamotten 148
Meckern, elterliches 85
Medien 41, 168 ff.
Medikamente 199, 200
Meinung, eigene 43
Minderwertigkeitsgefühl 131
Mitbestimmung, schulische 122
Miterzieher 41

Mobbing 225 ff.
Morgenmuffel 143 f.
Motivation 86, 191, 198

N

Nachdenken 16 f.
Nachgiebigkeit 70 f.
Nacktheit 65
Nägelkauen 162
Nervosität 152
Nichtrauchen 229
Nonsensbeschimpfungen 135
»Notbremse« 101

O

Oberschule 196 f.
Offenheit, schonungslose 47 f.
Ohrfeige 102
Ordnungssysteme 61

P

Papilloma-Viren 183
Partner, neuer 75 f.
Partnerschaft 184 ff.
Partnerschaftlichkeit 118
Partyregeln 176
PC-Spiele 170 ff.
Peergroup 126
Pflichten 58 ff.
Pickel 20, 21, 161
Präfrontalkortex 17
Problemeigentümer 93
Provokationen 135, 210
psychosomatische Störungen 239
Pünktlichkeit 31, 143, 144, 174 f.

R

Rangordnungen 130 ff.
Rauchen 201, 220 f., 229 ff.
rechte Szene 223 f.
Regelblutung 18, 161 f.
Regeln 80 ff., 91 f.
Regeln des Zusammenlebens 93 ff., 110 ff.
– nach dem Ampelprinzip 82
– Gültigkeit austesten 83
–, klare 85
Respekt 113
Rituale 56 f.
»Ritzen« 237
Rollenspiele am PC 170
Rückmeldungen, faire 37
Rückzug 129
Rummotzen 166

S

Samenerguss 19, 179
Schimpfworte 136
Schlafprobleme 154 ff.
Schlagen 102
Schlägereien 242
Schmerzen 157 f., 161 f.
Schmierereien 221
Schubsen 136
Schüchternheit 38
Schulangelegenheiten 195
Schuldbewusstsein 103 f.
Schuldgefühle des Kindes 71
Schuldgefühle, elterliche 70 f.
Schule 190 ff.
–, weiterführende 196 f.
Schülersprecher 122
Schulleben 204 f.
Schulnoten 194, 206 f., 213
Schulprobleme 201 ff.
Schulwechsel 196 f., 204
Schusseligkeit 145, 149
Schwänzen 208 f., 220 f., 243
Schwarzfahren 108 f.
Schwindelanfälle 22
Sekten 223
Selbstbefriedigung 179 f.
Selbstbewusstsein 12, 37 ff.
Selbstbild 8 f.
Selbstmord 240 f.
Selbstständigkeit 28 f., 138 ff., 194 f.
Selbstvertrauen 148
Selbstwertgefühl 98, 104
Sexualität 178 ff.
Sexualleben der Eltern 65
Sexualstraftäter 172
sexuelle Übergriffe 188 f.
Shisha-Rauchen 231
Sorgen der Eltern 218 ff.
soziale Kompetenz 111 f.
sozialer Anstand 112 f.
soziales Lernen 26, 81
Sparen lernen 147
Spaß an der Schule 204 f.
Spiele, aggressive 136
Sprichwörter 32
Standpunkt, eigener 42 f.
Stänkereien 130 ff.
Stars 15, 17
Stiefgeschwister 77 ff.
Stiefvater 76
Stimmbruch 19
Stimmungsumschwünge 14, 44 f.
Strafen 91 f.
Straßenleben 140
Streiten 100, 105 f.
Stress 150 ff.

Zum Nachschlagen

T

Tagebuch 234
Tagesrhythmus 167
Taktgefühl 35, 50
Taschengeld 146
Teamfähigkeit 50, 217
Telefonrechnung 148
Terminkalender 142
Therapie 246
Tischsitten 114
Todesgedanken 240
Toleranz, elterliche 33, 44
traumatische Erlebnisse 156, 189, 238
Traumwelten 154
Trennung der Familie 67 ff.
Tricksen 120
»Trotzalter«, zweites 45
TV-Konsum 168 f.

U

Überforderung 152
Übergewicht 236 f.
Umgangsformen 114
Umzug 58, 129
Unfallzeuge 238
Ungeschicklichkeit 22
Unordnung 60
Unterforderung 203
Unterricht, schlechter 212
Urlaub 56, 118, 166
Urlaub mit Freunden 177

V

Väter 55, 66
Vergewaltigung, Verdacht auf 188 f., 246
Verantwortungsbewusstsein 119 ff., 121 ff.
Verbote 90 f.
Vererbung 48
Verhaltensexperimente 85
Verhaltenstendenzen 48
Verhütung 181 f.
verletzende Bemerkungen 102
Verträge 86, 96 f.
Vertrauen 85
Visionen 212 ff.
Vorbild, elterliches 40 f.
Vorbilder 11, 14 f., 72 f.

W

Wachstum, körperliches 18
Wasserpfeife 231
Wegbleiben über Nacht 176 f.
Weltbild 14, 42 ff., 131
Werte beim Zusammenleben 111
Wiedergutmachung 92, 131
Wochenendfamilie 55
Wohlbefinden 153 ff.
Wutanfälle 106 f.

Z

Zeit gut einteilen 144
Zeit, gemeinsame 51
Zensuren 194, 206 f., 213
»Zicken« 45
Zickenterror 132 f.
Ziele 193, 206, 212 ff.
Zimmergestaltung 37, 60
Zimmerkontrolle 230
Zuhören 153
»Zündstoff« 108 ff.
Zusammenleben 80 ff., 110 ff.
»Zutexten« 53, 99
Zuversicht 37 ff.

Impressum

© 2008 GRÄFE UND UNZER VERLAG GMBH, München
Alle Rechte vorbehalten. Nachdruck, auch auszugsweise, sowie Verbreitung durch Film, Funk, Fernsehen und Internet, durch fotomechanische Wiedergabe, Tonträger und Datenverarbeitungssysteme jeder Art nur mit schriftlicher Genehmigung des Verlages.

Programmleitung: Ulrich Ehrlenspiel
Redaktion: Reinhard Brendli
Lektorat: Barbara Kohl
Fotos: Cover vorn: Images Source; Cover hinten: GlowImages (li.), Plainpicture/Fancy (Mitte), Getty (re.)
Gestaltung und Layout: independent Medien-Design
Herstellung: Markus Plötz
Satz: Filmsatz Schröter, München
Druck und Bindung: Druckerei Auer, Donauwörth

ISBN 978-3-8338-0519-6

1. Auflage 2008

Ein Unternehmen der
GANSKE VERLAGSGRUPPE

Die **GU Homepage** finden Sie im Internet unter
www.gu-online.de

Umwelthinweis:
Dieses Buch wurde auf chlorfrei gebleichtem Papier gedruckt. Um Rohstoffe zu sparen, haben wir auf Folienverpackung verzichtet.